Für Bruno

Nur kurz, dafür intensiv und bewusst hast Du gelebt. Ich bewundere Dich noch immer. Genau wie Dich die Lawine an einem Ort traf, wo seit Menschengedenken noch nie eine Lawine runterging, genau so könnte uns der schlafende Wal, der treibende Container oder der Blitz auf See treffen.
Nichts hat Dich je davon abgehalten, aus Deinem Leben etwas Besonderes zu machen.

Nelly & Peter Moser

umspült und aufgewühlt

Wasser - Menschen - Begegnungen - Erlebnisse - Gedanken

© 2020	Nelly & Peter Moser
Umschlag, Layout:	Reto Schäublin, luna MULTIMEDIA
Lektorat:	Brigitte und Nico Moser
Fotos:	Nelly & Peter Moser, www.alua.ch
Bildbearbeitung:	Nico Moser, nicomoser.photography
Verlag & Druck:	IL-Verlag, Basel
ISBN	978-3907237-11-3

 Der IL-Verlag wird vom Bundesamt für Kultur mit einer Förderprämie für die Jahre 2019-2020 unterstützt.

Das Werk, einschliesslich seiner Teile, ist urheberrechtlich geschützt. Jede Verwertung ist ohne Zustimmung des Verlages und der Autoren unzulässig. Dies gilt insbesondere für die elektronische oder sonstige Vervielfältigung, Übersetzung, Verbreitung und öffentliche Zugänglichmachung.

umspült und aufgewühlt

8	Prolog
	In die Karibik
10	Dieses Problem hatten wir noch nie
14	Los geht's!
16	Seemanns-Tod oder Todos los Santos
20	Ein Tag auf See
24	Montagnas del Fuego
29	Atlantik-Romantik
35	Keine Gefahr für die Bevölkerung
37	Wir schlürfen Rum
38	Workboat Regatta
40	Mit Bus und Taxi
42	Des Pudels Kern
47	Es ist hart auf dem Harten
49	Schildkröten-Triptychon
51	Die Kaiserin aus der Karibik
52	Gut eingebuchtet
54	Willst du wirklich nach Miami?
56	Nur Fliegen ist schöner
58	gegangen-gegangen
62	Kuna Yala
	Über den Pazifik
64	Shelter Bay
71	Tölpelhaft
72	Galapagos und die Evolution
78	Das Los der Reisenden
86	Landfall im Paradies
88	Blinder Passagier in Fatu Hiva
90	Ia Orana e Maeva!
91	Picknick mit Folgen
93	Léo von Hanamenu
98	Wolken
101	Heiva i Tahiti
103	Haere mai, haere noa mai!
104	Marae Taputapuatea
109	Des Königs neue Socken
111	Bula Bula
114	Leuchtturm des Pazifiks
115	Cargo-Kult
118	Bei den Kanaken

Durch Australien

124	Haus unter Eukalyptusbäumen
126	Lackdose-Unverträglichkeit
128	Schwarzschwanz-Breitfussbeutelmaus
130	Vom Uluru zum Kakadu
136	Zusammenkunft der Schwergewichte
138	Leichte Sprache
140	Der lange Schatten
142	Die gerade Neun
144	Broken Hill
148	Licht aus!
150	Wendekreis des Steinbocks
152	Das Mädchen mit dem Diamant-Ohrstecker
154	Humbug Point

Nach Asien

160	Kein Moko, keine Braut
164	Märchen aus Komodo
166	Feuer und Netze
174	Borneo brennt
175	CCCCC
177	Nackte Piraten
181	Heilig Heilig Heilig
185	Das rote Meer
188	Das Oriental
191	Nonlong Nonlong
192	Schon wieder ein Jahr

Zurück ins Mittelmeer

193	Wenn hinten, weit, in der Türkei
199	Beim Zeus
204	Der letzte Juli

206	Epilog
210	Nautische Fachausdrücke
214	Literaturverzeichnis
216	Übersetzungen
218	Zahlen und Fakten
222	Die Autoren

Prolog

Da ist Nellys Sehnsucht nach der Weite des Meeres, dem fernen Horizont, der Stille und Abgeschiedenheit; der Drang zu erfahren, was es ausser einem erfüllten Familien- und Berufsleben in der wohlbehüteten Schweiz noch zu entdecken gäbe, und auch der Wunsch aus Primarschultagen, einmal nach Australien zu reisen und dort eine Zeit lang zu leben.
Zusammen mit Peters Kindheitstraum, geweckt durch das Buch „Kontiki"*, einmal die Südsee zu durchmessen, schien uns das Reisen mit dem Schiff die Variante mit den meisten Freiheiten, den wenigsten Abhängigkeiten, dem kleinstmöglichen Zeitdruck. So stellten wir uns das zumindest vor.

Stellt sich noch die Frage, warum es denn gerade ein eigenes Boot sein muss. Dazu lesen wir ein aufschlussreiches Interview im ZEITmagazin mit Prof. Ulrich Clement.
Clement stammt aus Heilbronn – lebt aber in Heidelberg.
Lebt in Heidelberg – lehrt aber auch in Basel.
Lehrt in Basel – studierte aber in Mannheim, Hamburg und Hannover (so viel aus Wikipedia).
Clement ist Systemischer Paartherapeut und Sexualforscher.
Wenke Husmann, die Journalistin der ZEIT, sie stammt nicht aus Heilbronn – arbeitet aber in Hamburg – hat sich einen tollen Einstieg überlegt:
„Als ich zur Vorbereitung dieses Gesprächs meinen Mann nach seiner Lieblingsfantasie gefragt habe, antwortete er sehr spontan: „Ein Segelboot." Diese Frage hätte sie wohl besser nicht gestellt, das endet dann irgendwo im Pazifik…
Und noch mal die Journalistin: „Das wirkt zunächst nicht sonderlich sexuell. Aber dieses Mein-Haus-mein-Auto-meine-Yacht-Ding ist ja tatsächlich ziemlich männlich, oder?"
Clement: „Männer brauchen etwas, das sie manipulieren können und mit dem sie ihr eigenes Ich erweitern: ein Gerät wie das Auto, das Skateboard oder auch ihre Gitarre. Mit diesem „Extended Self" gehen sie in die Welt hinaus, erobern sich einen Raum und werden grösser, als sie eigentlich sind. Solche Selbsterweiterungen sind für Männer sehr erhebend. In einem metaphorischen Sinne könnte man dabei tatsächlich von Potenz sprechen."***

*Heyerdahl, Thor, Kontiki, 1948

**Husmann, Wenke
Männer fantasieren anders als Frauen, ZEIT ONLINE, 2015
Zeitverlag Gerd Bucerius

Aha!

Das mit der Gitarre wusste auch schon der systemisch singende Freddy Quinn – kommt aus Österreich, singt aber auf Deutsch und hat Vorfahren aus Irland – als er in „Die Gitarre und das Meer" Folgendes sang:

Jimmy wollt ein Mädchen lieben,
doch ein andrer kam daher.
Und als Trost sind ihm geblieben
die Gitarre und das Meer.*

Auf jeden Fall sind wir dankbar, unsere Liebe zu unserem Boot nun endlich wissenschaftlich begründet und sexualtherapeutisch aufgearbeitet zu sehen. Und was ein langer Bugspriet und eine steife Brise in diesem „erweiterten" sexuellen Kontext Clement'scher Logik systemisch zu bedeuten haben, kann sich die geneigte Leserin selbst zusammenreimen – auch wenn sie nicht aus Heilbronn kommt, nicht in Hannover studiert hat und nicht in Hamburg arbeitet.

*Text: von Pinelli, Aldo, 1959

In die Karibik

Dieses Problem hatten wir noch nie

Was ist das Schwierigste beim Segeln? Nein, nicht die Navigation, das Steuern oder das Segelsetzen; die Kunst ist, ein Schiff für grosse Fahrt überhaupt zum Funktionieren zu bringen. Wir haben einen Winter intensiver Planung hinter uns, und die Zeit vom Frühjahr bis zum Auslaufen von Port Napoleon in Südfrankreich ist geprägt von meist körperlicher Arbeit.
10-Stunden-Tage sind die Regel und das sieben Tage die Woche. Rentner zu sein hat einen gewaltigen Nachteil: Man hat keine Ferien mehr!
Seit Monaten fühlen wir uns wie Richard Kimble (Leser unseren Alters kennen ihn noch; für die jüngeren: Das war eine TV-Kult-Serie der 60er Jahre des 20. Jahrhunderts. RK war ein Arzt, der angeklagt war, seine Frau umgebracht zu haben. Es gelang ihm zu flüchten, und von da an wurde er von einem Inspektor gejagt.

So werden wir die letzten Monate verfolgt von einem „noch nie dagewesenen Problem" zum nächsten. Wir wissen, dass uns nur eine gewisse Zeit bleibt, das Mittelmeer zu verlassen, bevor der Winter hier einbricht und die nördlichen Winde im Atlantik, die uns südwestwärts bringen sollen, unbeständig werden.
„Dieses Problem hatten wir noch nie!" Dies ist der erste Satz, den Anbieter von Yacht-Zubehör, Yacht-Techniker oder Yacht-Mechaniker in ihrer Ausbildung gelernt und sofort verinnerlicht haben. Wenn der Satz ausgesprochen wird, merken wir (leider manchmal zu spät): Aha, der hat wohl kaum viel Ahnung.
Da ist z.B. die Sache mit dem Trockeneis-Strahlen:
Die Methode scheint sensationell; da wird an Stelle von Sand Trockeneis verwendet, um alte Farbe, z.B. von unserem Unterwasserschiff, abzutragen. Die Farbe, so lesen wir auf unzähligen Webseiten, lasse sich Schicht für Schicht ablösen, falle einfach zu Boden und lasse sich da mit „Schüfeli und Wüscherli" zusammenkehren. Der Gag dabei ist, dass das Trockeneis (reines Kohlendioxid) verdampft und keine Umweltschäden hervorruft.
Ideal also für uns noch immer etwas grüne Alt-68-er.

Unterwasserschiff: Teil des Schiffsrumpfes, der im Wasser liegt

Bei mehreren Schichten alten Antifoulings, Spachtelmasse, Vinylteer und Grundierung hat die Methode jedoch schnell „ausgetaugt" und die „Experten" greifen zu besagtem Satz. Wir schicken sie zu den Sch'tis. Unser Geld ist natürlich foutu (merde!).

Antifouling: Farbanstrich des Rumpfes gegen Bewuchs mit Organismen

... oder die Story mit dem Navigationsprogramm:
Mehrmals werden uns Raubkopien dieses, wie es immer wieder in der Werbung heisst, besten Navigationsprogramms („auch von Profis benutzt!"), angeboten. Weil wir aber ehrliche Menschen sind (vielleicht zu gut für diese Welt, wie unser Freund von der SY Andiamo zu sagen pflegt), kaufen wir bei einem bekannten Unternehmen eine Originalversion.

SY / Sailing Yacht: Segelyacht

Nelly, wie immer zuständig für Software,
installiert,
deinstalliert,
installiert,
frustriert,
deinstalliert,
resigniert
und kommuniziert

mit Herrn Bahn (richtiger Name der Redaktion bekannt) der deutschen Firma. Auszüge aus dem Mailverkehr geben wir hier in stark gekürzter Form aber im O-Ton wieder. (Peters verbale Ausbrüche wurden von der Zensur gestrichen.)

„Guten Tag Herr Bahn
Als Freischaltcode habe ich Ihren Code 1: 18B266A5 eingegeben. Aber der wurde nicht akzeptiert. Bitte senden Sie mir den richtigen Freischaltcode für die Disc 1 per Mail. Ich hoffe, Sie können mir möglichst rasch weiterhelfen."

„Sehr geehrte Frau Moser
vielen Dank für Ihre Nachricht und verzeihen Sie bitte die ungewöhnliche Verzögerung. Der Hersteller meldete gestern „technische Probleme" mit seinem Freischaltgenerator."

„Guten Tag Herr Bahn
Könnten Sie mir sagen, was ich falsch mache? Für eine Beantwortung meiner Fragen wäre ich Ihnen sehr dankbar, zumal ich die Online-Ratgeber und auch die mitgelieferten Handbücher nicht sehr hilfreich finde, sie verwirren lediglich."

100 m neue Ankerkette plus Zweitanker

Vektorkarten: digitale Karten mit Informationen auf mehreren Ebenen

„Hallo, sehr geehrte Frau Moser
Sie hatten zu Recht Kritik an mancher Anleitung.
Da hatten meine Vorgängerkollegen meines Erachtens eine wirklich missverständliche, um nicht zu sagen unwillkürlich irreführende Beschreibung verfasst, die bisher nur zufällig immer wieder zu richtigen Ergebnissen geführt hat. Prüfen Sie doch bitte unbedingt, z.B. in dem Menübereich gem. meiner weiteren Anlage „Vektorkarten Zeigen-Verbergen.gif", ob ungewöhnlicherweise dort die Einstellungen nicht stimmen.
Vielen Dank für Ihre unnachahmliche Mitarbeit."

„Guten Nachmittag Herr Bahn
Ich habe den PC-Selector deinstalliert und wieder neu installiert. Über „Buy Charts" wollte ich die Anfragecodes erstellen, aber es kommt die Meldung, dass ich bereits registriert sei. (vgl. letzte drei Printscreens in der Anlage.)
Falls Sie noch einen (letzten!) Vorschlag haben, rufen Sie bitte an. Ich bin jetzt telefonisch erreichbar."

„Sehr geehrte Frau Moser
vielen Dank für Ihre gut aufbereitete Rückkopplung.
Sie entnehmen bitte der Tatsache, dass ich in meiner Freizeit von zu Hause aus schreibe, meine Verzweiflung in dieser Angelegenheit ….
Es bestehen keine Zweifel, dass Sie bei allen Prozeduren gewissenhaft vorgegangen sind – schon an Ihren gut aufbereiteten Meldungen erkennbar. Jedoch lassen Sie mich auch versichern, dass diese Navigationssoftware in der Sportschifffahrt weltweit wohl am umfassendsten und erfolgreichsten verbreitet ist und wir hier eine noch nicht erklärbare Ausnahmesituation haben." – Aha! (die Redaktion)

„Guten Tag Herr Bahn
Ich habe alle Ihre Tipps nochmals durchgeführt, es nützt nichts. Der PC-Selector meldet, dass er die Karten hat und das Programm kann sie nicht öffnen. Nun gebe ich definitiv auf. Ich habe Ihnen die Software samt Dongle heute eingeschrieben zurückgeschickt."

„Guten Tag sehr geehrte Frau Moser
Schade, dass wir vermutlich nie die Ursachen in Ihrem Fall ermitteln werden, ich vermute diese noch immer nicht in Ihrer Handhabung. Jedenfalls würde ich es – entgegen des grundsätzlichen Rates unseres Geschäftsführers für Elektronik – immer wieder mit Ihnen versuchen. Wer weiss …"

Einige Überstunden machen wir, als wir nur mal ganz schnell ein Kabel in ein Rohr einziehen wollen. Und dieses Problem hatten wir nun ganz und ganz und ganz bestimmt noch nie, und wir fragen uns, ob es überhaupt jemals irgendjemand hatte. Wir wollen hier nicht auf die philosophische Frage eingehen, ob man ein Problem überhaupt HABEN kann – aber auf jeden Fall hatten wir eines und das ging so:
Auf dem Achterdeck war ein sogenannter Targabügel montiert. Das ist ein Gestänge aus Stahlrohr von ca. 10 cm Durchmesser, auf welchem eine Solarzelle, der Windgenerator, die Radarantenne und verschiedene andere Antennen sitzen.

Im Rahmen unserer Vollendung der Perfektion wollen wir nun eine zweite GPS-Antenne auf dem Targabügel verankern. Und dazu ist es nötig, in das 10 cm dicke Rohr ein weiteres Kabel einzuziehen. Nichts leichter als das, dazu gibt's diese Saiten, welche die Elektriker benutzen. Doch unsere Saite bleibt immer stecken – ob von oben an Deck oder von unten aus der Achterkabine eingeführt. Wir grübeln: „Hat der Schweisser gepfuscht? Ist das Radarkabel zu dick? Haben die Elektroniker ein Kabelwuhling verursacht?" (Merke: Immer die Schuld zuerst bei den anderen suchen; das beruhigt).
Eine halbe Dose „Gliss" (Profi-Gleithilfe zum Kabeleinziehen) haben wir schon ins Rohr gespritzt. Der einzige Effekt ist ein rutschiges Achterdeck. Jetzt schreiten wir zu einem Problemlösungsbrainstormingarbeitsgruppenseminar (wie damals im Berufsleben).

GPS / Global Positioning System: Satelliten-Navigationssystem

Nach längerem Grübel-Grübel-und-Studier finden wir heraus, dass die Firma Nautictronic (danke an euch!) in weiser Voraussicht ein zusätzliches Kabel mit eingezogen hat, an das wir unser GPS-Kabel anbinden können und damit eine stabile Zugverbindung zwischen Targabügel und Achterkabine haben.
Wir ziehen und zerren und wundern uns schon wieder – bis plötzlich nach einem Ruck – Mörtel aus dem Rohr in die Achterkabine bröckelt und zum Schluss ein Insekt hinterher purzelt (völlig gaga vom vielen Gliss), welches vom Bord-Biologen unverzüglich als Lehmwespe identifiziert wird. Diese hat den Targabügel als Kinderstube benutzt und darin mit Lehm von der nahen Wasserstelle ein „Haus" für ihre Brut samt Nahrungsreserven für die lieben Kleinen geschaffen.
Jetzt wissen wir, dass Schiffe nicht nur wasserdicht, sondern auch lehmwespendicht sein müssen und verstopfen sämtliche Eingänge in irgendwelche Rohre mit Resten von Moskitonetz.

In der Backskiste des Beiboots finden wir ein weiteres Lehmwespen-Bauwerk. Hier eine Innenansicht. Die Insassen sind wohl an grosser Hitze unter dem Kunststoff gestorben. Die Länge des Baus beträgt 7 cm.

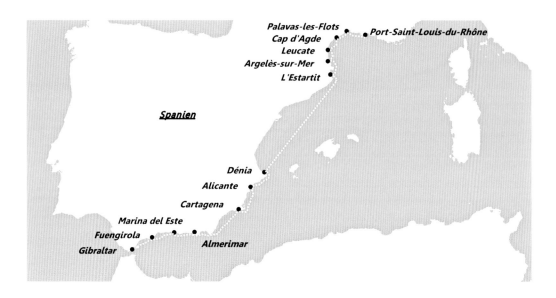

Los geht's!

Nun legen wir endlich in Port Napoléon ab und haben „nur" noch zwei Probleme zu lösen: Beide WCs funktionieren nicht, quittieren – kaum dass das Schiff im Wasser liegt – ihren Dienst. In Rente gegangen? Wir sagen uns, dass Wilfried Erdmann, der berühmte deutsche Einhandsegler, ohne WC und nur mit Pütz zweimal um die Welt segelte und fahren los mit der Absicht, sie während der ersten Tage zu reparieren. (Für Nichtsegler: Die Pütz ist ein Eimer, den man für allerlei brauchen kann ...).

Schlag:
gesegelte Strecke auf gleichem Kurs

Um alle Systeme zu testen und langsam wieder in Griff zu bekommen, fahren wir in kleinen Schlägen der Küste des Golfe du Lion entlang. Bereits in Cap d'Agde haben wir genug vom erfolglosen WC-Reparatur-Dienst und legen an zu einem WC-Stopp.

Das eine WC wird ausgebaut und in Argelès-sur-Mer durch ein neues ersetzt. Dass dann ein Tag Arbeit für den Einbau fällig ist, sei nur am Rande erwähnt. Es gibt ja offenbar keine zwei Produkte für den gleichen Zweck, welche dieselben Schrauben, die gleichen Rohrdurchmesser und die gleichen Rohrschellen benötigen.

Unser Freund Fritz reagiert umgehend per Mail auf unsere WC-Sorgen; seinen Vorschlag wollen wir auf keinen Fall unterschlagen und publizieren ihn hier mit ausdrücklicher Genehmigung des Autors:

„Da habe ich für Euch noch einen Tipp für ein immer funktionierendes Aussen-WC, so gesehen bei einer italienischen Yacht vor Rhodos. Man nehme:
Eine Edelstahl-Klobrille mit Scharnier, montiere sie aussen an der Heckreling, im ausgeklappten Zustand darauf sitzen und benützen wie ein Plumpsklo, mit der Heckdusche abspritzen wie beim Bidet, wenn fertig, Brille wieder hochklappen und fixieren."

Jetzt kann es richtig losgehen.

Logbuch
29.9.2010
08:20 Leinen los in Port Napoléon, Sonne pur, eiskalter Mistral
19:15 Anker fest in Palavas-les-Flots, der perfekte Segel-Tag, abends Eigner-WC erfolglos auseinandergenommen.
Ein Fischer bittet uns, morgen nicht vor 08:00 zu starten, da sie über Nacht ihre Netze vor der Bucht liegen haben. Ist uns recht; ein bisschen länger schlafen tut gut.

3.10.2010
Wir liegen in Argelès-sur-Mer, draussen herrscht Starkwind aus SW. Wir installieren neues WC, was nicht ohne Schweiss und Tränen, aber immerhin ohne Blut gelingt.

7.10.2010
Auf See zwischen L'Estartit und Denia, Wind SE 4–5, rundum durchgeschüttelt von Dünung und Windwellen, beide seekrank, Beruhigung erst gegen Mitternacht.

9.10.2010
Kurs auf Alicante, Motorfahrt bei ruhiger See, Null-Meridian passiert, Nelly kann zum ersten Mal auf See lesen.

16.10.2010
Nachtschlag, Nelly seekrank
08:30 Leinen fest in Almerimar. Unsere elektronische Navigation empfängt keine GPS-Daten mehr, Peter tauscht die Anschlüsse COM1 und COM2, und es funktioniert wieder. (!?)

Mistral:
kalter, starker Fallwind im unteren Rhonetal, in der Provence bis nach Korsika und Sardinien

Null-Meridian:
Geografische Länge durch die Sternwarte Greenwich

Nachtschlag:
gesegelte Strecke auf gleichem Kurs während der Nacht

Der Ostwind baut über dem Felsen von Gibraltar eine imposante Walze auf, was auf der Westseite vor der Hafeneinfahrt zu Böen bis 35 kn (8 Bft) führt.

Seemanns-Tod oder Todos los Santos

Wir sitzen in der Waterfront-Bar in Gibraltar, bei einem Weissen Martini (nur gerührt), und schreiben mal wieder, ohne das Laptop am Salontisch festbinden zu müssen. Und wir geniessen den gepflegten Lifestyle in einer anständigen Bar.

Die unanständigen Bars haben wir hinter uns gelassen. In Fuengirola an der Costa del Sol läuft als Nachsaison-Knüller ein Sex-Tapas-Bar-Parcours. Das bedeutet z.B., dass die kleinen scharfen spanischen Würstchen nicht auf den Tapas liegen, sondern stehen – mit etwas Mayonnaise obendrauf.

Wir waren darauf gefasst, hier in Gibraltar Affen zu treffen, aber dass diese sogar in der Mainstreet auftreten, ist eine Überraschung. Das Beste ist allerdings, zu verfolgen, wie die Affen Geranien auf Balkonen von Ferienwohnungen fressen.

Sonntagmorgen: Wir machen uns auf den Weg zum Affenfelsen, kommen aber nicht weit, da ein Grossaufgebot an Militär und Polizei etwas abriegelt, das wir später als Trafalgar-Friedhof identifizieren. Da stehen Angehörige der Kriegsmarine in ihren Sonntagsuniformen in allen Wegen des Friedhofes, in der Mitte ein Fahnenträger, mehrere Priester und einige mit Orden behängte Offiziere der englischen Kriegsmarine. Die Militärkapelle intoniert „God Save the Queen". Unsere Augen werden feucht; wir denken an Freddy Mercury ...

Ja ist heute schon Allerheiligen – Todos los Santos? Nein, heute ist der 24. Oktober und wie jedes Jahr steigt eine Feier zum Jahrestag der Schlacht von Trafalgar, ein Kap, das gleich um die Ecke an der Atlantikküste liegt. Da besiegte die englische Kriegsmarine unter der Führung von Lord Nelson die vereinigte Kriegsmarine der Franzosen und Spanier. Die Schlacht kostete rund 4000 Seeleuten das Leben, darunter auch Nelson. Er wurde zum Frischhalten in ein Fass Brandy gelegt und nach England geschippert. Den Brandy sollen später die Nelson bis in den Tod ergebenen Seeleute getrunken haben.

Nelly trinkt immer noch lieber Champagner.

Einige der Toten liegen in der Erde ebendieses Friedhofes in Gibraltar. Der Kommandant der britischen Truppen von Gibraltar zitiert das Gebet Lord Nelsons:

„Möge der Grosse Gott, den ich verehre, meinem Land und zum Wohle ganz Europas einen grossartigen und ruhmreichen Sieg schenken …"

Der Vize-Admiral beendet seine Rede:

„ …bitten wir, dass wir in unserer Zeit und Generation die Gnade (!) erfahren, immer um die Herrlichkeit Gottes und die Ehre dieses Königreiches und Commonwealth zu kämpfen." – Fanfare

Und damit die Opfer des letzten Krieges nicht vergebens waren, müssen immer wieder neue folgen: Falkland-Inseln, Irak, Afghanistan…

„Mit Gott an unserer Seite!"

Berberaffe (*Macaca sylvana*)
Füttern verboten!
Strafe: 500 £ - Wir umklammern krampfhaft unsere Brötchen.

Seemanns-Tod oder Todos los Santos

motoren:
unter Motor fahren
(Seglerjargon)

Seegang-Skala
s. Nautische
Fachausdrücke

Knoten, kn:
Geschwindigkeit von
1 Seemeile/Stunde

Tagebuch, 26.10.2010
22:30 auf See vor der marokkanischen Küste
Ich habe Wache. Wir sind heute Morgen um 08:45 losgefahren in Gibraltar, Ziel Lanzarote. Bis jetzt drei Stunden gesegelt, Rest motort. Wind schwächer als vorhergesagt. Ist mir auch recht, es schaukelt noch genug von anderen Schiffen oder wieso auch immer. Gestern Abend haben wir uns Pflaster gegen Seekrankheit geklebt. Fühle mich heute besser als auch schon. Konnte mich in Gibraltar etwas erholen. Ob ich die fünf Tage und Nächte durchstehe? Das Schiff ist so verdammt eng für zwei Personen und die ewige Schaukelei! Peter geht's gut, dann ist es auch für mich gut.

Tagebuch, 27.10.2010
19:00 auf See
Wenig Wellen, kaum Wind und die Sonne scheint. Natürlich wäre einem echten Segler Wind lieber. Aber ich bin keine echte Seglerin, ich bin da in etwas hineingerutscht. Es muss an Peter liegen, dass ich mich selbst so fordere. Heute beim Motoren und ruhiger See ist es allerdings ganz hübsch.

Tagebuch, 29.10.2010
22:00 Position 30°05' N; 12°18' W
Stockdunkle Nacht um mich. 1930 m Wasser unter mir, rund um mich herum noch mehr. Ich habe soeben die Wache übernommen. Das Meer ist ruhig, Seegang 1–2. Einzelne Sterne funkeln, die Sicht ist diesig. Der Mond wird erst etwa in 2½ Stunden aufgehen. Er ist zur Zeit abnehmend, d.h. nur eine schmale Sichel wird sichtbar werden, aber ich sehne mich danach, dann wird alles heller, fassbarer und doch auch unheimlicher, weil bewusster wahrnehmbar, wo wir uns befinden. Wir haben zu wenig Wind, um zu segeln, darum fahren wir unter Maschine. Und das seit über 30 Stunden am Stück. Obwohl es laut ist, flösst mir das sonore Geräusch Vertrauen ein. Aber auch die Frage: Wie lange am Stück kann ein Motor laufen? Solange er Diesel erhält? Uns freut, dass der Motor nun keine Algenprobleme mehr hat. Auch PC, GPS, Navigationsinstrumente und Funk laufen seit 26. Oktober um 08:45 ununterbrochen. Das Navigationsprogramm Navichart hat zwar schon mehrmals die GPS-Daten „verloren", aber mit COM-Port-Stecker-Umstecken konnte Peter das Problem jedes Mal wieder beheben.
Im Moment fahren wir mit 7 Knoten, dank Azorenstrom. So wie es aussieht, werden wir morgen Abend auf den Kanarischen Inseln ankommen, d.h. nach fünf Tagen und vier Nächten. Wir hatten mit fünf Nächten gerechnet.

Ausserdem wird übermorgen ein Ausläufer eines Azorentiefs hier 8 Bft Wind und 5 m hohe Wellen bringen. Mich schaudert, wenn ich daran denke. Mit Pflaster gegen Seekrankheit und ruhiger See gelingt es mir – neben meinen Arbeiten bei den Wachen – jeden Tag zu duschen, den Lunch zuzubereiten, abzuwaschen und zu putzen. Jetzt, in der Nacht, sitze ich im Salon, Navichart und Radar im Blickfeld. Alle 20 Minuten stelle ich mich in den Niedergang, lasse meinen Blick übers Wasser schweifen, um sicher zu sein, dass nirgends ein Boot auftaucht, das kein AIS hat oder vom Radar „übersehen" wurde. Ich muss, weil ich mich besser fühle als in all den Jahren vorher, nachts nicht mehr klamm draussen im Cockpit sitzen und mich gegen die See-Apathie wehren. Ich kann jetzt hier vom Salon aus wachen und – zum ersten Mal – schreibe ich auch. Seit Dienstag lausche ich zwischendurch Hörbüchern, nicht schlecht, aber das schläfert mich ein, weshalb ich jeweils bald wieder aufhöre. Die Wellen werden unruhiger, Wind kommt auf. Ich lege mein Tagebuch weg. Kurz vor 23.00 Uhr überqueren wir den 30. Breitengrad. Wir sind definitiv im Süden. Ich bin auch schon seit Tagen im T-Shirt und jetzt im Salon haben wir trotz offenem Niedergang 25 °C. Nun ist es 7 Uhr morgens. Meine Wache ist zu Ende. Obwohl Wind nur 3–4 Bft, schaukelt es heftig. Ich mag das nicht. Bin todmüde.

Bft/Beaufort:
Skala der Windstärke
s. Nautische Fachausdrücke

Niedergang:
schmale, steile Treppe auf einem Schiff

AIS:
Automatisches Identifikations System

Foto: Claude Bron

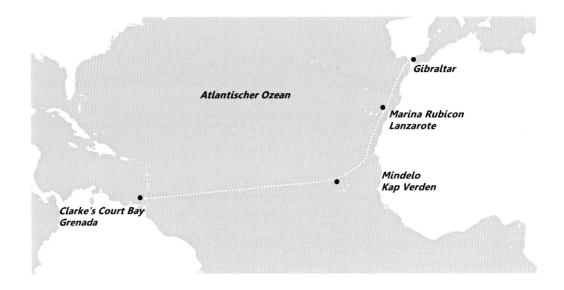

Ein Tag auf See

Mitternacht, der Mond zeichnet aufs Meer eine silbrige Bahn, auf der wir dahingleiten.

Nelly beginnt die zweite Stunde ihrer Wache und eröffnet eine neue Seite im Logbuch. Sie rechnet die gesegelten oder mit Motor zurückgelegten Meilen der letzten 24 Stunden sowie den Diesel- und Wasserverbrauch aus und kontrolliert die Batterie- Wasser- Diesel- und Gasbestände. Vor Mitternacht hat sie einen Brotteig geknetet und in die Wok-Pfanne gelegt. Nun muss die Hefe einige Stunden für uns arbeiten.

01:00 Nelly orientiert Peter über die Vorkommnisse in ihrer Wache und geht schlafen. Peters Wache beginnt mit … Aufwachen. Nach einer halben Stunde, nach einer Mandarine und einigen Schokokeksen legt er seinen Rettungsgurt an, klinkt sich im Cockpit ein und prüft den Segeltrimm und den Kurs. Nach diesem Erfolgserlebnis legt er sich in die Kissen des Decksalons und liest – mit Sicht auf den Radarschirm und den Navigations-Bildschirm – einen Törnführer über die Kapverdischen Inseln.

04:00 Nellys zweite Nachtwache. Sie verfolgt mit dem AIS einen 330 m langen Tanker, der auf Kollisionskurs mit uns fährt. Wie die meisten grossen Schiffe ändert er bei 5–6 Seemeilen Annäherung seinen Kurs um 1–2 Grad, um uns den Vortritt zu gewähren. Nelly kann nun an ihrem Hörbuch weiterhören und dem CPA getrost entgegensehen.

Seemeile, sm:
1.852 km

CPA/Closest Point of Approach:
geringste erwartete Annäherung

Zwischendurch „tigert" sie im Salon oder im Cockpit umher, um den Kampf gegen den Schlaf nicht zu verlieren. Jede Stunde schreibt sie einen kurzen Eintrag ins Logbuch.

07:00 Es taget – wir vergrössern die Segelfläche für den Tag. Nelly geht schlafen, einsam wacht Peter. Er blinzelt kurz aus dem Cockpit der Sonne entgegen, die gleich aus dem Meer auftauchen wird. Aber jetzt wird wieder in „die Hände gespuckt": Das Brot muss gebacken werden. Dreiviertel Stunden im Wok auf dem Gasherd zaubern einen köstlichen Brot-Duft ins Schiff. (Dass Nelly so noch schlafen kann?)

08:00 Peter setzt sich ans Kurzwellengerät, um sich in die tägliche Konferenz der RumRunners einzuklinken. Die RumRunners sind die Crews von ca. 30 Segelbooten, die zwischen den Kanaren, den Kapverden und der Karibik auf dem Atlantik unterwegs sind. Becky leitet heute das Gespräch. Das tönt so:
Becky: „Boats on the way to check in for the RumRunners Net – please come now!"
Peter: „Alua, Alua"
Becky: „I heard Alua; Good morning Peter, go ahead!"
Peter: „Good morning Becky, good morning the net! Our position is two zero degrees two nine minutes North, one seven degrees two five minutes West. We have wind from Northwest with one two knots and a swell of one to two meters. Our course is two two zero. Over."
Becky: „I have a light copy on you; please repeat your longitude! Over."
Peter: „Our longitude is one - seven - two - five. Over."
Becky: „Your longitude is one - seven - two - five. Is this a roger? Over."
Peter: „This is a roger. Over."
Becky: „Ok; I have Alua at two - zero - two - nine North, one - seven - two - five West on a course of two - two - zero, wind one - two Northwest, sea one to two meters. Anything else from you, Peter? Over."
Peter: „No. We are both fine and are enjoying the good conditions. Thanks Becky for the net! Standing by."
Dieses Netz gibt uns jeweils aktuelle Informationen über das Wetter und das Meer um uns herum. Ausserdem vermittelt es das Gefühl, dass wir nicht alleine in der endlosen Weite des Atlantiks über ein Meer segeln, das nicht immer nur so sanft ist wie heute. Dank Kurzwellenfunk haben wir über diese Relay-Stationen bei technischen oder gesundheitlichen Problemen wichtige Verbindungen in die ganze Welt.

Unsere Funk-Ecke:
Oben links UKW-Funk
unten: Kurzwellenfunk
mit Handmikrofon
und Kopfhörern

GRIB-Datei:
Gridded Binary:
Standardisiertes, komprimiertes binäres Datenformat, das üblicherweise in der Meteorologie verwendet wird.

Pactor-Modem: **Pac**ket Teleprinting Over Radio, Vermittler von Daten via HF-Funk

10:00 Nelly ist aufgewacht. Nun haben wir Zeit für das Frühstück mit frischem Brot, Mandarinen und heissem Tee. Anschliessend stellt Nelly eine Kurzwellen-Verbindung zum Server von sailmail.com her und lädt den neusten Wetterbericht (als GRIB-Datei) via Pactor-Modem direkt auf unseren Bordcomputer. Sie erstellt einen Streckenwetter-Report, und wir besprechen die Segeltaktik für die nächsten 24 Stunden.

13:00 Zeit für einen kleinen Imbiss, denn: „Im Hypo (mit niedrigem Blutzucker) segelt es sich nicht gut", wie Nelly zu sagen pflegt. Sie pflegt noch mehr zu sagen, aber die Weisheit mit dem erfolgreichen Mann und der Frau dahinter ist ja nicht neu. Heute stehen eine Mango, eine Wildschwein-Salami und Brot auf dem Menüplan. Dazu trinken wir selbstgemachtes Wasser. Es gibt zwei Möglichkeiten, Wasser selbst zu machen; die erste ist die einfachere: man nehme zwei H und ein O, hänge sie zusammen, gibt H_2O.
Die zweite Methode ist schwieriger und teurer, aber besser fürs Schiff geeignet. Man kaufe ein Entsalzungsgerät, installiere es in tagelangen verwundenen Yogastellungen und lege täglich den Schalter um. Über Mittag ist genau die richtige Zeit dazu, wenn unsere Solarzellen Strom produzieren. Denn Entsalzungsgeräte hassen Salz, aber liiiieben elektrischen Strom.

14:00 Peter legt sich hin zum Mittagsschlaf.
15:30 Nelly legt sich hin zum Mittagsschlaf
17:00 Es wird kühles Cola (mit Zitrone) ins Cockpit serviert, und wir diskutieren die Taktik für die Nacht.

18:00 Wir reduzieren die Segelfläche für die Nacht. Anschliessend begibt sich der Smutje in die Kombüse und zaubert je nach Seegang ein grösseres oder kleineres Dinner auf den Cockpit-Tisch.

19:00 Nelly geht schlafen. Peters erste Wache beginnt. Er schaltet das Radar ein und legt eine Alarmzone von 6 Meilen fest. Das Radar wird sich (aus Energiespargründen) alle 15 Minuten einschalten, ringsum schauen und Alarm auslösen, falls ein Hindernis in die Alarmzone eindringt. Nun kann sich Peter ans Geschirrspülen machen.

22:00 Peter geht schlafen, Nellys erste Wache beginnt. Sie kontrolliert den Kurs, korrigiert falls nötig, holt sich ein Glas Pfefferminztee und schaut, ob das Brot noch fürs Frühstück reicht.

Den Teig im Wok mischen und kneten, Deckel drauf, aufgehen lassen, auf kleinem Feuer beidseitig backen.

Tagebuch, 1.11.2010

Vorgestern um 15:30 in der Marina Rubicon auf Lanzarote angekommen. Äusserst schöner, gepflegter Hafen.
Es ist zwar erst Viertel nach Sieben, aber schon stockdunkel. Dafür sitze ich immer noch im T-Shirt im Cockpit, ein lauer Abendwind weht. Heute kleine Velotour im wunderschön angelegten Feriendorf Rubicon. Alles wie im Ferienprospekt. Aber gefällt mir das? Ich weiss es nicht. Irgendwie steril. Wir Menschen (Touristen) sind die Marionetten in einem zauberhaft angelegten Ghetto. Warum bin ich bloss so unzufrieden? Am liebsten würde ich vorne auf dem Achterdeck sitzen und lesen. Dafür hat Peter aber wenig Verständnis. Er will etwas erleben! Will jeden Tag Sport treiben. Lesen können wir auch zu Hause – meint er. Er schreibt zwar fleissig Homepage-Berichte, aber jetzt haben wir wieder ständig Probleme, um überhaupt ins Internet zu kommen und die Berichte hochzuladen. Und so vergeuden wir Stunden unseres Lebens. Wie blöd wir doch sind!

Marina Rubicon

Ich denke ständig an die bevorstehende Atlantik-Überquerung. Eigentlich graut mir vor den hohen Wellen, vor dem Wind, vor der unendlichen Einsamkeit. Ob wir in einen Sturm geraten werden? Peter weiss es nicht. Er sagt einfach, das hätten nun schon so viele vor uns gemacht, das könne nicht so dramatisch sein. So will ich mir denn einreden, dass es nichts Besonderes ist, dass ich das schon schaffen werde. Ich habe ja auch schon eine lebensbedrohende Krankheit samt Behandlung überwunden. Ich habe keine Angst vor der Überfahrt. Mir wird nicht schlecht. Ich werde die Wachen gut überstehen. Ich werde lesen können. Ich werde Hörbücher verschlingen. Ich werde die Ruhe geniessen. Ich werde es schaffen.
In der Marina Rubicon herrscht eine andere Stimmung als noch in den Häfen des Festlandes: „Go West" ist das Motto, viele Schiffe tragen TO-Stander oder ARC-Flaggen, viele sind ausgerüstet mit Solarpaneelen, Windgeneratoren und Windsteueranlagen. Was uns aber am meisten überrascht: Auf vielen Booten leben Kinder zwischen drei und zwölf Jahren und erzählen auf ihrer Trick-or-Treat-Halloween-Tour so nebenbei: „Wir segeln um die Welt."
Die Yachties treffen sich abends in der „ONE Bar".
Da weiss Karin immer den neuesten Klatsch aus der Szene – wir schmunzeln. Markus erzählt von seinen 5 Atlantiküberquerungen – wir spitzen die Ohren. Dieter berichtet von seinen Erfahrungen auf den Kapverden – wir zücken das Notizheft. Mike beschreibt die schönsten Ankerplätze in der Karibik – wir bestellen noch einen Cuba Libre.

Stander:
kleine, dreieckige Flagge

TO / Trans-Ocean:
Segelverein

ARC:
Atlantic Rally for Cruisers

Ein Tag auf See

Montagnas del Fuego

Was für ein Name – der zergeht so richtig auf der Zunge und lässt sich dramatisch-theatralisch aushauchen. So etwa können wir uns auch die Entstehung dieser „Berge des Feuers" auf Lanzarote vorstellen: Ein Vulkanausbruch, der von 1730 bis 1736 dauerte, brachte riesige Lavaströme hervor, welche dem Atlantik Richtung Westen acht Kilometer Meer abrangen und bunte Krater, Aschekegel und Lapilli-Felder hinterliessen.

Heute wächst in den schwarzen Lapilli-Schichten ein ganz besonderer Wein: „La Geria": im Körper eruptiv, mit Noten von unterirdischem Feuer und einem teuflischen Abgang. Da wir uns – wie viele andere auch – vorstellen können, wenn uns dermaleinst im Alter das Zipperlein peinigt, vor der helvetischen Winterkälte in diese wunderbare Gegend zu flüchten, testen wir schon mal diese „Vulkan-Medizin".

Dazu laden wir unsere englischen Bootsnachbarn zum Essen mit La Geria ein, und weil wir wissen, dass sie Käse lieben, entscheiden wir uns für Raclette. Da wir kein Original Schweizer Racletteöfeli an Bord haben und auch keine Fumarole in der Nähe liegt, über der wir den Käse schmelzen könnten, kaufen wir im Supermarkt eine kleine Teflonpfanne für diesen Zweck. Was wir aber auf der (deutschen!) Gebrauchsanweisung lesen, kommt uns ziemlich spanisch vor: „Vermeiden Sie, die Pfanne in kaltem Zustand zu erhitzen!" (häää?!)

Meersalz-Gewinnung

Wir stecken nun in den letzten Vorbereitungen für eine längere Seereise. Nebst Diesel, Wasser, Mehl, Hefe, Fertigtortellini, Büchsenratatouille und Schokolade bunkern wir auch einige Flaschen La Geria gemäss dem Motto: „A bottle a day keeps the psychiatrist away."

Die Überfahrt in die Karibik ist 2800 Seemeilen lang, wir rechnen mit einer Durchschnittsgeschwindigkeit von 5 Knoten, 1 Knoten = 1 Seemeile/Stunde. Wie viele Flaschen La Geria hat die Alua gebunkert?

Tagebuch, 1.12.2010
Wir sehen uns auf http://www.passageweather.com den Verlauf der Passatwinde an und verfolgen die Wetterentwicklung Richtung Kapverdische Inseln.

Weingegend La Geria: Jede Rebe wächst in einem Trichter aus Lapilli (Lavakügelchen), welcher das Wasser sammelt, und wird durch ein Steinmäuerchen vor Wind geschützt.

Die letzten Wochen waren von riesigen Tiefdruckgebieten über dem Atlantik geprägt, die uns in der Marina (!) einen Sturm mit einer Windgeschwindigkeit von 58 Knoten brachten und dazu andauernde südliche Winde auf der geplanten Route Richtung Kapverdische Inseln. Wir aber warten auf Wind aus Nordwesten.

Tagebuch, 13.12.2010
19:15 Auf See
Heute um 12:20 Uhr sind wir in Lanzarote gestartet. Die ersten vier Stunden Traumsegeln, anschliessend Motor. Wir wollen möglichst rasch südlich, damit wir den Passatwind erreichen. Während der letzten Monate habe ich oft an mir gezweifelt, mich gefragt, worauf ich mich da eingelassen habe. Aber ehrlich: So wie heute könnte Segeln Spass machen. Gestern Nacht allerdings Stress bei der Überprüfung der Instrumente, weil Navichart wieder keine GPS-Daten empfing. Erschöpft und ohne Erfolg sinken wir nach zweieinhalb Stunden Suchen ins Bett. Ich schlafe grad mal drei Stunden. Dann, heute Morgen: Peter prüft den GPS, stellt ein, und alles läuft!
Viele neue Freunde winken am Steg. Lanzarote war sehr gut, in jeder Beziehung.
Vor 38 Jahren zog ich zu Hause aus, zu Peter in unsere erste Wohnung. Ich erinnere mich sehr gut an den kalten, trüben Dezembertag. Mit einer vollgepackten Sporttasche hatte ich Mama tschüss gesagt. Heute weiss ich, dass sie traurig war, aber meine Haltung auch verstand. Papa sprach in jener Zeit kaum noch mit mir. Er wollte es nicht wahrhaben, dass seine Tochter zu einem Mann zieht, bevor sie verheiratet ist.

Tagebuch, 19.12.2010
12:10 Auf See. Jetzt sind wir auf Kurs nach Sao Vicente, Kapverdische Inseln. Wir werden einen Stopp einlegen, um ein paar Frischprodukte zu bunkern und vor allem, um uns etwas auszuruhen. Ich schlafe während meiner Freiwachen tief, aber es reicht nicht. Ich fühle mich schlapp, kämpfe bei jeder Wache gegen den Schlaf. Auch Peter ist müde, aber zufrieden. Der Vorschlag, auf den Kapverden eine Pause zu machen, kam von ihm. So ist es o.k. für mich.

Rund um mich nur Wasser. Peter schläft. Jetzt bin ich allein – endlich. Ich liebe diese Momente. Trotzdem bin ich unzufrieden, weil ich nicht die Energie aufbringe, um etwas Richtiges anzupacken. Denn nach wie vor habe ich oft ein flaues Gefühl im Magen, wenn ich während der Fahrt putze, schreibe oder lese. Übermorgen Abend könnten wir in Sao Vicente ankommen, spätestens überübermorgen. Von dort aus werden es „nur" noch gut 2000 sm sein. Das ist absehbar, vor allem, weil ab den Kapverden der Passat immer bläst, na ja, fast immer. Gerade für die nächsten Tage ist ein riesiges Tief zwischen Amerika und Europa angesagt, welches auch den Passatwind weit nach Süden drängen könnte, südlicher als die Kapverden. Wir werden sehen.

> **Logbuch**
> 31.12.2011
> Zum Silvesterabend auf hoher See zaubert Peter ein Früchte-Curry. Nelly trägt das Kleine Schwarze.

Tagebuch, 4.1.2011
06:00 Auf See. Habe soeben meine Wache begonnen. Ich denke an Mama. Vor 10 Jahren ist sie gestorben. Mir ist, als wäre es gestern gewesen. Und was habe ich mit diesen letzten 10 Jahren gemacht? Gearbeitet, krank geworden, mich vorzeitig pensionieren lassen. So nach und nach entsteht wieder etwas wie Leben. Heute dürften wir die Hälfte der Strecke von den Kapverden bis Grenada zurückgelegt haben. Nach wie vor sind Genua und Fock ausgebaumt, es segelt wie von alleine. Zwischendurch mit ekelhaften Wellenattacken, die unsere Alua zum Krächzen und Schütteln bringen. Wegen dieses Schüttelns können wir kaum schlafen, wir sind beide hoffnungslos übermüdet. Das ist denn auch die grösste Herausforderung hier draussen auf See: der Kampf gegen den Schlaf, die Müdigkeit. Denn einerseits sollten wir wachsam sein und andererseits sollten wir in den Freiwachen richtig schlafen.

ausbaumen:
ein Vorsegel (Fock, Genua, Spinnaker) mit dem Spinnakerbaum seitlich hinausspannen

Logbuch
4.1.2011
10:00 Wir sichten die SV „Solstice".
14:00 Wir machen gegenseitig Fotos, mitten im Atlantik
13° 40' N; 39°40' W

Tagebuch, 5.1.2011
21:00 Auf See. Endlich können wir die schiebenden Wellen mal für etwas Vergnügliches nutzen.
Übrigens haben wir heute die halbe Distanz über den Atlantik geschafft, ca. 1080 Seemeilen. Nun ist das Ziel doch etwas greifbarer. Ich glaube zu spüren, dass es auch für Peter eine Herausforderung ist, denn das ständige Rollen des Bootes ermüdet. Mit seinem Hang zum Perfektionismus überlegt er auch ständig, wie er die Segel noch besser trimmen könnte. Er macht wohl kaum viel falsch, schliesslich haben wir die ganzen 1080 Seemeilen von Mindelo bis hier unter Segel zurückgelegt. Und in Grenada gibt es endlich Ferien.

trimmen: einstellen der Segel gemäss Wind und Kurs

Logbuch
6.1.2011
Schlauchleck beim Gäste-WC – ausräumen, putzen, Frust. Truma Gasschutz-Schalter defekt, kochen nicht möglich, wir erhitzen Wasser mit Tauchsieder, reicht für Fertigmenü.

Schäkel:
verschliessbarer Bügel zum Verbinden zweier Teile

Grossschot:
Leine zum Bedienen des Gross (Grosssegels)

Clarke's Court Bay, Grenada

Logbuch
7.1.2011
16:00 Truma-Schalter repariert, Kabel war rausgerissen.
18:00 WC-Schlauch ersetzt, 2 Erfolge in Folge – puuh!
20:00 Angelschnur verheddert sich beim Einholen.

9.1.2011
07:00 Scheisswellen, Nelly stark übermüdet, liegt bis 15.00 in der Mittelkabine, wir kleben beide ein Pflaster gegen Seekrankheit.
22:00 Schäkel an Grossschot öffnet sich – 1 Std. Reparatur.

10.1.2011
Wir fangen den ersten Fisch: 10 kg schwere Dorade, Nachtessen: Dorade-Filet mit Risibisi.

12.1.2011
Windstärke 6, in Böen bis 8, ein Regenschauer folgt dem anderen, Wellen bis fünf Meter.
Ist Segeln etwas für Masochisten oder sollte es auch Spass machen? Wir werden in der Karibik darüber diskutieren.

13.1.2011
Leinen fest in der Clarke's Court Bay Marina, Grenada
We did it!

Atlantik-Romantik

Am ersten Tag zieht uns die Genua aus der Bucht von Mindelo und durch die Düse zwischen Sao Vincente und Santo Antao. In einem wilden Ritt erreichen wir Rumpfgeschwindigkeit, wobei Wellen und Strom kräftig mitschieben. Hinter den Inseln geraten wir für einige Meilen in eine üble Kreuzsee mit gleichzeitiger Flaute. Das bleiben von Mindelo bis Grenada die einzigen Meilen unter Motorkraft; der Rest – 2175 Seemeilen – ist Segeln!

13 von 16 Tagen segeln wir mit Schmetterling, d.h. Genua an Backbord und Fock an Steuerbord ausgebaumt. Je nach Wind fahren wir die Genua im ersten bis dritten Reff. Nachts reduzieren wir die Segelfläche, um grössere Manöver in der Dunkelheit und in Schlaftrunkenheit (nur Schlaftrunkenheit!) zu vermeiden. Zwei Tage fahren wir mit Genua und Gross, weil der Wind mitten im Atlantik Richtung Nord dreht. Den Spinnaker setzen wir nie ein, da die Windstärke immer über 15 Knoten liegt (meist um 25), stets verbunden mit Böen plus 50 %.
Die letzten zwei Tage und Nächte fahren wir mit mehreren Reffs, zum Schluss nur noch mit der Fock bei Squalls bis 40 kn aus wechselnden Richtungen verbunden mit heftigen Regengüssen und kommen erschöpft in Grenada an.
Unsere Durchschnittsgeschwindigkeit betrug 5,7 Knoten, das grösste Etmal war 153 Seemeilen.

Zwei Ausrüstungsteile waren uns besonders nützlich: Die Windsteuerung Pacific Plus (sie steuerte 382 Stunden nonstop, perfekt und ohne zu murren) und der Kurzwellen-Funk. Über das Funknetz der RumRunners berichteten wir ja schon früher. Nun, nach der Atlantiküberquerung, können wir noch folgende Beispiele anfügen:
Ein Schiff meldete Motorenprobleme und erhielt von einem Fachmann auf einem andern Boot auf dem Atlantik Anweisungen zur erfolgreichen Reparatur.
Ein Katamaran meldete Bruch des Ruderquadranten; Schiffe der RumRunners wurden aufgerufen, Kurs zur Havariestelle zu nehmen um Hilfe zu leisten (die dann allerdings nicht nötig war).

Und wenn der Skipper auf der Alua mit seinen Hochsee-Angelversuchen nicht erfolgreich ist, holt er Tipps via Funk und zack! gibt's frischen Fisch zum Abendessen.

Genua:
grosses Vorsegel

Rumpfgeschwindigkeit: Maximale Geschwindigkeit eines Bootes

Kreuzsee:
Wellenmuster, das entsteht, wenn Wellen aus unterschiedlichen Richtungen aufeinander treffen.

Steuerbord: rechte, Backbord: linke Seite des Schiffes

Reff, reffen:
Segelfläche verkleinern

Spinnaker (Spi):
grosses, bauchiges Vorsegel

Fock:
kleines Vorsegel

Squalls: Starke Böen

Etmal:
gesegelte Distanz in 24 Stunden
Katamaran:
Zweirumpfboot

Ruderquadrant:
Metallener Arm auf dem Ruderschaft mit Hebelwirkung auf das Ruder

HF-Funk:
High Frequency:
Kurzwellen-Funk

VHF-Funk:
Very High Frequency:
UKW-Funk (Ultrakurz-wellen-Funk)

SV / Sailing Vessel:
Segelschiff

Kombüse:
Küche auf einem Schiff

achterlich:
hinten

rechts:
13°40' N; 39°40' W

Die Foto rechts gibt eine Vorstellung der Wellen, die ohne Vergleichsobjekt schwierig festzuhalten sind. Im Wellental ist die Sicht trotz theoretisch weitem Horizont sehr beschränkt; aber das ist ja nicht nur auf dem Meer so.

Foto: John Forbes, SV Solstice

Und dann – dank HF-Funk – unsere einzige reale Begegnung mit einer Yacht in 16 Tagen. Wir wissen vom RumRunners Net, wie nahe wir auf beinahe gleichem Kurs mit der SV Solstice segeln und nehmen bei der Annäherung Kontakt via VHF auf. Wir nähern uns für eine Fotosession, und so entstehen die grossartigen Fotos von unserer Alua in voller Fahrt mitten im Atlantik.

Was uns auf dem Atlantik am meisten zusetzt, ist, dass die Tage tatsächlich (wer hätte das geglaubt) 24 Stunden haben, die alle die Aufmerksamkeit von 50 % der Besatzung erfordern. Das heisst für beide von uns 4 x täglich schlafen gehen und, was schlimmer ist, 4 x täglich aufstehen.
Unsere Hauptaufgaben sind: Kurs halten, genug schlafen, genug trinken, wach bleiben, etwas essen; und das alles bei rollendem Schiff, an die Bordwand donnernden Wellen und quietschendem und ächzendem Rumpf. Einen Apfel raffeln, Müsli und Milch dazugeben ist manchmal ein Kraftakt von 15 Minuten – und wenn Mann nicht aufpasst, kann Mann die Kombüse putzen.

Zwei Tage nach dem Start von den Kapverdischen Inseln wird das Wellenbild zum Glück regelmässig. Die Wellen kommen wie der Wind aus nordöstlicher Richtung mit einer Höhe zwischen 2.5 und 3.5 m. Nur die letzten beiden Tage haben wir Wellenhöhen über 5 Meter. Die achterlich einlaufenden Wellen haben eine wunderbar schiebende Wirkung, unsere 18 Tonnen schwere Alua beschleunigt auf den Wellenhängen auf 7–8 Knoten. Das Schlechte dabei ist, dass sie das Schiff immer in heftiges Rollen versetzen, und wir uns deshalb im Boot herumhangeln wie die Klammeraffen im Zoo auf ihren Kletterbäumen. Leider hat die Evolution nicht vorausgesehen, dass sich aus dem Homo sapiens die Unterart Homo sapiens navigans entwickelt, und uns den praktischen Greifschwanz der Klammeraffen wegevolutioniert. Immerhin ist das Hangeln eine Art Krafttraining, während der Aktionsradius eingeschränkt ist zwischen Koje, Toilette, Kombüse und Cockpit.
Wir könnten uns wegen dieses völlig beschränkten Bewegungsraumes in Strassburg selbst wegen Missachtung der Menschenrechte anzeigen. Fakt ist, dass durch das viele Sitzen unsere Hintern Hornhaut entwickeln; unser grösstes medizinisches Problem dieser Atlantiküberquerung – unsere Sorgen möchten wir haben. Gott sei Dank ist Grenada vulkanischen Ursprungs; es gibt also genug Bims, um unsere Hintern für die Badesaison in der Karibik wieder glatt zu hobeln.

Tagebuch, 17.1.2011
20:30 Grenada, Clarke's Court Bay Marina. Wir haben es geschafft: 2180 Seemeilen in 16 Tagen. Ich bin stolz auf mich, dass ich nie die Nerven verloren habe und erstaunlicherweise hatte ich auch nie Angst. Aber unangenehm war es schon einige Male. Wir hatten gemeint, wir hätten uns an die Bewegungen des Schiffes gewöhnt, aber nun schlug es uns doch noch etliche Male unverhofft und heftig an die Wand, in die Betten oder sonst wo hin. Wir fanden es nicht mehr lustig. Sind Segler Masochisten? Diese Frage stellte Peter, nicht ich! Was ist der Reiz? Was ist der Lohn? Selbst jetzt in Grenada, nach vier Tagen bin ich noch unschlüssig.
Der erste Eindruck von Grenada ist schlicht und einfach „betäubend". Hektisch, laut, farbig, heiss. Freundlich.

Zwischen 19 und 20 Uhr dröhnt vom andern Ufer her die gewaltige Stimme eines fanatischen Predigers. Wir verstehen nicht, was er sagt, aber es muss sich mindestens um das Jüngste Gericht handeln, Sodom und Gomorra, Himmel und Hölle.
An jeder Strasse steht eine Kirche oder ein Sektenversammlungslokal. Bewundernswert, was für eine perfekte Arbeit die Missionare im Solde des Kolonialismus geleistet haben. Erschreckend, wie viele Menschen an die diversen Heilsverkündigungen glauben. Immerhin haben wir schon mehrere Weltuntergang-Prophezeiungen überlebt.
Ich denke an meine Kindheit und die Wertvorstellungen meiner Eltern, an die unzähligen Sonntagsschulstunden, die sonntäglichen Predigten in einer alleinseligmachenden Kirche. War mein Vater nur ein streng gläubiger Evangelist oder schon fanatisch? Ich weiss es nicht, aber jedenfalls war ich froh, dass mit meiner Hochzeit seine Welt wieder in Ordnung war und er wieder mit mir redete. Je älter er wurde, umso philosophischer und toleranter wurde er, und ich denke dankbar an die vielen Gespräche über Gott und die Welt, die wir miteinander führten.

Kirche von Les Trois Îlets, Martinique

Die Clarke's Court Bay ist wunderschön gelegen, umsäumt von Mangrovenwäldern, die Temperaturen bei Tag um die 30 °C, bei Nacht um die 20 °C. Die Luftfeuchtigkeit ist hoch, es regnet täglich, nur ganz kurz. Eigentlich ungewöhnlich für die Jahreszeit. Aber noch anderes ist diesen Winter ungewöhnlich: Überschwemmungen in Australien, Fluten in Brasilien, Kälte und Schnee im frühen Winter in Europa, grosse Tiefdruckgebiete über den Azoren, konfuse See auf dem Atlantik. La Niña, die Schwester von El Niño, hat zugeschlagen. El Niño, ein Wetterphänomen, das im Pazifik die Strömungen und Winde alle paar

Jahre massiv beeinflusst und sogar umdreht. Die Auswirkungen sind immer auch im Atlantik und bis Europa zu spüren. Wenn El Niño vorbei ist, kippen die Wetterextreme ins Gegenteil. Dann kommt La Niña, das weibliche Christkind.

Wie schon auf Lanzarote werden wir auch in der Clarke's Court Bay Marina von der „Seglergemeinde" sofort aufgenommen. In der Marina ist immer was los, Jenny und Bob sind gute Gastgeber und feiern auch selbst gerne mit:

Am Montag ist jeweils Spielnachmittag, Dienstag Filmabend, Mittwoch Burger-Abend, Donnerstag Karaoke, Freitag Fisch-Abend mit Live-Musik, Samstag Potluck-Dinner (jeder bringt etwas mit fürs gemeinsame Buffet), Sonntag? – haben wir frei! Wenn ich das Programm so anschaue, frage ich mich: Bin ich jetzt im Altersheim in der Beschäftigungstherapie?

Mehrere der Segler, die hier vor Anker liegen, sind seit Monaten, Jahren hier, verbringen hier ihren Lebensabend. Sie machen mir einen eher verlorenen Eindruck, jedenfalls möchte ich nicht so enden. Was erwarte ich? Schwer zu sagen. Ich spüre, dass wir ein riesiges Stück ruhiger geworden sind, wir haben ein grosses Ziel erreicht, ich sehe aber auch, dass jetzt das Ganze wieder von vorne los geht: Spinnaker-Baum flicken, Liegeplatz für die Hurrikansaison finden, Boiler kaufen und installieren – der alte gab den Geist auf – putzen, pflegen etc., das ewige Lied des Seglers: „Es gibt immer was zu tun." Will ich das? Peter allerdings scheint recht zufrieden.

Während ich hier schreibe, habe ich eben noch „schnell" ein Brot gebacken. Tja, soweit ist es also mit mir gekommen!

Tagebuch: 24.1.2011

Wandern im Regenwald. Wir besteigen den Mt. QuaQua, dann kämpfen wir uns durch das Dickicht und landen bei den Ananda-Wasserfällen. Den Weg mussten wir z.T. „spüren und erraten". Bambuswälder, exotische Blumen und Lianen, ungewohnte Geräusche, manchmal fast unheimlich. Uns eröffnet sich eine neue Welt.

Peter hat's gefallen, obwohl er mehr schnaufte, stärker schwitzte und jetzt müder ist als ich. So soll es sein.

Wir begegnen einigen Meerkatzen. Die Mona-Meerkatze gehört zu den Altweltaffen und lebt in den Gebieten von Ghana bis Kamerun. Sie wurde von Sklaven, die aus Afrika hierher verschleppt wurden, nach Grenada mitgebracht.

So lebt nun also ein Altweltaffe in der „Neuen Welt" – was will uns das sagen?

Mona-Meerkatze
(Cercopithecus mona)

19:50 Grenada, Clarke's Court Bay Marina. Ich sitze im Cockpit. Lauer Abend, immer noch 25 °C, obwohl es mal wieder ganz kurz geregnet hat. Elf Tage sind wir nun hier, und ich gewöhne mich langsam an mein neues Leben. Die Luft ist nicht mehr ganz so schwül wie zu Beginn, ich schlafe fast jede Nacht vier bis fünf Stunden am Stück und bin nicht mehr so müde wie vor und während der Überfahrt. Peter ist sehr gut in Form.

Die Einheimischen sind mir sehr sympathisch, sie lachen viel, sind äusserst präsent und wach. Sie sind die geborenen Verkäufer. Die laute Fröhlichkeit in den Bussen und in vielen Restaurants und die Schnelligkeit sind aber nichts für mich. In der Clarke's Court Bay Marina ist es äusserst friedlich und ruhig.

Tsunami:
Ein Tsunami (wörtlich „Hafenwelle"), ist eine besonders lange Wasserwelle, die durch ein Seebeben oder einen Erdrutsch ausgelöst wird. Wenn sie an ein Ufer mit geringer Wassertiefe vordringt, wird sie gestaucht. Dadurch entsteht an einer flachen Küste eine hohe Flutwelle.

Tagebuch, 11.3.2011
*Verheerendes Erdbeben mit Tsunami in Japan. AKW (Atomkraftwerk) kann nicht genügend gekühlt werden. Kommt es zum **G**rössten **A**nzunehmenden **U**nfall? Auswirkungen auf den ganzen Pazifik? Werden wir je noch dorthin können/wollen? Warum haben die einen mehr Glück im Leben als die andern?*

Tagebuch, 12.3.2011
Der Super-GAU ist eingetreten. Explosion im AKW Fukushima. Kühlung funktioniert nicht mehr. Radioaktive Wolke wird in 12–18 Stunden in Kalifornien erwartet, ca. 24 Stunden später in Europa. Soll mir keiner sagen, damit hätte man nicht rechnen können.

Tagebuch, 14.3.2011
Gestern hat auch die Kühlung des zweiten Reaktors in Fukushima versagt. Heute kam es zu einer Explosion, eine Fläche so gross wie die Schweiz wird vielleicht für 1000 (tausend!) Jahre unbewohnbar sein. Die Menschheit rottet sich selbst aus.

Tagebuch, 19.3.2011
In Fukushima, Japan, versucht man immer noch verzweifelt, die zerstörten AKW zu kühlen und noch weitere Explosionen zu vermeiden.

Die UNO hat vorgestern beschlossen, die Rebellen in Libyen zu unterstützen, indem seit heute Raketenbasen von Gaddafi mit Flugwaffen zerstört werden. Gaddafi selber redet am Fernsehen vom 2. Kreuzzug, der begonnen habe und dass die Mittelmeerländer in Kriegen versinken würden.

Keine Gefahr für die Bevölkerung

Es besteht keine Gefahr für die Bevölkerung. Diese Behauptung hören wir bei jedem sogenannten „Störfall" in einem AKW von Politikern und AKW-Betreibern so sicher wie das Amen in der Kirche.

Seit Fukushima sollten jetzt alle begriffen haben:
Es besteht jederzeit und überall, wo ein AKW steht, Strahlengefahr. Und was noch schlimmer ist: Wir sind am Ende unseres Wissens, haben keine Ahnung, wie und wo wir die radioaktiven Abfälle entsorgen könnten, ohne dass Mensch und Tier darunter leiden. Wir stehen dem Ganzen hilflos gegenüber oder vielleicht sogar grössenwahnsinnig: Nach uns die Sintflut!
Und wir wissen auch (schon lange): Den Profit streichen Konzerne ein, das Risiko trägt der Staat; also wir, das Volk.
Zum Glück findet langsam ein Umdenken statt; Deutschland und die Schweiz haben als Folge von Fukushima den Ausstieg aus der Atomenergie beschlossen. Aber noch immer gibt es die Ewiggestrigen, uneinsichtigen oder geschmierten Politiker, die uns predigen, dass wir auf Atomstrom angewiesen und dass erneuerbare Energien keine Alternative seien. Ist dem wirklich so?
Wir fuhren mit unserem Segelboot nur mit Wind- und Sonnenenergie 2175 Seemeilen über den Atlantik.

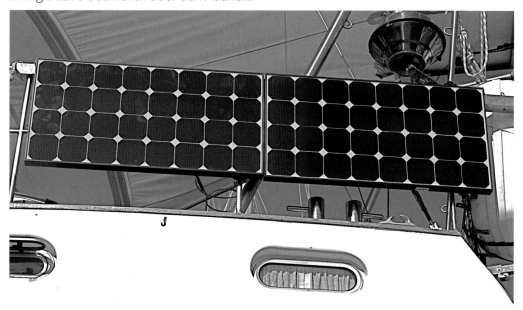

Windgenerator der Alua

Dabei liefen jeden Tag zwei Wasserpumpen, ein Computer sowie Navigationsinstrumente, Radar und ein automatisches Identifikationssystem, zwei Funkgeräte und ein Kühlschrank. Nachts war die Beleuchtung innen und aussen angeschaltet. Wir produzierten mit der Wasserentsalzungsanlage Trinkwasser für den täglichen Gebrauch. Wir verbrauchten keinen Diesel, sondern bezogen unsere gesamte Energie von fünf Solarzellen, einem Windgenerator und drei Segeln. Die einzige zugekaufte Energie war eine Flasche Propangas zum Kochen. D.h., unser Schiff ist ein praktisch autonomes System und Fahrzeug, auf dem wir nicht nur leben, sondern mit dem wir uns auch über grosse Strecken fortbewegen können. Könnte diese kleine autonome Einheit nicht Vorbild sein für eine Energieversorgung ohne Atomkraft
...in einem Dorf, einer Stadt, einem Land, einer Welt?

Wir Menschen neigen dazu, Unschönes zu vergessen. Weil das nicht immer von Gutem ist, sei hier kurz an bekannte (!) „Ereignisse" erinnert, unter deren Folgen noch immer viele Menschen leiden müssen.

Die bisherigen Kernschmelzen und Super-GAU sollten uns Warnung genug sein:

- Lucens (Schweiz, 1969)
- Bohumice (Slowakei, 1977)
- Three Mile Island (USA, 1979)
- Saint Laurant (Frankreich, 1980)
- Tschernobyl (Sowjetunion, 1986) Super-GAU
- Fukushima (Japan, 2011) Super-GAU

Kernschmelze: Schwerer Reaktorunfall: Die atomaren Brennstäbe im Reaktor schmelzen wegen Überhitzung
Super-GAU: Zerstörung des Reaktors durch Kernschmelze und Explosion

In Panama werden wir deutsche Segler treffen, deren Boot vom Tsunami in Fukushima zerstört wurde.

Stoppen wir den Wahnsinn, die Atomlobby und ihre Politiker, bevor auch unsere Heimat für tausend Jahre zu einer als unbewohnbar erklärten „Sicherheitszone" wird!

Wir schlürfen Rum

Angeregt durch den karibischen Disco-Hit „We are sipping-sipping-sipping Rum", besuchen wir die „River Antoine Rum Distillery". Das ist allerdings keine gewöhnliche Schnapsfabrik, sondern ein faszinierender Blick in die Geschichte Grenadas.

„Captain" Antoine war ein Kalinago-Führer von Grenada. Die Kalinago waren ein Stamm von Ureinwohnern der Kleinen Antillen, die mit den französischen und englischen Siedlern einige blutige Konflikte austrugen und die von den Kolonialmächten beinahe ausgerottet wurden. Ihre Sprache ist seit Anfang des 20. Jahrhunderts verstummt. Eine Reihe von Orten trägt aber noch immer den Namen des „Captain", so z.B. der River Antoine, von dem die Destillerie ihr Wasser bezieht, um die Maschine anzutreiben. Die 1785 erbaute Anlage soll seither ununterbrochen Rum produziert haben. Die Maschinen und die Prozesse gehen wirklich auf das 18. Jahrhundert zurück. Auf 180 ha Land wird Zuckerrohr angepflanzt und von Hand geerntet. Ebenso ist alles Weitere, ausser dem Auspressen des Zuckerrohrs, Handarbeit bis hin zum Abfüllen in Flaschen und Aufkleben der Etiketten. Das gibt insgesamt 90 Einheimischen Arbeit und Einkommen. Pro Jahr werden so 60'000 Liter Rum produziert, die aber Grenada nie verlassen, da alles hier auf der Insel verkauft und konsumiert wird – das nennt sich Recycling!

Workboat-Regatta

Um Rum ging's früher auch bei der Workboat-Regatta von Grenada.
Dieses Rennen ist wahrlich eine Augenweide und ein Segel-Event der Extraklasse. Und es geht dabei im wörtlichen Sinn auch ums Rennen. Denn wer als erster mit dem Boot den Strand und damit das Ziel erreicht, hat noch nicht gewonnen; einer der Besatzung muss vom Boot springen, zum Komitee-Zelt rennen und ein Glas Rum runterstürzen. Neuerdings ist auch Cola erlaubt.

Als wir am Sonntagmorgen die Grand Anse Beach erreichen, liegen 39 Workboats aufgereiht auf dem feinen Sand und warten darauf, aufgeriggt zu werden, während die Besatzungen bereits lautstark über Strategien diskutieren.

Diese offenen Boote wurden ursprünglich als Fischerboote gebaut; einigen Booten der Community-Klasse ist das auch noch anzusehen. Andere sind mit durchgelatteten Grosssegeln auf Rennen ausgerichtet; allen gemeinsam ist aber, dass sie keinen Kiel haben, was sie ziemlich „wackelig" macht (manchmal auch etwas mehr als das). Einige Besatzungen füllen Sandsäcke und legen diese in die Bilge. Manchmal tauchen sie aber weiter als nur mit dem Unterliek ins Wasser ein, dann lassen die Sandsäcke die Boote wie U-Boote aussehen.

Die Rennen werden direkt vom Strand aus gestartet. Die Besatzung sitzt schon im Boot ausser einem armen Kerl, der das Boot noch festhalten muss. Es heisst nur: „1,2,3," ein Pfiff, und der arme Kerl muss rennen, waten und manchmal am Heck hängend versuchen, sich ins Boot zu hieven. Jeder Mann und jede Frau hat eine klare Aufgabe an Bord: am Ruder, am Grosssegel, an der Fock oder beim Wasserschöpfen. Für alle gilt als anstrengende Zusatz-Aufgabe: sich raushängen und das Boot aufrecht halten.

Die Zuschauer sind sehr zahlreich, da stehen viele Strandküchen mit traditionellem Essen und mit Getränken. Die Musik ist ohrenbetäubend und der Speaker kommentiert die Rennen lautstark. Zum Schluss begeistert das Rennen um den Champion der Champions; einige Boote kämpfen Bug an Bug. Die Sieger springen vom Boot, und dieses wird vom enthusiastischen Publikum auf den Strand getragen.

Viel Ruhm für die Sieger.
Rum für alle.

---

aufriggen:
Das Rigg mit allen Teilen aufstellen
Rigg: Mast, Segel und Tauwerk

durchgelattet:
Waagrechte Latten im Segel stabilisieren die Form und geben ein konstantes Profil.

Kiel:
Längsverband des Rumpfes, beim Segelboot mit Ballast

Bilge:
Tiefster Teil des Rumpfes

Unterliek:
Unterkante des Segels

Tagebuch:
38 Jahre verheiratet. Das ist wohl die noch grössere Leistung als die Atlantiküberquerung. Ich erhole mich von Tag zu Tag. Die Vergangenheit ist weit weg. Nachtessen im Le Phare Bleu. Rückfahrt im Mondschein mit Dinghy. Ich bin glücklich. Der speziellste Hochzeitstag – bisher.

Mit Bus und Taxi

Oft fahren wir Taxi mit Shademan; er wird so genannt, weil er immer eine Sonnenbrille trägt. Er trägt auch Sorge zu uns Seglern, ist mit seinem Funkgerät auch nachts auf Empfang, hört, wenn auf einem Segelboot ein Unfall passiert, ist gleich zur Stelle und fährt den Verletzten ins Spital.

Das Busfahren geht so: Wir fahren von unserem Ankerplatz in der Clarke's Court Bay mit dem Dinghy zu einer kleinen Anlegestelle in einem kleinen Mangroven-Dickicht, weil 200 m weiter oben eine Bushaltestelle ist. Wir haben unser Dinghy noch nicht mal festgemacht, da steht der Buskondukteur vor uns und fragt, ob wir mitfahren wollen, er hätte uns gesehen und deshalb den Bus oben an der Strasse angehalten.

Im Bus warten einige Einheimische geduldig und ohne Groll auf die gemeinsame Weiterfahrt. Die Kleinbusse mit ca. 12–20 Sitzplätzen verkehren im 5–10-Minuten-Takt. Alle Fussgänger, die irgendwo gehen oder stehen, werden behupt oder angerufen, der Beifahrer öffnet die Seitentür, einsteigen und schwupp geht's weiter. Dabei fährt der Fahrer auch mal 100 m rückwärts in eine Seitenstrasse, um jemanden einzuladen oder eine alte Dame mit schweren Einkaufstaschen direkt vor ihre Haustür zu fahren. Und der Kondukteur trägt ihr die Taschen raus.

Für 2.50 EC-Dollars fahren wir bis zur Endstation in St. George's (ca. 20 Minuten). Wenn wir vorher aussteigen wollen, weil wir bei rasanter Fahrt und Calypso-Klängen gerade einen Ship Chandler oder einen Marktstand mit frischen Mangos entdeckt haben, klopfen wir mit der Hand an die Karosserie und schon drückt der Fahrer vehement auf die gut funktionierenden Bremsen.

Und „liebe" Basler Verkehrsbetriebe! In diesen Bussen darf man auch essen und trinken! Und trotzdem sind sie blitzblank und sauber (aussen und innen). Das geht soweit, dass der Bus auf der Heimfahrt (es geht gegen 18 Uhr, und viele Passagiere sind hungrig) an einer Bretterbude am Strassenrand hält. Wir sitzen eng wie die Sardinen (Stehplätze gibt es keine!), aber hier riecht es nicht nach Schweiss und Bus, sondern höchstens mal nach Grillfest. Am Strassenrand werden Fleisch und Fisch gegrillt. Der Kondukteur fragt, wer was möchte, lässt sich von zuhinterst im Bus das Geld nach vorne reichen, steigt aus, holt das Bestellte, liefert nach hinten und weiter geht die Fahrt.

Noch Lust auf Basler Verkehrsbetriebe?
Basler Verkehrsbetriebe noch Fragen?

Dinghy:
Beiboot

2.50 EC-Dollars:
East Caribbean Dollars, umgerechnet 0.95 CHF

rechts:
Streetfood in Grenada

Des Pudels Kern

Wir haben Dave zum ersten Mal 1999 in Seal Beach, Kalifornien, getroffen. Es war einer jener nebelverhangenen Tage, an welchen die nach Süden setzende kalte Meeresströmung entlang der Küste für kühle Temperaturen sorgt. Die angenehmen Morgenstunden nutzten wir im Hause unserer Freunde in Long Beach für ein ausgedehntes Frühstück auf deren gemütlichem Balkon über der Garage. Danach brachen wir mit verschiedenen Fortbewegungsmitteln zu ausgedehnten Erkundungen der Umgebung auf und staunten dabei über den Abwechslungsreichtum einer Landschaft, die wir bisher „nur" mit Long Beaches in Verbindung gebracht hatten.

Diesmal waren wir mit einem Kanu und einem Kajak unterwegs und ruderten durch die Kanäle von Venice Beach, um die vielseitige Architektur wohlhabender Quartiere zu bewundern. Dabei diskutierten wir angeregt darüber, welches Haus es denn für uns sein sollte; natürlich eines mit Anlegesteg für ein nicht zu kleines Boot, denn wir hatten kürzlich den Segelsport entdeckt. Unsere Freunde kannten unsere Begeisterung für das neue Hobby und führten uns per Kajak und Kanu in eine nicht weit entfernte Marina im hinteren Teil einer zum Pazifik hin offenen Bucht.

Kaum hatten wir unsere Bötchen am Gästesteg festgemacht, stand der Leiter der Marina vor uns und hiess uns herzlich willkommen, auch wenn wir mit unseren Nussschalen nicht zu seiner Klientel gehören konnten. „I'm Dave, nice to meet you." Er war eher klein, aber sehr kräftig, mit einem Brustkorb, der genauso tief wie breit schien und mit Unterarmen und Händen, die auch als Schraubstöcke hätten dienen können. Sein dichtes Haar war sorgfältig gescheitelt und auf seiner nach unten gebogenen Nase sass eine edle Brille mit feinem Goldrand. Er trug hellbeige Bermudas und ein feinkariertes Kurzarmhemd. Er mochte etwa 65 Jahre alt sein.

Als er hörte, dass wir Segler waren, bot er uns an, nach seinem Feierabend zum Sundowner in ein nahegelegenes Lokal zu kommen, und so setzten wir uns einige Stunden später im „Rusty Pelican" zusammen auf die weichen, tiefen Clubstühle und erfuhren – bei einigen Daiquiries – das erste Kapitel aus Daves abenteuerlichem Leben.

„Seit wann segelt ihr?"

„Seit drei Jahren."
„Ich seit über 50 Jahren. Ich wuchs in Chicago auf und baute mir als Junge aus einem alten Fischerboot mein erstes Segelboot. Seither habe ich immer ein Boot besessen. Als ich 14 war, erlebte ich mit zwei Freunden den ersten Sturm auf dem Lake Michigan, den wir, wie mir später klar wurde, wohl nur knapp überlebten."
„Hast du das Segeln zu deinem Beruf gemacht?"
„Nein, mit 15 ging ich zum Militär, ich wollte Pilot werden."
„Haben die USA damals Kindersoldaten ausgebildet?"
„Ich fälschte die Unterschrift meiner Mutter auf einem Formular, das mein Alter bestätigen sollte. Ich schaffte es aber nie ins Cockpit, sondern wurde dem Bodenpersonal zugeteilt."
„Das muss irgendwann zwischen Koreakrieg und Vietnamkrieg gewesen sein."
„Ja, genau, ich verpasste es leider, an einem der beiden Kriege teilnehmen zu können."
„Wie? Du wärest gerne auf die Schlachtfelder Südost-Asiens gezogen?"
„Wir wurden angegriffen, und ich wäre bereit gewesen, mein Vaterland zu verteidigen."
„Auf der anderen Seite des Globus?"

Draussen hupte es, und eine junge Frau mit langen dunklen Haaren, zwischen denen grosse silberne Ohrringe hervorblitzten, winkte aus einem bulligen Truck herüber. Dave stand auf, bezahlte die Runde, verabschiedete sich und winkte dem Besitzer des Lokals. Dieser kam auf uns zu, wohl in der Annahme, dass auch wir zum Aufbruch bereit wären.
„War das Daves Tochter?", fragten wir, um noch etwas mehr über unseren neuen Bekannten zu erfahren.
„Nein, seine dritte Ehefrau."
„Sie ist noch sehr jung ..."
„Daves Frauen waren immer gleich jung, nur er wurde älter, aber das sollte er Ihnen selbst erzählen. Wissen Sie übrigens, wem Sie begegnet sind? Er war in den 60er- und 70er-Jahren ein sehr bekannter Schuhdesigner; halb Hollywood tanzte in seinen Schuhen. Er war ein erfolgreicher Geschäftsmann."
„Er war?"
„Ja, mit dem Aufkommen ausländischer Konkurrenz schrumpfte die Schuhindustrie hier rasant, und Dave, der eine eigene Firma gegründet hatte, ging bankrott."
Kurz darauf brachen wir zu einer Rundreise zu den Naturwundern Kaliforniens und Arizonas auf und mussten die soeben geweckte Neugier für einige Zeit zügeln.

Korea-Krieg:
1950-53

Demokratische Volksrepublik Korea unterstützt von China und der Sowjetunion gegen Republik Korea, unterstützt von den UN unter Führung der USA
mehrere Millionen Tote

Vietnam-Krieg:
1955-75

Nordvietnam unterstützt von China und der Sowjetunion gegen Südvietnam und die USA
mehrere Millionen Tote

Als wir Dave ein paar Wochen später in der Marina aufsuchten, liess er sich gerne zu einem Nachtessen einladen und schlug ein kleines italienisches Lokal an der Second Street in Long Beach vor. Es war berühmt für seine „Onion Bricks", in heissem Öl zu einem luftigen, knusprigen Würfel zusammengebackene Zwiebelringe.

Onion Brick Rezept:

- Zwiebeln in Ringe schneiden
- In einer Mischung aus Milch, Ei und Salz 30 Minuten einweichen
- Zwiebeln goldgelb frittieren
- in kleine Kuchenformen einfüllen, leicht andrücken und 15 Minuten backen

„Hast du eigentlich Kinder?", fragten wir bei Risotto und Merlot, eher an seine dritte Ehefrau denkend, die wir beim „Rusty Pelican" kurz gesehen hatten.

„Ja, drei, aber sie sind schon lange erwachsen. Sie stammen aus meiner ersten Ehe, und das ist schon ein Weilchen her." Wir schwiegen. „Rosita, die ihr beim „Rusty Pelican" gesehen habt, ist meine dritte Frau", fügte er hinzu, wohl unsere Gedankengänge erahnend. „Ich habe meine Kinder nach der Scheidung selbst grossgezogen, da sie mir und nicht meiner Frau zugesprochen wurden. Ich habe darum gekämpft, dass sie nicht in ein Heim abgeschoben wurden und tat alles, um der Sozialfürsorge keinen Grund zu bieten, mir die Kinder wegzunehmen. Ich war erfolgreich im Beruf und als Vater: Jeden Sonntag führte ich die Kinder in die Kirche, obwohl ich Agnostiker bin, jede Woche ging ich mit allen ins Kino; ich habe alle Kinder- und Jugendfilme jener Epoche gesehen. Ich sang ihnen Schlaflieder vor, kochte für sie und organisierte eine Nanny, wenn ich berufsbedingt reisen musste."

Elf Jahre später, nun auf eigenem Kiel unterwegs, ankern wir in der weiten, durch Riffe gut geschützten Clarke's Court Bay. Hier liegen im Winter jeweils 20 bis 30 Schiffe. Zweimal in der Woche fährt ein Kleinbus die Segler zum grossen Einkaufszentrum in St. George's.

Als wir den Bus am zweiten Tag nach unserer Ankunft etwas unsicher um uns blickend besteigen, kommt vom Beifahrer-Sitz ein Schrei: „NELLY! – PETER!" Dave springt aus dem Bus und drückt uns gegen seine Brust. Er ist von der Karibik-Sonne gebräunt, sein Haar ist grau geworden, er geht nun gegen achtzig, aber er ist elegant und charmant wie damals in Long Beach. Sogleich nimmt er uns unter seine Fittiche und führt uns durch den Supermarkt, um uns alle Köstlichkeiten vorzustellen, die ein Segler braucht.

Am nächsten Morgen holt er uns mit seinem Beiboot ab und führt uns zu einem versteckten Landungssteg, von wo wir mit dem öffentlichen Bus zur Stadt fahren, um weitere für Segler wichtige Läden, die Bank und den Markt kennenzulernen.

„Heute Abend ist Karaoke in der Marina, da singe ich. Treffen wir uns doch um 18 Uhr zur Happy Hour!"
„Wir freuen uns", lügen wir, denn Karaoke ist nicht gerade unsere Spezialdisziplin und Lieblingsbeschäftigung.

Am Abend nimmt Dave seinen Zwergpudel „Sunny" mit und unterhält die Kinder der Segler mit dessen Kunststücken. Besonders beliebt ist die Szene, wenn Dave seine Hand zur Pistole ausstreckt und „peng!" ruft. Der Pudel lässt sich hinfallen und bleibt wie tot liegen. Die Kinder kreischen vor Vergnügen. Dave singt gut, besonders sein Parade-Stück „They Call the Wind Maria", das er a cappella zum Besten gibt.
„Wow! Das machst du nicht zum ersten Mal!?"
„Ich sang schon als Kind in Musicals mit …"
Später sitzen wir bei einem Cuba Libre an der Bar.
„Wo ist eigentlich Rosita? Segelst du alleine?"
„Damals als wir uns im Rusty Pelican trafen, war ich frisch verliebt und jung verheiratet, wenn man so sagen will. Aber Rosita war ein Teufel. Sie war nur hinter meinem Geld her. Sie arbeitete nichts und war nur auf Schmuck, Unterhaltung und Einbürgerung aus. Vor sieben Jahren begann ich, mein Segelboot für grosse Fahrt auszurüsten.
Ein Jahr später geschah etwas Fürchterliches: Ich hatte wenige Wochen zuvor ein Pudelbaby gekauft. Ich kam spät von einer Besprechung nach Hause und hörte aus dem Badezimmer ein leises Wimmern und Winseln. Zitternd sass Sunny in der Badewanne und sein krauses Fell war mit einer gelbbraunen Mischung aus Kot und Urin beschmiert. Aus der Küche schrie Rosita und ihre Stimme überschlug sich dabei: „Ich bin nicht dazu geboren, Hundescheisse und Hundepisse von meinem Küchenboden aufzuwischen. Das wird dein Hündchen lehren."
Dave konnte zwar ein Raubein sein und war sicher nicht zimperlich, was er aber nicht ausstehen konnte, war Tierquälerei. Wortlos reinigte er Sunny in der Badewanne und legte sich mit ihm zusammen aufs Sofa. Bald schlief Sunny in Daves kräftiger Hand ein.

Dave senkt seine Stimme: „Ich hob mein ganzes Geld von der Bank ab und versteckte es in der Bilge des Bootes. Rosita erklärte ich, dass ein Kunde der Marina mich für vier Tage als Skipper für eine Trainingsfahrt nach Catalina Island angeheuert hatte. Tags darauf stachen Sunny und ich im Morgengrauen in See und als wir ausserhalb der Hoheitsgewässer der USA waren, nahmen wir Kurs Richtung Panama.
„Das tönt wie eine Flucht …"

„Ich habe Rosita die ganzen Möbel und das Auto zurückgelassen. Mehr werde ich nie und nimmer für sie tun; sie soll arbeiten. Sie nahm sich natürlich sofort einen Anwalt, der mir mit Gefängnis drohte, falls ich meinen Verpflichtungen nicht nachkäme. Seither habe ich die USA nicht mehr betreten und gedenke auch nicht, es noch mal zu tun. Hier sind Sunny und ich glücklich und frei."

Als wir mit unserem Beiboot gegen Mitternacht durchs dunkle Wasser der Clarke's Court Bay zu unserem Schiff zurückfahren, klingt in unseren Gedanken noch Daves Lied nach:

*Musical: Paint Your Wagon von Loewe/Lerner, 1969

Übersetzung: Seiten 216-217

> Before I knew Maria's name
> And heard her wail and whinin'
> I had a girl and she had me
> And the sun was always shinin'
> But then one day I left my girl
> I left her far behind me
> And now I'm lost, so gone and lost
> Not even God can find me
> Maria
> Maria
> They call the wind Maria*

Es ist hart auf dem Harten

Lasst uns mit dem Schlimmsten beginnen: „To Be on the Hard" bedeutet, dass das Boot aufgebockt in der Prickly Bay an Land steht. Die Alua sitzt in einer Art Stahlwiege und ist mit Stahlseilen an einbetonierten Halterungen auf dem Boden festgezurrt, damit sie bei Wirbelstürmen nicht weggeblasen wird. Auf einem so festgemachten Boot an Land zu leben ist in mancher Hinsicht anspruchsvoller als auf dem Wasser: Um aufs Boot zu gelangen, gilt es zuerst eine steile Leiter hochzuklettern; im Schiffsinnern ist es heisser, weil kein Wasser von unten kühlt; der Kühlschrank arbeitet nur seewassergekühlt, was an Land verständlicherweise wegfällt; und wir kämpfen täglich gegen die Moskitos und „No-see-ems".

Und last but not least „To Be on the Hard" bedeutet normalerweise auch Arbeit, harte Arbeit.

Angesichts all dieser täglichen Widrigkeiten geben wir noch einen drauf und entscheiden uns, die Bordwand unserer Alua neu zu streichen. In Anbetracht der astronomischen Höhe der Offerte einer lokalen Firma, brauchen wir aber nicht lange zu diskutieren, wir werden es im Schweisse unseres Angesichts selbst vollbringen.

Kaum haben wir uns dazu entschieden, treffen wir Snag, das grauhaarige Faktotum der Marina, dessen Job es ist, die Arbeiter in der Marina zu überwachen und die Segler mit seinen weisen Worten bei Laune zu halten. Unsere Alua betrachtend rollt Snag seine blauen Augen in seinem dunklen Gesicht und sagt: „Es sind die Augen, welche die Arbeit hart erscheinen lassen."
Wie wahr. Aber wenn wir die Augen schlössen, würden wir all die Schönheit Grenadas verpassen.

Und hier folgt, was es tatsächlich bedeutet, wenn wir sagen: „Wir streichen die Bordwand neu."

- Gerüst organisieren und aufstellen
- 20 Kilo Farbe aus der Stadt zur Marina tragen
- Bordwand mit Lösungsmittel abwaschen
- Kratzer und Unebenheiten von der Ankerkasten-Reparatur her mit Spachtelmasse ausgleichen
- Spachtelmasse schleifen
- Nochmals Spachtelmasse auftragen
- Wieder schleifen
- Rostige Stellen mit Phosphorsäure behandeln

„No-see-ems": „Man-sieht-sie-nicht", auch Sandfliegen genannt: kleine, beissende Fliegen

- Rostige Stellen mit Zweikomponenten-Zinkfarbe streichen
- Spachteln
- Bordwand schleifen
- Schleifstaub abwischen
- Bordwand nochmals mit Lösungsmittel abwaschen
- Alle Teile, die nicht gestrichen werden sollen, mit Klebeband abdecken
- Bordwand mit Grundierung streichen
- Schleifen
- Erste Farbschicht auftragen
- Schleifen
- Zweite Farbschicht auftragen
- Klebeband wegnehmen
- Gerüst abbauen
- Im Restaurant „De Big Fish" eine Piña Colada trinken und dem Rock'n Roll von Doc Adams lauschen

Tagebuch, 19.4.2011

Die Fahrt von Union Island nach Bequia ist von Meteorolügen geprägt, die uns guten Ostwind versprechen. Der dauert aber genau 1 Stunde und dreht dann wieder auf Nordost. Wir müssen die letzten 7 Meilen mit Motor gegen Wind und Wellen ankämpfen und bringen die Alua salzverkrustet in die Admirality Bay. Der Himmel erhört aber des Skippers Stossgebet und sendet drei heftige Schauer zur Waschung des Schiffs.

Nun scheint wieder die Sonne. Wir liegen vor einem Traumstrand vor Anker. Die Frangipani-Bäume blühen. Sie gehören zur Ordnung der Enzianartigen (Gentianales) und zur Familie der Hundsgiftgewächse (Apocynaceae) – jetzt wissen wir, warum hier die Strassen so sauber sind.

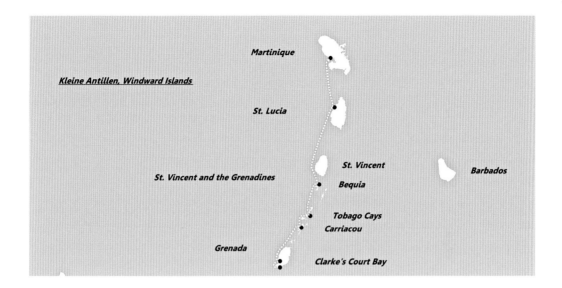

Schildkröten-Triptychon

Auf unserer Segelreise zwischen Grenada und Bequia haben wir dreimal Gelegenheit, hautnah Meeresschildkröten zu erleben. Alle Arten sind vom Aussterben bedroht, aber es gibt Menschen, die dies mit viel Arbeit und Hingabe zu verhindern versuchen. In Bequia treffen wir Orton King, der dort eine Aufzucht der Echten Karettschildkröte betreibt. Seit er sein Werk 1995 begann, hat er schon über 1000 Tiere aufgezogen und in die Freiheit begleitet. Dies ist wörtlich gemeint – er schwimmt wirklich ein Stück mit ihnen in den Atlantik hinaus.

Zu St. Vincent and the Grenadines gehören die Tobago Cays, eine Gruppe von kleinen Inseln, nicht weit von Union Island. Sie sind durch das Horseshoe Riff vor dem Atlantik geschützt. Der Ankerplatz hinter dem Riff ist aber der vollen Kraft des Windes ausgesetzt, denn da ist nichts ausser Atlantik zwischen dem Riff und Afrika.
Die Tobago Cays sind ein Nationalpark mit unbewohnten Inseln, mehlfeinem weissem Sand, klarem türkisfarbenem Wasser, farbigglühenden Sonnenuntergängen. Einige nennen die Cays „Eingang ins Paradies"; kein Wunder, dass man Schlange steht.

Hier kann die Grüne Meeresschildkröte noch ungestört Seegras futtern. Ihre Weidegründe sind durch Bojen markiert und gesichert, was auch uns Schnorchlern zugutekommt; wir sind vor Dinghys sicher und die Schildkröten sind beinahe handzahm. Wir schnorcheln wie in einem riesigen Aquarium.

Die Grüne Meeresschildkröte wird auch Suppenschildkröte genannt, was darauf hinweist, warum diese Schildkröten weltweit vom Aussterben bedroht sind. Da können wir nur wie Suppenkaspar ausrufen: „Nein, meine Suppe ess' ich nicht!"

In Grenada arbeitet die Organisation „Ocean Spirits" für den Schutz und die Erforschung der Meeresschildkröten. An einer Exkursion können wir die Lederrücken-Schildkröten bei der Ei-Ablage beobachten. Lederrücken stehen laut WWF (World Wildlife Fund) kurz vor dem Aussterben. Sie werden bis zu 2 m lang und 500 kg schwer, legen schwimmend Strecken von 10'000 Meilen pro Jahr zurück und werden bis zu 120 Jahre alt. Die Tiere werden erst mit 25 Jahren geschlechtsreif. Die Weibchen kehren zur Ei-Ablage an den Strand ihrer Geburt zurück, (was wir aus navigatorischer Sicht nicht genug bewundern können), robben auf den Strand, buddeln ein 1 Meter tiefes Loch, legen ihre Eier hinein, schaufeln alles wieder zu und verwischen die Spuren. Dies dauert etwa zwei Stunden und ist im Mondschein ein unvergessliches Erlebnis.

Die Lederrücken-schildkröte *(Dermochelys coriacea)* ist die grösste lebende Schildkröte. Hier nach der Eiablage auf dem Rückweg ins Meer.

Die Kaiserin aus der Karibik

Mit Martinique erreichen wir den nördlichsten Punkt unserer Fahrt durch die Kleinen Antillen.

In der Bucht von Fort de France, setzen wir unseren Anker gegenüber einem kleinen fotogenen Städtchen namens „Les Trois Îlets". Die Bucht ist durch mehrere Riffe gut geschützt – das macht das Navigieren nicht ganz einfach!

Der Boden besteht aus tiefem Schlamm, einem nicht optimalen Ankergrund. Die Sicht unter Wasser beträgt knapp zwei Meter, es gelingt uns nicht einmal schnorchelnd unseren Anker zu prüfen. Warum in Neptuns Namen muss es denn gerade Les Trois Îlets sein?

Nun, das Städtchen ist berühmt wegen eines Mädchens, das hier auf einem 81-Hektar-150-Sklaven-Grundstück lebte. Das Mädchen wuchs heran zur Kaiserin von Frankreich, Josephine, Ehefrau Napoléon Bonapartes.

Sklavenbett:
So schliefen die Sklaven.

Im „Musée de la Pagerie" erinnern wir uns wieder an Lord Nelson und die Schlacht von Trafalgar. Die Geschichte hat eigentlich hier in Martinique begonnen: Napoleon war bereits der starke Mann Europas, aber die Engländer kontrollierten nach wie vor die Meere und die Karibik.

Da sie knapp an Schiffen waren, hatten clevere Seemänner die Idee, einen Felsen als ein Schiff zu deklarieren. Ein steiler Felsen am strategisch wichtigen Nordausgang der St. Lucia Strait wurde kurzerhand in HMS Diamond Rock (Her Majesty's Ship Diamond Rock) umbenannt.

Als Napoleon solches vom Geburtsland seiner geliebten Josephine hörte, war er gar nicht erfreut. Er befahl Admiral Villeneuve, mit seiner Flotte den Felsen zu befreien und die britische Flotte zu zerstören.

Villeneuve gelang es, Her Majesty's Felsen zu entern, aber nicht, ihn zu versenken. Er hielt sich dabei erst in sicherer Distanz zu Nelsons Flotte, wohl wissend, dass er mit seinen schlecht ausgerüsteten Schiffen keine Chance gehabt hätte.

Himmelbett:
So schliefen die Herren oder zukünftige Kaiserinnen in Martinique.

Das passte Napoleon gar nicht und er nannte Villeneuve einen Feigling. Dieser wiederum wollte lieber tot sein als entehrt und griff Nelson bei Trafalgar an. Die Briten gewannen, aber ironischerweise starb Nelson und Villeneuve überlebte.

So ist das Leben.

Gut eingebuchtet

Es geht hier ausnahmsweise nicht um einen nautischen Ausdruck und bedeutet nicht: in einer schönen Bucht vor Anker liegen. Eingebuchtet bedeutet hier so viel wie eingekerkert. Warum dies manchmal von Vorteil ist, zeigt die folgende Geschichte.

Auf Martinique, am Fuss des Vulkans Mont Pelée, liegt ein kleines Dorf namens St. Pierre. Zu Beginn des 20. Jahrhunderts galt St. Pierre als das Paris der Karibik. 30'000 Menschen lebten hier. St. Pierre war das kulturelle und kommerzielle Zentrum von Martinique. Dann, im Frühling 1902, gab der Vulkan mehrere Warnungen von sich: eine erste Eruption bedeckte die Stadt mit Asche. Wenige Tage später fegte eine Lawine kochender Vulkanerde eine Farm mit all den dort arbeitenden Menschen hinweg. Wiederum drei Tage später begrub der Vulkan eine weitere Plantage mit mehreren Arbeitern.

Hier schlief
Louis-Auguste
Cyparis.

Das Ende aber kam an Auffahrt (wie sinnig!): der Mont Pelée explodierte und spie einen Feuerball aus einer Mischung von 1000 °C heissem Gas und Asche aus. (Vulkanologen nennen dies einen pyroklastischen Strom). Der Strom raste mit einer Geschwindigkeit von geschätzten 600 km/h auf St. Pierre zu. 30'000 Menschen verbrannten innert Sekunden, nur wenige überlebten. Einer von ihnen war Louis-Auguste Cyparis, ein Verbrecher, gut eingebuchtet in einer steinernen Zelle.

So ist das Leben.

Übrigens:
Warum sind die Menschen trotz der eindeutigen Warnungen des Vulkans in St. Pierre geblieben? Ganz einfach: Der Gouverneur der Insel, Louis Mouttet, ein adretter Parvenu mit gepflegtem Schnauzbart (wie ihn ein Foto im Museum zeigt) war erst ein Jahr im Amt und wurde durch die Plantagenbesitzer und Geschäftsleute ermutigt, nichts zu unternehmen. Sie befürchteten bei einer allfälligen Evakuation finanzielle Verluste und negative Folgen für die kommenden Wahlen.
Der Gouverneur gründete eine Arbeitsgruppe, die das Risiko abwägen sollte ...

Manchmal sollte man sie einfach einbuchten.

Tagebuch, 7.4.2012

Unsere zweite Saison in der Karibik neigt sich dem Ende zu. Wir geniessen den Sonnenschein, die karibische Lebensfreude, aber wir sind nicht gekommen, um hier unseren Lebensabend zu verbringen.

Wir wollen nicht so lange in einer Bucht vor Anker liegen, bis dieser Wurzeln schlägt, der Rumpf mit meterlangen Algenfäden und steinharten Seepocken bewachsen ist. Und an Potlucks, Karaoke und Happy Hours mit billigem Rum wollen wir uns schon gar nicht erst gewöhnen.

Ich werde Peter zum Geburtstag Gutscheine schenken, einer davon, der wichtigste, ist die Zusage, das Versprechen, dass ich mit ihm über den Pazifik nach Australien segeln will. Ich habe Respekt, weiss, dass ich viel leiden werde. Dennoch habe ich mich entschieden, denn ich weiss, dass es zwischen Berufsleben und Tod noch etwas Besonderes für mich geben muss.

Bevor die Seereise in den Pazifik losgeht, winkt erst eine Landreise der US-Ostküste entlang mit unseren Freunden aus Kalifornien und nochmals ein Sommer zu Hause.

Marigot Bay, St. Lucia
Foto: Claude Bron

Willst du wirklich nach Miami?

Ursprünglich wollten wir ja mit der Alua von der Karibik an die Ostküste der USA segeln, nach Beaufort (amerikanisch sprich: Bjuhfrt), dann nach Washington DC, und später durch den Intracoastal Waterway zurück in die Karibik. Nachdem aber Ueli in Lanzarote gesagt hatte, dass das einfach bedeute, durch einen Sumpf zu fahren und zwischendurch im Pflutter stecken zu bleiben, beschlossen wir, Alua in den Windward Islands zu lassen und nach Florida zu fliegen.
Jetzt, da wir in der Halle des Flughafens „Miami International" in der Kolonne stehen, wo es vorne heisst: Customs – Visitors, sind wir nicht mehr so sicher, ob wir wirklich nach Miami wollen. Unser Flug von Grenada nach Miami dauerte 2.5 Stunden und etwa gleich lang stehen wir nun schon mit tausend anderen Visitors in 25 Reihen, vor 25 Schaltern und 80 Sternenbannern (gezählt – nicht gefühlt).
Die Flaggen erinnern uns an den Witz eines deutschen Kabarettisten: Was denkt ein amerikanischer Junge bei seiner ersten Erektion? – „Ich weiss nicht, was es ist, aber man kann eine Fahne dranhängen!"
Und wir fragen uns: Wollen die uns wirklich in Amerika haben? Wollen die überhaupt, dass wir unsere Rente hier verpulvern und der amerikanischen Wirtschaft unter die schlaffen Arme greifen?
Peter warnt Nelly, dass er ab sofort nur noch Schwyzerdütsch spreche, damit er nicht durch eines dieser F-Wörter mit dem Gesetz in Konflikt komme. Als wir an der Reihe sind, unsere zehn Finger für Abdrücke auf eine Glasplatte zu quetschen und uns – ohne zu lächeln – ablichten zu lassen, erinnert sich Peter (kurz vor dem „19th Nervous Breakdown" und im absoluten Hypo), wie man einen Zollbeamten in Amerika anredet: „Good afternoon, OFFICER!". Und plötzlich steht das Tor in die USA weit offen. Nach einem kurzen Gespräch über den Grund unserer Reise (wir hatten schon vorher mit bestem Wissen und Gewissen schriftlich bestätigt, dass wir ohne terroristische Absichten kämen) und einem längeren Gedankenaustausch über das Altern und den Sinn des Lebens lieben wir unseren ersten Customs Officer.
Nachdem unser Gepäck seit unserer Landung 1241 Runden (geschätzt – nicht verbürgt) auf dem Gepäck-Roundabout gedreht hat, räumen die Flughafen-Angestellten alles von den Rollbändern auf einen grossen Haufen, unter dem Motto:

Ranger

Ihr Gepäck liegt bereits draussen, bitte verlassen Sie umgehend diesen Flughafen!

Unsere Freunde aus Kalifornien, welche extra eine Art Autobahn-Express-Fast-Lane-Vignette für schlappe 37 Dollar gekauft hatten, um ja on time am Airport zu sein, schliessen uns nach zehn Stunden Wartezeit (gefühlt – nicht gezählt) in die Arme.

Als auch das geschafft ist, erschliessen sich uns die USA als das, wofür es sich lohnt, nach Miami zu fliegen: erlebnisreiche Natur, grossartige Museen, Nationalparks mit genialen Rangern, vielfältige Architektur, bewundernswerte Technik und grenzenloser Optimismus.

„I urge you to dream. I did, and one day I found myself standing on the surface of the moon."*

*Cernan, Gene, Astronaut, Apollo 17

Übersetzung: Seiten 216-217

In den Sümpfen von Florida bis North Carolina und entlang des Mississippi gedeiht die an das Leben im Wasser angepasste Sumpfzypresse (*Taxodium distichum*). Wenn sie im seichten Wasser wächst, bildet sie sogenannte Pneumatophoren aus: Wurzeln, die aus dem Boden oder aus dem Wasser an die Oberfläche wachsen, um die Wurzeln, welche unter Wasser liegen, mit Sauerstoff zu versorgen. Das ist etwa so wie wir schnorcheln, wenn wir unsere Nase unter die Wasseroberfläche stecken. Diese Pneumatophoren sehen ein bisschen aus wie Termitenhügel.

Nur Fliegen ist schöner

Mit amerikanischem Optimismus besteigen wir einige Wochen später das Flugzeug wieder, denn da gab's doch mal einen Werbeslogan: „Nur Fliegen ist schöner." Früher gingen wir zum Buchen jeweils ins Reisebüro. Dort arbeitete eine versierte Dame, in unserer Familie „Schöpferli" genannt. Sie war in Sachen Reiseplanung sehr schöpferisch, kannte uns und wusste, wo wir im Flugzeug gerne sitzen. Sie war sozusagen etwas, das Hand und Fuss hatte. Heute beginnt die Vorfreude virtuell, d.h. damit, dass wir unseren Flug selber im Internet suchen, buchen – und fluchen, weil das billiger ist. Ein individuell gewählter Sitzplatz kostet extra, falls so viel Selbstbestimmung überhaupt noch möglich ist. Auf dem Computer erscheint jeweils der Satz: Das System hat Ihnen die Plätze 23 C und 23 D zugeteilt. Man könnte auch sagen: die Matrix hat gesprochen.

Die richtige Freude beginnt aber bei der Sicherheitskontrolle. Lustig, wie alle Reisewilligen ihre Schuhe, Gürtel und Schmuck ausziehen, ihre zahlreichen elektronischen Gadgets auspacken, alles in Plastikkörbchen legen und auf Zehenspitzen durch einen Torbogen trippeln, um ja die Sicherheitsbeamten nicht zu reizen oder aufzuwecken.

Danach fühlen wir uns immer edel und pfadfindrig (jeden Tag eine gute Tat), wenn wir einer älteren Reisenden beim Schnürsenkel-Binden helfen dürfen. Damit auch die Sicherheitsbeamten sich freuen, führen wir im Handgepäck immer etwas Verbotenes mit, z.B. ein alte Nagelfeile, die sie mit strafendem Blick konfiszieren und der Vernichtung zuführen können. Ihre strahlenden Augen sind unser Lohn für das Schlange-Stehen; ihre Vernichtungsaktion erspart uns Entsorgungsgebühren.

Paradox an der Sache ist, dass wir zwei Stunden später auf dem Flug in die Schweiz im Swiss-Airbus zum Nachtessen Metallbesteck erhalten (richtiges Messer und spitze Gabel), das die Sicherheitskontrolle niemals überlebt hätte.

Nach dem Nachtessen das nächste Highlight: Die Flight Attendant gibt Anweisung, die Verdunkelung übers Fenster zu ziehen, weil sonst die Passagiere nicht schlafen können. Soll das ein Witz sein? Wer kann denn bei 78.7 cm Beinfreiheit schlafen? „Ich will aber den Mond und die Sterne sehen." –
„Bitte schliessen Sie die Verdunkelung!" –

„Ich bekomme aber schreckliche Flugangst mit Schweissausbruch und Schreikrampf, wenn ich nicht hinausschauen kann." –
„Ich bringe Ihnen noch einen doppelten Whisky."
„Oh, danke!"

Tagebuch, 31. Oktober 2012
Die Rückreise von der Schweiz nach Grenada verlief dann sehr gut. Die Immigration in Miami war so schnell, dass wir diesmal auf unser Gepäck warten mussten. Der Hammer kam dann in Grenada (nun wollen wir wirklich nicht mehr nach Miami), denn da stellten wir fest, dass die Security-Mitarbeiter unsere Segeltasche aufgebrochen und durchsucht hatten. Offenbar kamen ihnen da beim Röntgen einige Sachen spanisch vor. Vielleicht waren es die beiden Säcke mit Styroporkügelchen für unsere Sitzsäcke auf der Alua. Diese waren aufgerissen und (natürlich) nicht mehr verschlossen, so dass beim Öffnen all die „Böllelein" mit statischer Anziehungskraft an und in allem waren und wir sie beinahe einzeln einsammeln mussten. Unterdessen sitzen wir darauf aber sehr bequem.

Tagebuch, 20.11.2012
Grenada, Le Phare Bleu Marina: Nach zehn Tagen harter Arbeit on the Hard schwimmt die Alua wieder und alles funktioniert, wie es soll. Mitte Dezember wollen wir Richtung ABC-Inseln (Aruba, Bonaire, Curaçao) lossegeln.

gegangen-gegangen

Gone gone? – „Wirklich weg?", fragt Kim, als wir ihr erzählen, wohin unsere Reise gehen soll. Kim ist Wirtin im „de Big Fish" in Grenada, einer Insel der Kleinen Antillen. „Waaas, ein ganzes Jahr werdet ihr unterwegs sein im Pazifik? Immer auf dem Schiff? Wochenlang keine Inseln zum Anlegen?"

Nun sind wir also „gegangen-gegangen", aber wir wissen, dass wir auf unserem Weg westwärts „alte" Freunde wiedersehen werden. Wir freuen uns darauf, Crews zu treffen, die im Moment 4000 Meilen vor uns segeln und uns mit Informationen aus dem Pazifik Mut machen für unsere geplante Weiterfahrt.
Und wir hoffen, dass dieses Jahr das Christkind „El Niño" nicht kommt, denn wir wollen ja mit guten Passatwinden und der richtigen Strömung über den Pazifik segeln.
Wir verlassen Grenada bei Wind zwischen 20 bis 30 Knoten (Windstärke 6–7 Bft) und haben eine sehr schnelle, wenn auch etwas wellige Überfahrt nach Bonaire (400 Seemeilen in 57 Stunden) und weiter nach Curaçao. Schon am ersten Tag werden wir beide seekrank, aber die Zäpfchen gegen Seekrankheit, die uns Georg, unser Segelapotheker, mitgegeben hat, wirken Wunder, und in kurzer Zeit sind wir wieder fit und dabei bleibt es auch.

driften, auf Drift: vom Kurs abweichen, wegtreiben

> **Logbuch**
> 9.12.2012
> 07.45 Bereit zur Abfahrt. Dann Entscheid, noch einen Tag zu bleiben, weil Regen, Regen, Regen, Squalls, Squalls, Squalls.
>
> 10.12.2012
> 07:00 Ausfahrt von St. George's nach Sicht
> 09:00 Nelly muss erbrechen
> 14:00 Auch Peter hat's erwischt
> Stundenlang Squalls und Regen
>
> 11.12.2012
> 22:00 Position: 12°24'39" N; 66°22'60" W, Frachter Petrokrepost hat NUC-Lichter gesetzt (Not Under Control), scheint zu driften. Grosse Schiffe machen das, um Abfälle zu entsorgen oder die Grauwasser-Tanks zu entleeren.

Von Curaçao Richtung Panama segeln wir zusammen mit unsern Freunden von der SY Gipsy IIII, und wir wissen schon jetzt, dass dies nicht der einfachste Teil unserer Reise sein wird.

Denis, ein befreundeter Meteorologe aus Kanada, den wir in Grenada kennenlernten, sagt starke Winde zwischen 25 und 30 Knoten voraus. Das Wichtigste ist aber, seinem Rat zu folgen und 90 nautische Meilen Abstand zur Küste Kolumbiens zu halten. Bedingt durch den aus östlicher Richtung blasenden Passatwind baut sich in der westlichen Karibik eine kreisförmige Strömung auf. Das bedeutet für die Küstenregion Strom aus Westen bei gleichzeitigem Wind aus Osten. Dabei entwickeln sich kurze steile Wellen, die für kleine Schiffe nicht nur sehr unangenehm, sondern sogar gefährlich werden können.

Wir segeln also zuerst 24 Stunden lang nordwärts und passieren Aruba im Norden, um auf die Nordseite dieses Stromkreisels im kolumbianischen Becken zu gelangen. Das macht sich bezahlt: Bis zu zwei Knoten Strom und starke achterliche Winde (in einigen Squalls bis zu Sturmstärke) bescheren uns einen wilden, schnellen Ritt westwärts. Das Unangenehme dabei: Die Alua rollt stark, und im Innern des Schiffs ist es sehr laut. Dies hindert uns zwei Tage lang daran, jeweils mehr als zwei bis drei Stunden zu schlafen.

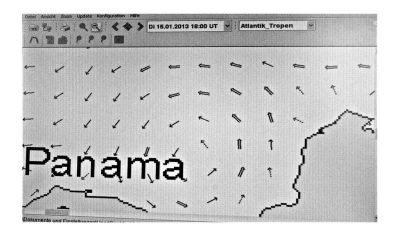

Stromkreisel im kolumbianischen Becken

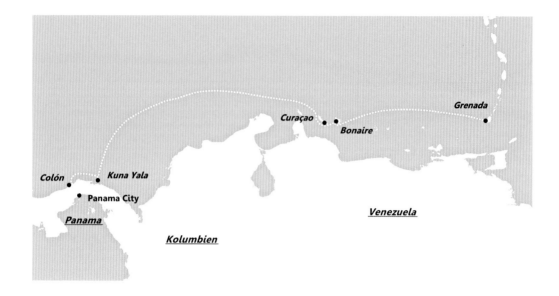

Tagebuch, 17.1.2013
Die letzten 24 Stunden sind Segeln vom Feinsten, wobei uns Wind und Strömung, die langsam mitdrehen, präzis in eine aussergewöhnliche Gegend unseres lieblichen Planeten bringen.
Wir sind heute Nachmittag kurz nach 15:00 Uhr in Porvenir, einer der vielen Inseln des San-Blas-Archipels gelandet. Vier Tage und Nächte und sieben Stunden hat's gedauert. Der Wind war stärker als vorhergesagt. Aber weil er aus der richtigen Richtung kam und wir zudem noch 2 Knoten Strom mit uns hatten, war die Fahrt grösstenteils sehr angenehm. Keine Sekunde seekrank. Ist doch ein gutes Zeichen für die nächsten Schläge.

Die zweite und die dritte Nacht hatten es allerdings in sich. Stundenlang 8–9 Beaufort Wind und 3–4 m hohe Wellen. Das lässt uns kaum schlafen, und wir sind ständig damit beschäftigt, dass nichts vom Tisch fällt und dass wir uns nicht bei einem Sturz verletzen. Die Wellen sind halt schon etwas Spezielles, sie sind minutenlang regelmässig von gleicher Grösse, und dann völlig aus dem Nichts kommt so ein Ding doppelt so hoch angebraust und lässt das Schiff erzittern. Sogar beim Schlafen müssen wir uns festhalten bzw. einkeilen, damit wir nicht umherrollen.

Der erste Eindruck von Porvenir ist echt karibisch: Palmeninseln, weisser Sand, Kuna-Indianer, die kein Wort Englisch verstehen – wären wir doch bloss schon weiter mit unserem Spanischkurs!!! – und der Beamte, bei dem wir uns hätten anmelden sollen, ist schon um 15:00 heimgegangen. Ein Kollege kassiert aber schon mal 120.- USD Visums-Gebühr und im Übrigen sollen wir mañana wiederkommen.

Das Volk, das hier lebt, nennt sein Gebiet Kuna Yala. Dieser Archipel erstreckt sich entlang der Karibik-Küste Panamas und setzt sich zusammen aus mehr als 340 kleinen Sandinseln, die von Korallenriffen umgeben und geschützt sind. Das macht die Navigation nicht ganz einfach. Deshalb planen wir immer nur kurze Schläge, um früh am Nachmittag am Ziel anzukommen, wenn die Sonne noch hoch steht und die Riffe einfacher zu erkennen sind. Dabei ist der Panama Cruising Guide von Eric Bauhaus* mit seinen vielen Karten und vom Flugzeug aus gemachten Fotos sehr hilfreich.

Tagebuch, 19.1.2013

Olosicuidup – Guarladop, Coco Banderos. Nein, ich bin noch nicht übergeschnappt. So heissen die Inseln, zwischen denen wir heute vor Anker liegen. Sie lassen einen glauben, man sei im Paradies gelandet. Warum verbinden wir eigentlich Palmen und Sand mit dem Paradies?

Zugegeben, hier ist es traumhaft schön: Das türkisblaue Wasser, das unermüdlich an die Korallenriffe brandet, der weisse Sand, die üppigen Palmen, die Pelikane. Nachts komplette Dunkelheit, nur Sterne über uns – und einige Ankerlichter. Es wird mir bewusst, dass ich in einer komplett anderen Welt angekommen bin. Zum ersten Mal auf unserer Reise wird mir klar, dass unsere Fahrt halt doch nicht so ganz alltäglich ist. Ich bin ein bisschen stolz auf mich.

Mir wird aber auch klar, dass ich auf den 4000ern der Walliser Alpen mehr ergriffen bin, als hier im Palmenparadies. Die Luft hier ist schwer, feucht, erdrückend, während die kalte Bergluft Energie verleiht. Wie werde ich mich auf unserer Reise wohl weiterentwickeln?

Eine Woche wollen wir auf den Coco Banderos bleiben. Bis anhin der schönste, idyllischste Ankerplatz, den wir je hatten und vielleicht je haben werden ...

*Bauhaus, Eric (2009): The Panama Cruising Guide, 4th edition, Pet Urban Health

Kuna Yala

Dieses Inselreich ist die Heimat der Kuna Indianer, denen es immer noch gelingt, ihre Kultur und ihre Traditionen zu bewahren. Kuna Yala ist eine autonome Provinz Panamas und wird durch den Kuna-Kongress regiert. In den Familien kontrollieren die Frauen das Geld; also etwa das gleiche System wie auf der Alua.

Da es bis jetzt keine industrielle Entwicklung gab, sieht die Landschaft noch aus wie vor Jahrhunderten, und die Kuna leben so, wie wir uns das Leben der Pfahlbauer vorstellen. Die Kuna sind extrem freundlich, zurückhaltend, ja geradezu scheu. Wenn sie sich mit ihren Einbäumen lautlos unseren Booten nähern, um Obst, Gemüse, Fische oder Molas anzubieten, warten sie geduldig, bis wir sie bemerken. Kein Rufen, kein Klopfen an die Bordwand, wie das sonst so üblich ist. Wenn wir sie nicht bemerken, ziehen sie weiter. Sie akzeptieren, wenn wir erklären, dass wir nichts brauchen. Mit einem freundlichen Winken rudern sie weiter.

Die Kuna sind tolerant, was sie aber verärgert, ist, wenn Fremde eine Kokosnuss stehlen. Jede Palme auf diesen 340 Inselchen gehört jemandem, der die Kokosnüsse einsammelt und an kolumbianische Händler verkauft. Molas und Kokosnüsse sind wichtige Handelsprodukte der Kuna.

Die Mola wird hergestellt, indem mehrere Lagen farbigen Stoffes übereinander genäht und aufgeschnitten werden. Die Muster entstanden aus der Tradition der Körperbemalung. Molas werden verwendet als Brusteinsatz für Blusen und Röcke.

Aus gut unterrichteter Quelle erfahren wir, dass die Missionare den Kuna-Frauen das Mola-Nähen beibrachten, damit sie (die Missionare) durch den Anblick der nackten Busen sich nicht den Eintritt ins Paradies verscherzten.

Die Kuna bauen ihre Häuser vorwiegend aus pflanzlichen Rohstoffen, keinen Nagel, kein Eisen brauchen sie dazu. Leider mischen sich aber unterdessen auch Wellblech und Kunststoff in die einstöckige Skyline der winzigen Inseln.

Die Innenausstattung der Hütten besteht aus Hängematten. Die Dächer sind aus Palmblättern so dicht und kunstvoll geflochten, dass sie eine Lebenserwartung von 15 Jahren haben und selbst bei strömendem Regen dicht sind.

WC mit Aussicht und Wasserspülung (engl. Water Closet)

In die Karibik

Wir sehen aber auch das Einsickern moderner Technik: Satellitenschüsseln, Solarpaneele und Handys. Da die Kuna die ganze Industrialisierung des 19. und auch die technischen Entwicklungen des 20. Jahrhunderts nie durchgemacht haben, kaum Autos oder Maschinen kennen, ist der Sprung von der Pfahlbauzeit zur Internetzeit gewaltig. Und wie sollen die Kuna mit all dem Plastikmüll umgehen, der vom Passat aus der ganzen Karibik an ihre wunderschönen Inseln geblasen wird? Kann es ihnen gelingen, ihre Kultur, ihre Traditionen mit den technischen Errungenschaften der letzten beiden Jahrhunderte in Einklang zu bringen? Im Mini-Supermarket auf Porvenir finden wir Maggi-Würfel und Nestlé-Milchpulver, Colgate-Zahnpaste und Pringles-Chips! Sind das die Produkte, welche die Kuna wirklich brauchen?

Und die geringe Höhe der Sand-Inselchen lässt uns erahnen, was hier bei einem Anstieg des Meeresspiegels geschehen wird.

Mola

Einfamilien-Insel

Logbuch
4.2.2013
Wir erreichen die Shelter Bay Marina in Colon, Panama.
Atlantik und Karibik liegen hinter uns; am Horizont lockt das Kreuz des Südens.

Über den Pazifik

Shelter Bay

Wir segeln in die Shelter Bay, den östlichen Eingang in den Panama-Kanal, und erwarten vor allem zwei Dinge: Eine hohe Kriminalität in Colon und eine teure Passage durch den Panama-Kanal. Was wir nicht erwarten ist, eines der berühmtesten Segler-Ehepaare mit ihrem Schiff hier zu treffen – eine Legende alle drei. Sie segelten mehrmals um die Welt, umrundeten die Antarktis, strandeten dort in einem Schneesturm, kämpften einen antarktischen Winter lang um ihr Überleben.* Nun liegen sie wie wir in der Shelter Bay Marina mit ihrem neuen Schiff „Freydis III".** Schüchtern bitten wir um ein Autogramm, werden umgehend zu Tee und Schokolade-Cognac-Kuchen eingeladen und verbringen einen anregenden Nachmittag mit Heide und Erich Wilts. Nach wenigen Minuten sind wir in intensive Diskussionen vertieft über Schiffe, Segeln, Reisen, Biologie, andere Kulturen, unsere früheren Berufe, Sinn des Lebens und Ironie des Schicksals. Beim Abschied haben wir das Gefühl, Freunde zu verlassen, die wir schon seit Jahren kennen. Sicher gibt es irgendwo im Pazifik ein Wiedersehen, denn die Wege von Freydis III und Alua führen beide nach Australien.

Der Panama-Kanal ist nicht einfach eine gegrabene Fahrrinne, sondern eine Verbindung zwischen zwei Meeren, Atlantik und Pazifik, die aus mehreren völlig unterschiedlichen Komponenten besteht und rund 82 km lang ist.

Von Colon her kommend wird die Alua in drei direkt hintereinander folgenden Schleusen 26 m hoch in den Gatun-See gehoben, welcher aus dem aufgestauten Rio Chagres entstand. Nach der Vollendung der Bauarbeiten dauerte es zehn Jahre, bis der ganze Kanal gefüllt war. Aus dem Gatun-See führt ein Kanal Richtung Westen, der Culebra Cut oder Gaillard-Durchstich, welcher die Hügel der Wasserscheide zwischen Atlantik und Pazifik durchschneidet. Die Pedro-Miguel-Schleuse bringt unser Schiff in einem ersten Schritt in den tiefer gelegenen, ebenfalls künstlichen Miraflores-See. Nun steigt die Spannung, wenn uns die beiden Miraflores-Schleusen auf das Niveau des Pazifiks hinunter sinken lassen und das Tor zur Südsee sich öffnet. Bevor es soweit ist, sind einige bürokratische Hürden zu nehmen und einige Dollars von unserem Konto abzubuchen. Das Lustigste ist die Vermessung des Schiffes:

*Wilts, Heide: Gestrandet in der Weissen Hölle, Delius Klasing, 1997

**H. und E. Wilts verloren ihr geliebtes Boot „Freydis II" im Tsunami von 2011 in Japan. Sie publizierten viele Bücher und präsentieren ihre Erlebnisse in vielen Vorträgen.

Da kommt ein Vermesser und sagt, ich solle das Meterband an den Bugkorb halten und nach wenigen Minuten hat er mit Hilfe des Taschenrechners drei Zahlen zusammengezählt und in englischen Fuss in ein Formular in seinem Laptop eingegeben. Ich bin im Kopfrechnen schneller und sage ihm, dass seine Rechnung nicht stimmen könne. Also rechnet er noch mal – und siehe da ...

Danach trinken wir zusammen Kaffee. Zwischendurch stellt er Fragen zum Schiff und erklärt uns genau, wie das Schleusen vor sich gehen werde. Er erzählt uns von seinen Kindern, von Colon und Panama City und gibt uns Tipps für den Karneval. Nach eindreiviertel Stunden fröhlichen Plauderns und Lachens verabschieden wir uns herzlich voneinander.

Weniger lustig sind hier in Panama die grossen sozialen Unterschiede, die Kluft zwischen Arm und Reich und die daraus resultierende Kriminalität. Marinas werden hier Tag und Nacht bewacht, teilweise von bewaffneten Sicherheitskräften. Ebenso patrouillieren in den grossen Einkaufszentren schwer bewaffnete Polizisten in kugelsicheren Westen und Kampfanzug. Auch nicht zu übersehen ist die Korruption. „Geld bewegt hier alles," wie uns ein Einheimischer sagt. Der Agent, der die Kanaldurchfahrt organisiert, führt auf seiner (korrekten) Rechnung ganz selbstverständlich einen Posten Schmiergeld auf, mit dem die Wartezeit vor dem Kanal etwas verkürzt werden kann.

Die Spielregeln beginnen wir zu begreifen, als es Zeit zum Aufbruch wird.

Panama-Kanal, Miraflores Schleuse

> **Logbuch**
> 24.2.2013
> Unsere Freunde von der SY Gipsy IIII und von der SY Santina begleiten uns als Linehandler. Nelly steht für Schleusen-Durchfahrten jeweils am Steuer. Die Aufgabe der Linehandler ist es, das Schiff, bzw. drei zu einem Päckchen gebundene Yachten in den Schleusen in der Mitte zu halten. Das erfordert besonders beim Aufwärtsschleusen viel Kraft, da die Wirbel des einströmenden Wassers sehr stark sind. Dazu kommt noch die Dunkelheit, da wir erst nach 19 Uhr in die erste Gatun-Schleuse einfahren können.
> 13:30 Leinen los in der Shelter Bay Marina und Fahrt unter Maschine zum Ankerplatz in den Flats.
> 17:45 Francisco, unser „Adviser" (Lotse) kommt an Bord.
> 18:00 Anker auf
> 19:00 Einfahrt in die Gatun-Schleuse.
> 21:30 Wir machen an einer Boje im Gatun-See fest.
>
> 25.2.2013
> 06:40 Fernando, der neue „Adviser", kommt an Bord.
> 06:50 Leinen los
> 09:30 Wir fahren durch den Culebra Cut, essen Ananas und Kuchen.
> Fernando und Peter diskutieren über Religion. Fernando ist überzeugt, dass Gott nicht will, dass es Schwule und Lesben gibt. Peter zerlegt alle Argumente Fernandos mit Bibel-Zitaten. Obwohl Atheist kennt Peter die Bibel gut – vielleicht ist er eben deswegen Atheist.
> 15:00 Unser Freund von der SY Gipsy IIII hat schon einen Ankerplatz in der Baja Playita für uns ausgekundschaftet und kommt uns im Dinghy entgegen.

Die Marineros werfen uns ihre Leine zu, ziehen damit unsere Leinen zurück und belegen sie auf Poller, damit wir unser Boot in der Mitte der riesigen Schleusenbecken halten können.

Mooring:
Tau oder Kette für das Festmachen von Booten. Die Mooring ist am Meeresgrund mit Schraube oder Gewicht festgemacht. Moorings helfen bei schwierigem Ankergrund und schützen den Meeresgrund (Korallen) vor Zerstörung durch Anker.

Tagebuch, 27.2.2013

Na, liebe Alua ...
.. jetzt sind wir im Pazifik! Ein Meilenstein auf unserer Reise, was für ein gutes Gefühl.
Weniger gut ist, dass die Anker- und Anlegeplätze hier in der Gegend von Panama City schlecht sind. Zuerst der Balboa Yacht Club: Sie haben viele Moorings, aber offenbar keine für Langfahrten-Segler. Dann die Marina La Playita: keine Liegeplätze erhältlich. Wir ankern vor der Marina, aber da steht Tag und Nacht ein Schwell der vorbeiziehenden Frachtschiffe und deren Schlepper.

Dazu kommen Strömungen, die mehrmals täglich die Richtung wechseln und die Boote mächtig schwojen lassen, sodass wir schon am zweiten Tag nicht mehr wissen, wo wir unseren Anker gesetzt haben. Im weichen Morast hält der Anker sehr schlecht; an einem einzigen Tag gehen vier Boote auf Drift. Immerhin dürfen wir die Dinghy-Anlegestelle der Marina benützen; das kostet dann 5 US $/Tag, Schutz durch Pump Guns inbegriffen.

Und dann ist da noch die Flamenco Marina, wo sie pro Tag 23(!) USD fürs Anlegen mit dem DINGHY (!) verlangen. Wir fragen, ob sie uns wirklich hier haben wollen. Die Antwort ist ehrlich: „NEIN!"

Zum Glück erfahren wir von „Gente de Mar". Diese „Leute des Meeres" haben auf der Ostseite der Isla Naos einige Moorings für Yachten ausgelegt (25.- USD/Tag) und sind sehr freundlich und hilfsbereit.

Leider ist der Dinghy-Steg so zerfallen und verrostet, dass es gefährlich ist dort anzulegen um an Land zu gehen. Angeblich hat die Regierung eine Renovation verboten. Nun sitzen drei Soldaten den ganzen Tag Wache, damit ja nichts repariert wird.

Trotzdem bleiben wir hier ein paar Tage und bereiten uns auf die Überfahrt zu den Galapagos vor.

Schwell/Dünung: Wellen, die aus ihrem Entstehungsgebiet herauslaufen

schwojen: Hin- und Herdrehen eines Schiffes vor Anker

Panama City

Masttopp:
Spitze des Mastes

Passat:
Beständiger Wind, der in den Tropen rund um die Erde auftritt

Dünung:
Wellen, die aus ihrem Entstehungsgebiet herauslaufen. Der Gegenbegriff ist Windsee: Wellen im Windgebiet. Die Gesamtheit aller Wellen aus Dünung und Windsee bezeichnet man als Seegang.

Doldrums / auch Kalmen genannt: nahezu windstille Gebiete im Bereich des Äquators

Logbuch
Sonntag, 3.3.2013
10:15 Leinen los, wir setzen die Genua und mitten im Manöver blockiert die Rollanlage, Schhhhhhh...Wir fahren mit flatternder Genua – gegen den Wind – unter Maschine zurück in die Flamenco Marina und dürfen an der Tankstelle anlegen. Peter ersetzt am Masttopp die Führung des Falls, indem er vier Gewinde bohrt und neue, dickere Schrauben einsetzt.
13:10 zweiter Anlauf Richtung Galapagos – diesmal erfolgreich – die Genua wird sogleich ausgebaumt.

Tagebuch 5.3.2013
Auf See, Position: 4°04'9" N; 80°39.7" W
Wir segeln seit Sonntag mit 6 bis 7 Bft Wind, 3 bis 4 m hohen Wellen und 1.5 bis 2 Knoten Strom mit uns. Genua und Fock sind ausgebaumt. Wir kommen vorwärts! Auf dem Papier tönt das nach idealen Bedingungen, wenn der Passat aus der Karibik in den Pazifik drückt. In Wirklichkeit werden wir alle paar Minuten durchgeschüttelt. Wir halten uns immer mit einer Hand oder einem Bein am Schiff, und natürlich müssen wir bei solchen Verhältnissen beim Essen auch jeweils unsere vollen Teller oder Gläser halten, ansonsten die wohlverdienten Kalorien einfach so wegrutschen und ein kurzer Putzeinsatz nötig wird. Wir schreiben aus Erfahrung! Grund für das wellige Schaukeln dürfte eine Dünung sein, die von einem Tief über Mexico bis zu uns vordringt. Bald aber sollte der Wind nachlassen, denn wir erreichen die Doldrums.

Tagebuch, 6.3.2013
Was für ein Unterschied! Zu Beginn wurden wir geschüttelt von Wind, Wellen und Dünung. Nun ist der Wind weg und die Strömung von 1–1.5 kn treibt uns auf spiegelglatter See Richtung Nordwesten. Unser Ziel liegt aber im Südwesten! Hin und wieder schaukelt uns eine Dünung unbekannter Herkunft, wahrscheinlich riesige Meeresdampfer, deren Bugwelle uns erreicht, auch wenn sie Dutzende von Meilen entfernt vorbeiziehen. Wir sehen sie nicht, wir hören sie nicht, unser AIS und unser Radar erreichen sie nicht. Wir haben 3000 m Wasser unter uns, den Himmel über uns und im weiten, stillen Meer um uns herum spiegeln sich kleine Wattewolken und gaukeln uns weissen Sand in 10 m Tiefe vor. Haben wir geankert?
Ruhe ist eingekehrt und die Alua liegt wie in einer riesigen Schüssel von Joghurt.

Besonders nachts ist die Stimmung ungewöhnlich: Kein Windgeräusch, kein Wellenschlagen, kein Jammern in den Wanten, kein Knarren im Rumpf. War da eine Stimme? Hast du das auch gehört? Ist das Licht dort ein Stern oder ein Navigationslicht? Wie lange dauert diese Flaute noch? Wo ist der Wind jetzt, wenn er nicht weht?

Tagebuch, 7.3.2013
00:00 Windstille, Seegang 0, wir dümpeln vor uns hin, Segel eingeholt, wir treiben langsam in der Strömung.
05:30 Ich höre ein Motorengeräusch, sehe aber weder auf dem AIS noch auf dem Radar etwas.
06:00 Ich höre Stimmen, sehe in der Dämmerung ein Motorboot.
06:05 Ich wecke Peter. Es ist ein offenes Holzboot mit drei Männern drin; sehen so Piraten aus? Sie nähern sich langsam. Wo kommen die her? – Die Küste Ecuadors ist 200 sm entfernt.
07:00 Sie kommen längsseits.
Es sind Fischer. In einem Blechfass im Bug ihres Bootes haben sie soeben auf kleinem Holzfeuer ihr Frühstück gekocht. Sie fragen nach Zigaretten, aber wir sind Nichtraucher. Wir geben ihnen eine Flasche Rum und acht Sandwich-Brote. Sie strahlen und fragen, woher wir kommen und wohin wir wollen.
Sie kommen tatsächlich vom Festland rund 200 Seemeilen entfernt von hier – ihr Boot hat 2 starke Aussenbord-Motoren, und sie haben 8 grosse Kanister Benzin dabei. Einige Tage werden sie nun um die Insel Malpelo herum fischen. Die Isla Malpelo ist aber nur ein felsiger Bergspitz, sehr gemütlich kann es dort nicht sein. Sie winken zum Abschied; ich möchte nicht mit ihnen tauschen.

Oft haben wir vor Beginn unserer grossen Reise in Seglerkreisen diskutiert, ob wir Waffen an Bord haben sollten.

Wir haben uns dagegen entschieden, aus folgendem Grund: Wenn schon eine Waffe gegen Piraten, dann macht nur eine weitreichende, automatische Waffe Sinn. Damit könnte Peter als ehemaliger Soldat der Schweizer Armee zwar die Piraten auf 300 m treffen – müsste aber als erster das Feuer eröffnen. Wir sind froh, dass wir uns heute Morgen nicht entscheiden mussten, ob wir nun zur Waffe greifen sollen oder nicht. Unvorstellbar, wenn wir die Lage falsch eingeschätzt und die Fischer umgebracht hätten.

Wanten: Stahlseile zur seitlichen Stabilisierung des Mastes

Flaute: Windstille

Tagebuch, 10.3.2013
Heute wäre Papa 94 geworden. Ob er sieht, was ich mache? In mir klingen noch seine Worte: „Dann bist Du jetzt also ein richtiger Kapitän!". Er war sehr stolz auf mich, als er vernahm, dass ich soeben die Prüfung für das „Führen von Jachten auf See" bestanden hatte. Und für mich war es doch immer so wichtig, ihm zu beweisen, dass auch Frauen zu mehr fähig sind, als zur „züchtigen Hausfrau und Mutter der Kinder, die drinnen waltet ..."!*

*Schiller, Friedrich, Lied der Glocke, 1799

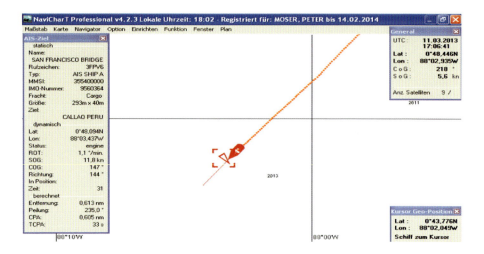

Logbuch
11.3.2013
Das war knapp! Der Kapitän der San Francisco Bridge wollte uns zuerst hinten passieren, dann änderte er wohl seine Meinung, wechselte den Kurs, korrigierte laufend und rauschte letztlich in einem sehr knapp bemessenen Kurs vor uns durch.

UTC:
koordinierte Weltzeit
(Coordinated Universal Time)

Tagebuch, 11.3.2013
*Wir überqueren den Äquator um 04:09 UTC bei 88°45' westlicher Länge. Da es in diesem magischen Moment Nacht ist, können wir die rot-blau gestrichelte Linie nicht sehen und für unsere Leserschaft fotografieren.
14 Stunden später ankern wir in der Wreck Bay vor Puerto Baquerizo Moreno, San Cristobal, Galapagos. Nun freuen wir uns, ein bisschen auf den Spuren von Charles Darwin zu wandeln, der hier wahrlich mehr als nur Staub hinterlassen hat.*

Tölpelhaft

Darwin sass immer an seinem selbstgezimmerten Tisch und schrieb seine Aufzeichnungen mit schwarzer Tusche und Federkiel vom Pelikan in sein Notizbuch. Da aber die Tusche in der Hitze immer so schnell eintrocknete, bezog er auf Anraten des Oberpelikans von den Pelikanen die blaue Tinte, welche viel länger flüssig blieb (hatten wir in der Schule auch). Eines Tages vergass er, den Deckel des Tintenfasses zuzumachen, und es kam, wie es kommen musste. Ein Tölpelpaar stiess beim Balztanz das Fass um und tanzte in der Tintenpfütze. Die blauen Füsse gefielen so sehr, dass auch andere Paare in der Tinte tanzten. Die Männchen, die am wildesten tanzten und die blausten Füsse hatten, kamen bei den Weibchen auch am ehesten zum Zuge (ist nicht Viagra auch blau?). So vermehrten sich Blaufüsse mit Blaufüssen, brüteten ihre Eier mit den blauen Füssen aus und nur Blaufuss durfte zu Blaufuss, so lehrt uns Darwin.
Seitdem gibt es auf den Galapagos die Blaufusstölpel – dank Darwin.

Herzlichen Dank für diese schöne Geschichte an unseren Segelfreund Fritz.

Blaufusstölpel
(*Sula nebouxii*)

Galapagos und die Evolution

Die Galapagos bestehen aus sechs grösseren und über vierzig kleineren Inseln. Der ganze Archipel besteht aus Basalt. Gigantische Vulkane erheben sich vom Meeresboden insgesamt bis zu 3000 m hoch, auch wenn davon oft nur wenig über die Wasseroberfläche ragt. Wir kommen direkt in die heisse Jahreszeit, aber der Humboldt-Strom kühlt von unten angenehm, indem er kaltes Wasser aus der Antarktis entlang der Westküste Südamerikas bis hierher zum Äquator transportiert. Dies ist auch der Grund für den Artenreichtum und die Fülle von Leben unter Wasser rund um die Galapagos.

Hier erleben wir unvergessliche Ausflüge und Begegnungen mit Tieren, die allerdings nicht immer harmlos sind. Nicht ganz ohne sind auch die Preise für dieses Paradies, wie die Liste unten zeigt. 643.- USD blättern wir schon mal hin, bis wir das Visum für drei Wochen Aufenthalt mit dem Boot erhalten. Danach müssen wir die Inseln verlassen. Wollten wir noch andere Ankerplätze anlaufen, bräuchten wir eine Sonderbewilligung und mehr Cash.

Wassertaxi

1. $ 162 servicio de recepción y arribo (se calcula por las toneladas del velero).
2. $ 31 por los servicios de inspección y cuarentena
3. $ 30 por los servicios de migración
4. $ 100 al Parque Nacional Galápagos por cada tripulante
5. $ 10 al Consejo de Gobierno de Galápagos por cada tripulante
6. $ 15 por copias y transporte de autoridades
7. $ 20 por recolección y transporte de basura
8. $ 15 por el zarpe internacional
9. $ 150 por los servicios de la agencia.*

Es ist nicht nur aus nautischer Sicht sinnvoll, auf dem Weg in die Südsee die Galapagos Inseln anzulaufen, weil sie ein willkommener Zwischenstopp in der riesigen Wasseröde des Pazifiks zwischen Panama und den Marquesas sind.
Auch aus wissenschaftlicher Sicht ist der Archipel der Galapagos ein absolutes Highlight.

Nirgends sonst auf der Welt ist die Evolution so klar zu erkennen wie hier. Hier fand Charles Darwin das Material, das die grösste Erschütterung unseres Weltbildes auslöste, seit Galilei die Erde

*Übersetzung: Seiten 216-217

aus dem Zentrum unseres Himmels verbannt hatte. Nun riss Darwin auch noch den Menschen aus seinem selbst erfundenen Mittelpunkt der Schöpfung und stellte ihn in eine Reihe der Evolution, hervorgegangen aus einfachsten Einzellern in Millionen von Jahren, jetzt nahe verwandt mit Gorilla und Co.

Darwin: „Daher scheint es, als seien wir, sowohl in Zeit wie in Raum, einigermassen nahe jenem Faktum gebracht – jenem Rätsel aller Rätsel –, dem ersten Erscheinen neuer Lebewesen auf der Erde."*

Noch heute, 150 Jahre später, wird – erschreckenderweise – Darwins wissenschaftlich nie im Geringsten widerlegte Erklärung der Evolution von religiösen Eiferern negiert. Sie zögern auch nicht, ihre Irrlehre des Kreationismus sogar in der aufgeklärten Schweiz in die Schulbildung integrieren zu wollen.

Die Galapagos gehören seit 1978 zum UNESCO-Weltnaturerbe. Der Galapagos Nationalpark umfasst 90 % der Landfläche und 100 % des umgebenden Pazifiks. Weil die Inseln erst 1535 entdeckt wurden, haben die Tiere keine Scheu vor Menschen und können oft aus nächster Nähe beobachtet werden.
Dies kann allerdings auch unangenehme Folgen haben.

Die Seelöwen bevölkern die Bucht von San Cristobal zu Hunderten. Obwohl sie putzig anzuschauen sind und wir sogar mit ihnen schwimmen könn(t)en, lieben wir Segler sie nicht. Denn die lernfähigen Tiere wissen, wo sie für ihre Siesta und ihr Sonnenbad gut liegen: in unseren Beibooten, auf unseren Badeplattformen oder auf Katamaranen im Cockpit, wohin eine Treppe in beiden Rümpfen bequem hinführt. Leider erleichtern sie sich da auch von ihrem Darm- und Blaseninhalt. Deshalb lassen alle Crews ihre Beiboote in den Davits, verbarrikadieren die Zugänge zum Boot mit Wasserkanistern und Fendern, und rufen sich ein Wassertaxi, das sie zum Ufer fährt.
Die Seelöwen sind die Einkommensversicherung der Taxifahrer.

Am Landungssteg müssen wir Segler vom Taxi aus über die Seelöwen rüber klettern, so zahlreich sind sie hier. Und oben auf der schönen Promenade von San Cristobal liegen die Tiere zu Hauf auf Bänken, Spazierwegen und auf dem Kinderspielplatz. Da es kein Seelöwen-Klo gibt, ist der Gestank im wahrsten Sinne süsslich-bestialisch.

Davits:
Halterung am Heck für Beiboote

Fender:
elastisches Polster als Schutz gegen Beschädigungen des Rumpfes

*Darwin, Charles: Journal of Researches into the Natural History and Geology of the Countries Visited During the Voyage of the H.M.S. Beagle, 1845

Tagebuch, 26.3.2013
Wir schlendern im Abendsonnenschein gemütlich die Promenade entlang. Ich bitte Peter, eine Foto des glühenden Sonnenuntergangs über der Bucht zu machen. Er geht einige Schritte bis zur Balustrade, vorbei an einer Parkbank, auf der ein Seelöwe schläft. Ein zweiter döst unter der Bank vor sich hin. Als Peter die Bank passiert, kommt der Seelöwe unter der Bank hervor, watschelt zwei, drei Schritte ... Peter sieht ihn nicht – ich denke nichts Böses – zack! beisst er Peter von hinten in die Wade und legt sich wieder unter seine Bank.

Es sieht nicht wie ein kräftiger Biss und Angriff aus, eher wie ein zartes Zwicken – eine Warnung oder ein Beweis von Zuneigung?

Nun hat Peters Wade links und rechts zwei kleine Löcher, eingestanzt von Eckzähnen, die eigentlich zum Fische-Fangen gedacht sind. Es blutet kaum und schmerzt auch nicht besonders. Wir holen gleich in der Apotheke ein Desinfektionsmittel und schütten es drüber.

Tagebuch, San Cristobal, 27.3.2013
Wir gehen ins Spital, um Peters Wunde zu zeigen und die nötige Behandlung einzuleiten. Die Ärztin ist so jung, dass wir sie zuerst als Studentin einstufen, sie ist aber die Chefärztin. Ihre Worte: „Das passiert hier immer mal wieder. Die Seelöwen übertragen keine gefährlichen Krankheiten. Ich gebe Ihnen Ibuprofen gegen die Entzündung und die Schmerzen. Das reicht."

Tagebuch, San Cristobal, 1.4.2013

Zehn Jahre sind es nun seit der Biopsie. Noch war ich überzeugt, dass es eine harmlose Zyste oder gar eine Fehlinterpretation des Radiologen sei!

Zwar heilt Peters Wunde, aber der Fuss ist immer noch geschwollen. Ich habe Angst, es könnte zu einer Sepsis kommen, wenn wir unterwegs zu den Marquesas sind.

Tagebuch, San Cristobal, 3.4.2013

Peter meldet uns an beim Cruisers Netz auf 8155 kHz. Das „Beagle Net" bekommt seinen Namen von der „Beagle", dem Schiff, mit dem Darwin auf die Galapagos kam. Wir wollen mit der nächsten Gruppe von Schiffen in Richtung Südsee aufbrechen.

Wenn bloss Peters Bein geheilt wäre.

Wie jeden Abend gehen wir mit unsern Freunden von der SY Gipsy IIII zum Nachtessen an Land. Peter legt dann jeweils sein rechtes Bein auf einen Stuhl, damit es weniger pocht in der Wunde. Nach dem Essen legt unsere Freundin von der SY Gipsy IIII ihre Hand auf Peters Bein und sagt besorgt: „Das gefällt mir nicht, die Entzündung ist noch nicht weg." Ihr Wort hat Gewicht; sie ist eine erfahrene Krankenschwester. Könnte es sich wirklich nochmals entzünden? Ich will Peter nicht an einer Blutvergiftung verlieren. Sollen wir nochmals ins Spital? Gäbe es ein geeignetes Antibiotikum? Wie vor zehn Jahren beschäftigen uns also wieder Überlebensfragen. Wieder sind es kleine Zellen, die uns von innen her angreifen.

Um 21:00 Uhr wieder auf dem Schiff. Ich lese „Auf der Route der Albatrosse" von Heide Wilts fertig: Heide und Erich liegen auch hier vor Anker, wir trafen sie soeben beim Abendessen. Peter schreibt an einem Essay.

Draussen bläst der Wind, die Wellen rauschen, der Schwell schaukelt unser Boot.

Galapagos-Seelöwe
(*Zalophus wollebaeki*)

Tagebuch, San Cristobal, 4.4.2013

Schlechte Nacht. Viel Schwell. Peters Bein schmerzt mehr, es „juckt". Er ist unruhig. Tetanus? Tollwut?

Wir gehen wieder ins Spital, verlangen mit Nachdruck ein Antibiotikum. Um 11:30 Uhr wieder auf dem Boot. Peter fühlt sich elend – ich mich auch. Er nimmt ein Antibiotikum, das Ibuprofen lassen wir bleiben. Wir wollen sehen, ob Peter auf das Antibiotikum anspricht. Wir legen uns hin. Nach einer Stunde hat Peter 38.8 °C Fieber. Er glüht. Schüttelfrost. Ich habe Angst. Das ist die Sepsis!!!

Machen wir das Richtige? Wir geben unsern Freunden von der SY Gipsy IIII Bescheid. Sie anerbieten Hilfe, werden auch nachts auf Funk erreichbar bleiben. Ich bin froh. Ich mache Essigwickel, Peter lässt sie aber immer nur kurz dran. Er mag das nicht. Ich mache Tee. Er trinkt schluckweise. Das Fieber steigt auf 39.2 °C. Was sollen wir tun? Peter formuliert die letzten beiden Sätze seines neuesten Essays.

Dann fällt er in einen Fieberschlaf. Ich bereite ein Mail an unseren Hausarzt vor. Ich studiere alle unsere Medizin-Bücher an Bord und vor allem die Unterlagen des Schweizerischen Tropeninstitutes. Sind wir hier richtig betreut? Die Ärztin scheint kompetent, aber hätte sie überhaupt einen Aktivimpfstoff gegen Tollwut? Warum gab sie nicht schon beim ersten Besuch ein Antibiotikum?

Fieber bleibt über 39 °C! Um 19:00 nimmt Peter dann doch noch ein Ibuprofen, die Kopfschmerzen sind unerträglich. Ich sende das Mail an unseren Hausarzt, über Kurzwelle. Wenigstens habe ich etwas getan! Unsere Freundin von der SY Gipsy IIII hat sich nochmals nach Peters Befinden erkundigt. Um 21:00 mag Peter ein paar Cracker essen, um 22:00 schluckt er eine dritte Tablette des Antibiotikums, dann versuchen wir zu schlafen. Peter schläft unruhig. Ich auch.

Tagebuch, San Cristobal, 5.4.2013
Das Fieber ist weg! Frühstück. Peter fühlt sich klar besser. Das Bein ist weniger rot, weniger heiss, weniger geschwollen. Ich habe wieder Hoffnung. Peter schluckt das Antibiotikum wie verschrieben.

Tagebuch, San Cristobal, 7.4.2013
10 Jahre seit der Diagnose! Ich habe es wohl geschafft. Und Peter auch. Sein Bein wird besser. Nicht mehr heiss, nur noch leicht geschwollen. Wir hoffen, dass wir nach Ablauf von zehn Antibiotika-Tagen – plus 48 Stunden medikamentenfrei – in See stechen können. Wir glauben gerne, was unser Hausarzt und der amerikanische Orthopäde und Mikrochirurg von der SY Always Saturday sagen: Alles ok, du bist über den Berg!
Unser Agent besorgt uns eine Verlängerung des Visums aus medizinischen Gründen.

Tagebuch, San Cristobal, 9.4.2013
„Will you still need me, will you still feed me when I'm sixty-four".*

Wir feiern Peters Geburtstag.

---

*Lennon, John/Mc Cartney, Paul (1967): Album „Sgt. Pepper's Lonely Hearts Club Band", Parlophone

rechts:

Die Meerechse (Amblyrhynchus cristatus) lebt von Algen und Tang, welche sie im Meer tauchend abweidet. Sie kann bis zu 30 Minuten tauchen, muss sich dann aber wieder an der Sonne aufwärmen, da sie als Reptil zu den wechselwarmen Tieren gehört. Männliche Tiere werden bis zu 1.3 m lang.

Das Los der Reisenden

Darwin wurde 1835 vom Vizegouverneur auf den Galapagos darauf aufmerksam gemacht, dass die Schildkröten auf den verschiedenen Inseln sich unterscheiden. Ein erster Hinweis auf die Entwicklung der Arten.
Darwin: „Das auffallendste Merkmal in der Naturgeschichte dieses Archipels habe ich noch gar nicht erwähnt, nämlich dass die Inseln in erheblichem Masse von unterschiedlichen Lebewesen bewohnt sind."
Besonders angetan haben es Darwin die Vögel: „Das Merkwürdigste ist aber die vollkommene Abstufung der Schnabelgrösse bei den verschiedenen Arten des Geospiza (Finken) von einem, der gross ist, wie der des Kernbeissers, bis zu dem des Buchfinken (...) und selbst dem der Grasmücke."
„Ich hätte mir nicht träumen lassen, dass Inseln, die rund fünfzig bis sechzig Meilen voneinander entfernt und zumeist in Sichtweite voneinander liegen, aus genau demselben Gestein geformt, einem ganz ähnlichen Klima ausgesetzt, auf eine nahezu gleiche Höhe ansteigend, unterschiedlich bewohnt sind, doch wir werden dies bald bestätigt finden. Es ist das Los der Reisenden, erst dann zu entdecken, was an einem Ort das Interessanteste ist, wenn sie sich wieder davon aufmachen."*
Wie wahr! Das ist unser Los als Segler. Wir machen uns auf, südwestlich der Galapagos in die Passatwinde und den Äquatorialstrom zu gelangen, um die lange Reise in die Südsee zu verwirklichen. Wir rechnen mit drei bis vier Wochen auf See.

*Darwin, Charles: Journal of Researches into the Natural History and Geology of the Countries Visited During the Voyage of the H.M.S. Beagle, 1845

Gattung *Geospiza*, Darwin-Finken

Tagebuch, San Cristobal, 20.4.2013
22:15 Das Seekrankheits-Pflaster ist geklebt. Wir sind bereit. Morgen geht es los. Endlich. Die Wettervorhersage ist sehr gut. Bin gespannt. Glaube es erst, wenn alles vorbei ist. Ich rechne mit 23 Tagen. Wenn es weniger sind, um so besser. Fatu Hiva wir kommen!

> **Logbuch**
> 21.4.2013
> 09:50 Anker frei, wir sind auf dem Weg in die Südsee!
> 10:25 Kurs 220°
> 18:00 Zufrieden sehen wir, dass das in Curaçao reparierte Topplicht immer noch funktioniert, wir haben offenbar keine Obsoleszenz geplant!

Tagebuch, 21.4.2013
Heute endlich losgesegelt. Traumstart. Guter Wind von Beginn an. Fühle mich gut, aber schon heute sehr müde. Das Positive am Seelöwen-Biss ist, dass wir gezwungen waren, wegen der Behandlung der Infektion und der anschliessenden Erholung in San Cristobal zu bleiben. Unterdessen verschob sich die ITCZ (Intertropische Konvergenzzone) von Süden über den Äquator hinweg nach Norden. Das bedeutet, dass der Südost-Passat nun bis zu den Galapagos reicht und wir so mit halbem Wind aus der Wreck Bay Richtung Südwesten segeln können.

> **Logbuch**
> 22.4.2013
> 02:00 Wir holen alle Segel ein, baumen dann Genua und Fock aus. Nun segeln wir mit „Schmetterling" in starkem Weststrom und mit achterlichem Wind von 15–20 Knoten.
> Neuer Kurs: 265°
> Die ersten 200 Meilen sind geschafft; 2800 bleiben übrig. An Bord sind alle gesund, und wir freuen uns auf die bevorstehende Vollmond-Nacht auf dem Pazifik.

Tagebuch, 22.04.2013
Träume werden Wirklichkeit – Albträume manchmal auch!

Topplicht:
Licht auf der Mastspitze

geplante Obsoleszenz: Der Hersteller eines Produktes plant und produziert seine Ware bewusst so, dass sie nach einer gewissen Zeit defekt wird und nicht mehr oder nur sehr teuer repariert werden kann.

ITCZ:
Intertropical Convergence Zone, intertropische Konvergenzzone: Tiefdruckrinne in Äquatornähe, auch Doldrums oder Kalmen genannt

Schmetterling:
Segelstellung vor dem Wind mit zwei Vorsegeln, je eines an Steuerbord und Backbord

Wir segeln vor dem Wind bei geringer Wellenhöhe und zwei Knoten Strom, der uns gegen Westen mitnimmt. In der Abenddämmerung sichten wir drei Meilen entfernt einen kleinen Fischkutter; etwas später orten wir mit dem Radar einen zweiten. Die beiden fahren auf parallelem Kurs zu uns.

20:30 Plötzlich stellt Peter fest, dass die Alua nur noch zwei Knoten läuft und vom Kurs abweicht – und dies bei unveränderter Windstärke und Windrichtung. Was ist los?
Wir bergen die Segel, um das Schiff ganz zu stoppen. In der Dunkelheit entdecken wir, dass unsere Alua eine längere Leine mitschleppt. Offenbar sind wir in ein nicht markiertes Stellnetz geraten: Ein Segleralbtraum! Eine Leine hat sich um das Pendelruder der Windsteueranlage herumgelegt und dieses seitlich hochgehoben und ausgeklinkt. Mit dem Rettungsgurt gesichert auf der Badeplattform liegend, gelingt es Peter, die Leine zu fassen und zu kappen. Er hängt auch das Pendelruder wieder ein. Zum Glück ist nichts gebrochen. Nach einer Stunde können wir wieder Segel setzen.
Noch in der gleichen Nacht erreichen uns Squalls und halten uns weiter auf Trab und vom nötigen Schlaf ab.

Am folgenden Tag erfahren wir über unser Funknetz, was andern Schiffen zur Zeit widerfährt: Eine Yacht meldet einen Riss im Grosssegel, der repariert werden muss; eine weitere Yacht kreuzt gegen den Wind zurück auf die Galapagos, um dort den defekten Autopiloten zu ersetzen; eine dritte Yacht meldet Wassereinbruch im Motorraum durch ein gebrochenes Seeventil. Da war unser Zwischenfall ja Peanuts. Mit über sechs Knoten segeln wir weiter mit Passat aus Südsüdost.
In der zweiten Nachthälfte rollt der Mond jeweils vor uns einen silbernen Teppich aus, auf dem wir westwärts ziehen.

Windsteueranlage: mechanischer „Autopilot", hält das Schiff im richtigen Winkel zur Windrichtung auf Kurs
s. Seite 106

Autopilot: automatische, programmierbare Steuerungsanlage

Zinkanode: Zinkmetall-Teil aussen am Rumpf zum Schutz gegen elektrochemische Korrosion

Logbuch
23.4.2013
09:30 Wir finden heraus, dass von der Leine, die wir gestern in der Windsteuerung hatten, noch ein Stück am Rumpf hängt, vermutlich an einer Zinkanode. Sie treibt bis hinters Heck. Peter hat keine Lust, bei diesen Wellen unters Boot zu tauchen; es gelingt ihm aber, die Leine von der Badeplattform aus zu fassen. Wir ziehen sie seitwärts am Rumpf hoch und verknoten sie an der Reling.

Logbuch
24.4.2013
10:25 Peter hat Kopfschmerzen, nimmt ein Schmerzmittel.
14:30 Peter nimmt ein Mittel gegen Seekrankheit, legt sich wieder hin.
17:30 Peter steht auf, fühlt sich leicht besser.

Tagebuch, 24.4.2013
Heute ganz angenehmes Segeln, wenig Segelarbeit, vielleicht, weil sich Peter eher krank als fit fühlt und darum zufrieden ist mit dem Kurs, den wir fahren.
Ich fühle mich ordentlich, lese im Salon und denke an den 24.4. vor 10 Jahren. Es kommt mir vor, als wär's gestern gewesen, aber dann realisiere ich, dass ich 10 Jahre gebraucht habe, um wieder gesund zu werden. Glaubte damals, dass ich keine 10 Jahre mehr bekäme.
Nun habe ich also überlebt.

Logbuch
27.4.2013
17:00 30–50 Delfine schwimmen um uns und mit uns.
21:45 Echolot zeigt nur noch 20 m Tiefe – ein riesiger Fischschwarm erzeugt einen Fake-Alarm.
29.4.2013
13:45 Squalls rundum, wir rollen stark. Peter schläft in der Mittelkabine, da achtern zu viel Bewegung im Schiff ist.

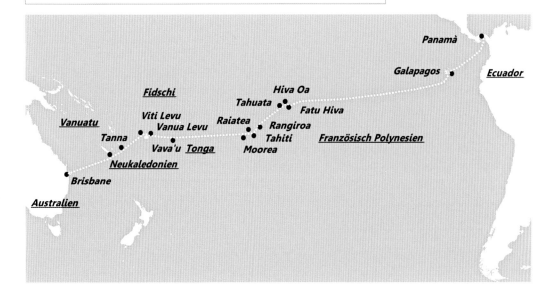

Das Los der Reisenden

> **Logbuch**
> 1.5.2013
> Fast ununterbrochen Regen, alles Grau in Grau.
> 12:45 Peter versucht nochmal ein wenig zu schlafen, legt sich in den Mittelgang, vielleicht schaukelt es dort weniger. Die Schaukelei schlaucht ganz „schön"; wir haben beide seit gestern kaum geschlafen, höchstens mal einige Minuten gedöst.
> Den „Stillen Ozean" haben wir uns anders vorgestellt.

Tagebuch, 2.5.2013
Position: 6°16' S; 110°00' W, Kurs über Grund 265° Die Squalls und Regenschauer der letzten beiden Tage und Nächte sind vorbei; sie gingen uns ganz schön auf den Wecker bzw. hielten uns vom Schlafen ab wie ein Wecker. Hin und Her und Her und Hin rollt unsere Alua, wir rollen mit. Das Rollen ist die typische Bewegung eines Segelbootes, wenn es auf Vorwindkurs fährt. Wir freuen uns immerhin darüber, dass es vorwärts geht.

Tagebuch, 6.5.2013
Mitternacht: Du stehst hinter dem Steuerrad deines Segelbootes, aber du steuerst nicht. Das übernimmt die Windsteueranlage; sie kann das besser als du, braucht keine Energie und ermüdet nie. Du schaust auf die endlose Wasserfläche und hast das Gefühl, dass dir eine Dimension abhanden gekommen ist. Du segelst mit deinem Schiff auf dieser blauen Scheibe, einer Linie folgend, die nur auf der Seekarte sichtbar wird. Du bist stets der Mittelpunkt dieser Scheibe und erreichst den Rand der Scheibe nie. Dort, gegen das Ende dieser sichtbaren Welt, rücken die weissen Schaumkronen der Wellen immer näher zusammen, und die Scheibe verliert ihre blaue Farbe.
Nachts, wenn die Wolken Mond und Sterne von dir fernhalten, starrst du jede Viertelstunde auf deinen Radarschirm. Er zeigt dir die blaue Scheibe des Tages, jetzt in die Senkrechte gekippt. Ein kleines Kreuz markiert dein Schiff; auch hier bleibst du immer im Zentrum.
Auf der Seekarte hast du eine Linie gezogen von den Galapagos zu den Marquesas. Deine Aufgabe ist es, ungefähr dieser Geraden entlang zu segeln und dabei Wind, Wellen und Strömung so einzubeziehen, dass du irgendwann dein Ziel erreichst. Dann wird die Scheibe plötzlich einen neuen Mittelpunkt haben: Fatu Hiva! Und du wirst nach drei Wochen auf See zurückschauen auf diese Gerade von 3000 Seemeilen und dir bewusst werden, dass du erst die Hälfte dieser gewaltigen Wasserfläche, die man Pazifik nennt, durchquert hast.

Pazifik:
Der Pazifische Ozean ist der grösste und tiefste Ozean der Erde. 1520 erreicht Ferdinand Magellan auf seiner Weltumsegelung den Pazifik (auch Stiller Ozean oder Grosser Ozean). Nach den häufigen Stürmen, die er schon erlebt hatte, erschien ihm das Meer friedlich und er nannte es Mar Pacifico (Portugiesisch und Spanisch für Friedliche See).

Wenn du den Mittelpunkt des Pazifiks ins Zentrum deines Blickfeldes rückst, erkennst du die Ausmasse dieser Wasserfläche. Gut, dass einige Inseln auftauchen, die dir jeweils für kurze Zeit als Mittelpunkt deines begrenzten Horizontes dienen können.

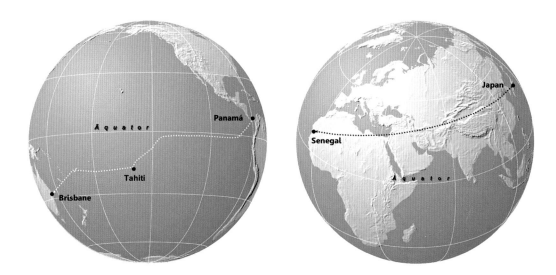

Pazifik-Dimensionen:

Die Strecke Panama-Australien entspricht etwa der Strecke Japan-Senegal.

Tagebuch, 7.5.2013
19:15 Noch 800 Meilen bis Fatu Hiva. Seit drei Tagen und Nächten segeln wir mit dem Spinnaker. Wir gleiten ruhig, ohne grosses Rollen durch sanfte Dünung – traumhaft! Wunderschönes Wetter, gemütliche Stunden mit Peter – wenn wir nicht gerade mit dem Spinnaker beschäftigt sind.

Tagebuch, 8.5.2013
Über Kurzwellen-Mail erreicht uns eine sehr traurige Nachricht: Unser lieber Freund Fritz, mit dem wir 2007 durch den Biskaya-Sturm Richtung Süden segelten, ist nicht mehr unter uns. Mit seiner humorvollen Geschichte über die Blaufusstölpel von Galapagos wird er auch unseren Lesern in Erinnerung bleiben.

Bei Langeweile: Übung mit dem Sextanten (Positionsbestimmung mit Hilfe der Sonne)

Tagebuch, 10.5.2013
Noch 500 Seemeilen
Im Seegebiet zwischen Osterinsel und Gambier Inseln liegt ein umfangreiches Tief, welches den dort kreuzenden Booten Starkwind und Wellen bis 5 m bringt. Wir hier, näher beim Äquator, werden verschont, bekommen aber einen 2–3 m hohen Schwell aus Süden ab, der überlagert wird von den Wellen des uns vorwärts treibenden Südost-Passats. Die ganze Nacht leiden wir unter einer elenden Schaukelei bei nur schwachem Wind. Wo bleiben die vom Meteorolügen versprochenen 5 Bft?
Peter ist sauer, weil Nelly den Spinnaker, der uns in der Schwachwindphase der vergangenen fünf Tage vorwärts trug, einholen will. Aber des Admirals Wort ist dem Kapitän Gesetz ...

In der morgendlichen Funkrunde des Beagle-Netzes erfährt Peter, dass andere Schiffe in der Nacht von starken Squalls getroffen wurden. Auf der SY Sweet Surrender wurde der Spinnaker zerfetzt, auf der SY Full Monty geriet eine ins Wasser gefallene Spinnaker-Schot in die Schraube.
Peter ist nicht mehr sauer.

> **Logbuch**
> 13.5.2013
> 05:15 Winde aus Regenschauern treiben uns südwärts. Mit dieser Segelstellung haben wir nur beschränkte Möglichkeit, mit der Windsteuerung zu korrigieren.
> 22:00 Wir sind zu schnell!!!
> Bei diesem Tempo würden wir in der Nacht in Fatu Hiva ankommen; Fock streichen und Genua reffen! Noch 40 Seemeilen … wieder eine äusserst unruhige Nacht.

Tagebuch 14.5.2013
04:50 Meine letzte Wache. Schlafen konnte ich nicht, dafür rüttelt und rollt es viel zu stark. Ich werde es auch so schaffen, hoffe, dass mir kein Fehler unterläuft.
Nun sind es noch 17 Meilen. Wir müssen die Genua noch mehr reffen, damit wir nur noch ca. 4 Knoten fahren, wir können und wollen nicht in der Dunkelheit ankommen. Aber hell wird es erst um ca. 06:30.

> **Logbuch**
> 14.5.2013
> 05:30 Radar zeigt Land in 6 Seemeilen, Wind 30 kn

> 08:40 Wir werden von den vor uns angekommenen Crews des Beagle-Netzes mit Winken, Rufen und Hupen in der Baie des Vierges willkommen geheissen – was für ein Empfang!
> 09:30 Anker fest in schwarzem Sand.
> Manche bezeichnen diese Bucht als die schönste der Welt. Ein Traum ist in Erfüllung gegangen. Wir feiern mit einem Glas Champagner und legen uns erst mal schlafen.

Mail an alle Besatzungen des Beagle-Netzes, 14.5.2013
Einige von Euch lernten wir auf den Galapagos kennen, von anderen kennen wir nur die Stimme. Aber Ihr alle seid Teil einer aussergewöhnlichen Zeit unseres Lebens – der 3000 Seemeilen langen Überfahrt von den Galapagos nach Französisch-Polynesien.

Wir trafen uns jeden Morgen auf Kurzwelle 8155 kHz, um uns unsere Positionen mitzuteilen, um über Probleme und Höhepunkte unserer Tage auf See zu berichten: gebrochene Rippen oder ein grosser Thunfisch am Haken.

Danke Euch allen, dass Ihr da wart und dieses Once-in-a-Lifetime-Erlebnis, die Segelreise in die Südsee, mit uns geteilt habt. Ein besonderer Dank geht an die SY Sweet Surrender, die das Netz startete und an alle Net-Controller, welche die Bande zusammenhielten.

Hanavave, Fatu Hiva

Landfall im Paradies

Der Pazifik bedeckt 28 % der Erdoberfläche, rund 2.5 Millionen Menschen leben auf den 25'000 Inseln, die verstreut in diesem grossen Meer liegen. Und auf einer dieser 25'000 Inseln sind wir heute, am 14. Mai 2013, angekommen: in Fatu Hiva auf den Marquesas. Nach 23 Tagen und 3085 Seemeilen nonstop auf See liegt nun Land in Schwimmweite, haben wir Boden unter den Füssen, was für ein Gefühl. Vorbei sind die Tage und die langen Nächte, in denen nichts als Wasser uns umgab, vorbei die Zeit, in der sich unser Leben auf knapp 20 m^2 abspielte, abspielen musste.

Wie unterschiedlich nehmen wir doch die Dinge wahr: Für Peter war es toller Speed, Nelly verschlug es den Atem, wenn die Alua die Wellen runtersurfte und sich mitreissen liess von Strom und Wind. Peter zermürbten die wenigen Stunden der Flaute, während Nelly diese Momente der Ruhe genoss.

War es nun beklemmend eng in der endlosen Weite des Meeres oder befreiend weit in der Enge des Bootes? Haben wir uns einfach auf das Wesentliche konzentriert? Brauchen wir mehr als Essen und Trinken, Schlafen, Lesen, Reden? Werden wir sie vermissen, die wackelige Zeit, in der uns Wind und Wellen gnadenlos hin und her warfen?

Was wird uns bleiben als Erinnerung an die Nächte, in denen wir ins unendliche Sternenmeer blickten, uns fragten, ob das Licht am Horizont ein Stern oder ein anderes Schiff sei? Wie war das in den Nächten, in denen der taghelle Vollmond wetteiferte mit der abgrundtiefen Schwärze der 4000 m Wasser unter uns? Werden wir je wieder erleben, wie Delfine neben unserem Schiff Luftsprünge machen, als böten sie uns eine Zirkusshow? Werden wir sie vergessen die langen Stunden, in denen der Wind nicht so wollte wie wir? Die angstvollen Minuten, als die Alua aufstoppte und das Ruder der Windsteuerung gefesselt in einem Fischernetz blockiert war? Werden wir daraus unser Seemannsgarn spinnen? Werden wir das Dröhnen und Tosen der Squalls, die sich hinter uns auftürmten und über uns hinwegbrausten, wieder vergessen?

Nun liegen wir also in der Südsee vor Anker; in der schönsten Bucht der Welt mit dem schönen Namen „Baie de Vierges" – Bucht der Jungfrauen. Ursprünglich hiess die Bucht mal „Baie des Verges", was philologisch korrekt mit „Bucht der männlichen Glieder" zu übersetzen wäre. Den Missionaren ist es aber auch hier geschickt gelungen, in ihrem christlichen Eifer Aufrechtes und Starkes nach unten zu biegen, indem sie in den ursprünglichen Namen ein „i" einfügten. Diese Wandlung von „Bucht der männlichen Glieder" zu „Bucht der Jungfrauen" erscheint uns zumindest bemerkenswert – vielleicht sogar ein kleines Wunder.

Honny soit qui mal y pense!*

*Übersetzung: Seiten 216–217

Die „Jungfrauen"

Blinder Passagier in Fatu Hiva

Ja, und was machen wir in der schönsten Bucht der Welt? Gleich am ersten Abend trifft sich der „harte Kern" des Beagle-Netzes auf der SY Sweet Surrender zum Sun-Downer. Da sehen wir einige Crews zum ersten Mal, deren Stimmen uns nach drei Wochen Funkverkehr vertraut und lieb geworden sind. Alle sind sich einig: Ein Honigschlecken war diese dreiwöchige Passage nicht. Schwell aus Süden wurde überlagert von den Wellen des Passats, und es bildete sich ein konfuses Wellenbild, das die Boote immer wieder seitlich traf und schüttelte.

Am nächsten Morgen beschliessen wir, die Bettwäsche zu wechseln und bei dieser Gelegenheit den unter den Kojen liegenden Ruderquadranten zu kontrollieren. Dabei machen wir die wenig erspriessliche Entdeckung, dass von irgendwoher Salzwasser eingedrungen ist. Nach einer Stunde ist das Leck anhand von Salzspuren identifiziert. Das Wasser musste durch die Entlüftungsöffnung der Backskiste vom Heck her durch hohe Wellen von achtern hineingedrückt worden sein. Dann konnte es in aller Ruhe entlang der Gasleitung ins Innere sickern. Die Entlüftungsöffnung dient dazu, allfällig aus der in der Backskiste festgezurrten Gasflasche austretendes Gas nach aussen entweichen zu lassen, bevor es knallt. Nun wird also die Backskiste leergeräumt und dazu muss die Gasleitung von der Flasche getrennt werden, was den Einsatz eines Gabelschlüssels erfordert. Nelly macht sich auf den Weg, das Werkzeug zu holen, als plötzlich ein markerschütternder Schrei die Alua und den Skipper erbeben lassen. Letzterer eilt herbei und findet Nelly auf der Treppe sitzend, die Füsse hochgezogen und auf den Kasten im Salon zeigend:
„EINE RATTE !!!!!!!!!!!!!!"

Nun ist guter Rat teuer. Zuerst mal schliessen wir die Kastentüre und die Ratte ist gefangen – HA!
Wie aber sollen wir sie da erwischen, ohne dass sie auf Nimmerwiedersehen irgendwo im Rumpf entwischt? Wir beschliessen, das unerwünschte Tierchen in situ zu betäuben und versuchen es mit Aceton, welches wir durch die kleine Öffnung des Kastenverschlusses einführen. Nun bauen wir vor dem Kasten eine Barrikade und öffnen vorsichtig die Türe, um den Erfolg der Narkose zu testen. Ergebnis: Aceton eignet sich nicht zur Narkotisierung einer Ratte.

Backskiste:
Stauraum, Truhe

Alkohol? Den müssten wir ihr wohl peroral verabreichen.

Als wir unser Giftarsenal durchstöbern, finden wir einen „Profi Sprühreiniger" („spezialisiert für den professionellen Einsatz in Industrie und Montage …"). Unter „Sicherheitshinweise" steht geschrieben: „Dämpfe können Schläfrigkeit und Benommenheit verursachen." Damit gelingt die Narkose, und der Exitus tritt wenig später durch Atemstillstand ein.

Wo und wie die Ratte an Bord kam, können wir nur vermuten; wir tippen auf San Cristobal und darauf, dass wir sie mit einer Tasche frisch gewaschener Wäsche aus der Wäscherei mitgebracht hatten. Folglich musste es sich um die auf den Galapagos endemische Galapagos-Reisratte *(Nesoryzomys)* handeln, sie war nun als einzige ihrer Art für kurze Zeit auf der Alua endemisch gewesen.

Wohl vollbracht ist dieses nun, der Skipper kann was anderes tun.

Er dichtet nun den Durchgang der Gasleitung ab, und Nelly reinigt und trocknet sorgfältig die nassen Stellen im Schiff. Unterdessen hat der Wind in der Bucht so zugelegt, dass es angebracht scheint, die Navigation einzuschalten, um die Ankerposition mit dem Schwojkreis zu vergleichen. Doch – Schreck lass nach! – die Seekarte erscheint auf dem Bildschirm um 90° gedreht, und so sitzen wir nun buchstäblich mit hängenden Köpfen da, um unsere Position zu checken. Offenbar haben wir in der Ratten-Hysterie irgendwas auf die Tastatur des Computers gelegt und mit einer geheimen Tastenkombination diese Drehung ausgelöst. Nach einer Stunde im Trial-and-Error-Verfahren, weil das Hilfe-Programm dieses Problem „noch nie hatte", haben wir auch dies wieder im Griff.

> Schwojkreis: Kreis, den das Schiff beim Schwojen beschreibt.

Damit ist der zweite Tag in der schönsten Bucht der Welt Geschichte, und wir legen uns bald nach Einbruch der Nacht erschöpft in die frisch gemachten Betten.

In der Nacht kommt starker Wind auf, der in Böen 42 kn (Windstärke 9) erreicht. Der Anker hält ohne zu mucken, aber in den Böen schwojt die Alua mehrfach gefährlich nahe an die beinahe senkrechten Felsen der engen Bucht.

Sleepless in Hanavave.

Ia Orana e Maeva!

Das Schönste hier in der Südsee sind für uns die einheimischen Menschen. Die Polynesier sind von einer Herzlichkeit, Fröhlichkeit und Gastfreundschaft, dass es für uns Europäer beschämend ist, nach allem, was wir ihnen als Kolonialherren, Missionare und mit Atombombentests angetan haben.

Hier wird man auch nicht beklaut oder übers Ohr gehauen wie in anderen bekannten Segelrevieren dieser Erde. Hier werden Fremde beschenkt, eingeladen und gefragt, ob sie im Auto ein Stück mitfahren wollen. Und wunderbar ist die Musik. Insofern sind wir dem Paradies nahe (auch wenn die Ukulele gegen eine Harfe eingetauscht werden müsste).

Gleich am zweiten Abend in Hanavave werden wir zu einem Treffen zwischen den Bewohnern von Hanavave und ihren Gästen aus Tahuata, einer kleinen Insel bei Hiva Oa, eingeladen. Vor der Kirche sind auf einem Rasenplatz im Kreis Holzbänke aufgestellt und Einheimische fordern uns auf, uns zu ihnen zu setzen.

Nach Einbruch der Dunkelheit tritt unvermittelt ein Mann mit Gitarre in den weiten Kreis und stimmt ein Lied an. Die Inbrunst, mit der gesungen wird, und die melodiöse Sanftheit der Lieder fahren uns ins Herz und rühren uns zu Tränen. Kleine Gruppen von Schauspielern treten auf und karikieren die verschiedenen nationalen Eigenheiten von Touristen. Das Publikum kugelt sich vor Lachen, was so ansteckend wirkt, dass auch wir mitlachen, obwohl wir kein Polynesisch verstehen. Immerhin können wir dem Thema folgen und mithalten, als die Amerikaner aufs Korn genommen werden und Schauspieler und Publikum zusammen „My Bonny Lies Over the Ocean" singen.

Ebenso gern lachen die Polynesier aber auch über sich selbst, und wir tun gut daran, dies zu lernen.

Ia orana e Maeva!: Sei gegrüsst und willkommen!

(Ia orana wörtlich: Lass Leben sein!)

Was für ein Vergnügen, nach 3 Wochen auf See mal wieder in Süsswasser zu baden.

Picknick mit Folgen

Cook it, peel it or leave it* – das ist die Devise für das Essen in fremden Ländern. Daran halten wir uns weitgehend und am Ende unserer Reise werden wir sagen können, dass uns die Rache des Montezuma nur ein einziges Mal erwischt hat. Allerdings kann Essen mit Einheimischen auch ganz andere Folgen haben.

*Übersetzung: Seiten 216–217

Vor dem Volksfest am Pfingstsamstag sprechen wir an der Mole mit Einheimischen von Hanavave. Marie, Charonne und Jeanmarc laden uns für den folgenden Tag zu ihrem Pfingstpicknick ein.
Pfingst-Sonntag: Es giesst aus Kübeln, wir gehen in die Kirche; die Stimmgewalt der Einheimischen ist überwältigend. Auch hier wird gelacht, Gitarre gespielt und getrommelt.
Ihr Glaube scheint tief; die Missionare haben ganze Arbeit geleistet. War es zu Gotthelfs Zeiten bei uns auch so?
Weil es immer noch regnet, geht's zum Picknick nicht auf die grüne Wiese, sondern unter die überhängenden Felsen am Strand, die wir kraxelnd erreichen – sehr idyllisch.
Die Frauen bringen grosse Schüsseln mit Teigwaren, russischem Salat, eingelegten Bananen und rohem Thunfisch, eingelegt in Zitronensaft und Kokosmilch – köstlich!
Frauen und Männer setzen sich getrennt, die Männer braten Fleisch auf einem Feuer aus Kokosnuss-Schalen und servieren uns Frauen und den Kindern. Erst danach essen die Männer. Die Frauen rauchen viel, stürzen sich auch auf den Wein, den wir beisteuern.
Das Geschirr waschen wir unten auf den Felsen im Meerwasser und dabei rutsche ich aus, stütze mich mit der linken Hand ab und spüre einen stechenden Schmerz. Am Wein kann's nicht gelegen haben, denn wir tranken beide nur ein Schlückchen ...

Zum Glück haben wir seit den Galapagos immer unseren persönlichen orthopädischen Chirurgen von der SY Always Saturday in Funkweite. Also ran ans Funkgerät und dann rein ins Dinghy und rüber zur SY Always Saturday. Der Arzt stellt die Diagnose: Bruch der Speiche und schient meinen Arm mit Bordmitteln, damit der Arm geschützt ist, bis wir Hiva Oa erreichen, wo es eine Krankenstation mit Röntgengerät geben soll.
Another day in paradise.

Tiki Takaii
Tiki heisst auf Polynesisch: Mensch. Und der Armhaltung nach sind die Tikis Menschen mit gebrochenem Arm.

Tagebuch 25.5.2013
Abfahrt in Fatu Hiva bei sintflutartigen Regenfällen und Böen. Ankunft in der Bucht von Atuona kurz vor der Dämmerung. Hier regnet es zwar auch, aber bis jetzt keine Böen.
Wir liegen an Bug- und Heckanker und hoffen auf eine Nacht mit Schlaf.

28.5. Wir gehen ins Centre Médical zum Röntgen. Alle sind äusserst nett und kosten tut es nichts. Der Arzt sieht aber auch nichts – vor allem keinen Bruch.
Zurück auf der Alua zeigen wir die Bilder unserem Freund von der SY Always Saturday. Er wiederum sieht klar einen Bruch und ist entsetzt, dass sich der Arzt die Hand nicht genauer angesehen, ja nicht mal abgetastet hat. Er bezeichnet das eine Bild als unbrauchbar, weil aus falschem Winkel aufgenommen, und empfiehlt uns dringend eine Fixation – sei bei Frauen meines Alters (huch!) wichtig, um später Komplikationen zu vermeiden.

29.5. Wieder im Spital verlangen wir eine weitere Röntgenaufnahme aus anderem Winkel. Wieder sagt der Arzt, er sehe nichts, aber er sende das Bild noch nach Papeete zum Spezialisten.
Wir schlagen vor, er könne uns auch einfach das Material geben, unser Freund würde den Arm dann eingipsen. Da wird der Monsieur le Docteur aber richtig sauer: „ICH entscheide, ob es gebrochen ist und ob es eine Fixation braucht oder nicht."
Das Problem löst sich aber wie so oft von selbst: Die einzige kleine Packung Gips, welche die Apotheke noch hat, reicht nicht für den Unterarm.

Doktor-Stein oder Doktor Stein?

30.5. Erneuter Arztbesuch im Centre Médical. Ich bin die einzige Patientin. Eigentlich ist die Sprechstunde vorbei, trotzdem nimmt der Arzt uns dran – und erklärt, dass auch der Spezialist in Papeete nicht ganz sicher sei. Um Klarheit zu haben, solle ich doch selber nach Papeete fliegen und ein MRI machen! Kosten für einen Retourflug: 600 Euro pro Person.
Anschliessend unterhalten wir uns bestens über seine Segelerlebnisse und erhalten nichtmedizinische Tipps über Tahiti. Er offeriert, dass er uns eine flexible Fixation verschreiben könne und uns mit dem Auto zurück in die Bucht fahren wolle.
Ich freue mich, denn der Stützhandschuh ist zum Duschen abnehmbar und nicht so hinderlich wie ein Gips. Damit segeln wir weiter in die Bucht von Hanamenu. Einen Flug nach Papeete sparen wir uns.

Léo von Hanamenu

Dank Heckanker verbringen wir eine recht ruhige Nacht und starten früh am Morgen einen Landgang mit unseren Freunden von der SY Always Saturday. Kein Dinghy-Steg, anlanden wie mit dem Surfbrett, eine Welle überspült uns, platschnass gehen wir auf Spaziergang – das ist Segleralltag. Hübsche Häuser, kein Mensch zu sehen. Es ist Sonntag; sind sie alle in der Kirche? Aber wo ist die Kirche?
Später finden wir eine natürliche Badewanne in Lavagestein mit kühlem Quellwasser – traumhaft schön.
Anfang Nachmittag erscheint Leo wie aus dem Nichts. Die kleine Siedlung ist nicht mehr dauernd bewohnt, aber die Besitzer kommen regelmässig mit dem Boot 10 Seemeilen von Atuona her, pflegen ihre Häuser und Gärten und alles sieht aus, wie wenn jeden Tag jemand das Laub rechen, die Hecke schneiden und neue Bananenstauden pflanzen würde.

Leo ist Fischer und Jäger, und er fährt auch Wassertaxi, wenn Notfälle sind: von Hiva Oa nach Fatu Hiva braucht er mit seinem Fischerboot drei Stunden, dafür bekommt er 50'000 polynesische Francs, d.h. 500 USD. Bezahlt wird ein solcher Not-Transport von der französischen Regierung.
Nach einem kurzen Geplauder bietet er uns Bananen und Grapefruits aus seinem Garten an, hilft uns beim Pflücken der köstlichen Marquesas-Pampelmusen und fällt für uns mit kräftigen Machetenschlägen zwei Bananenstauden. Er will partout nichts dafür annehmen und sein Kommentar lautet einfach: „Wir können nicht alles essen, und es verrottet nur."
Ist uns so was schon mal in der Schweiz passiert? Da schütteten doch früher die Bauern im Wallis die Tomaten und Aprikosen lieber in die Rhone, als sie zu verschenken oder zu günstigen Preisen zu verkaufen, wenn die Ernte zu gross war. Ist die Ernte zu klein, verlangen sie Subventionen …

Gegen Abend geht Leo mit zwei Freunden auf die Jagd nach wilden Ziegen und um 21 Uhr hören wir auf der Alua Stimmen aus der Dunkelheit. Da bringen sie uns ein Stück Ziege. Jetzt können wir uns wenigstens mit einer Flasche Wein bedanken, und schon verschwinden die drei in ihrer kleinen Piroge wieder in der Schwärze der mondlosen Nacht. Und Peter macht sich mit dem grossen Messer auf dem Achterdeck dran, das blutige Ziegenstück in grilltaugliche Happen zu zerteilen.

Piroge
Als Pirogen werden Einbäume bezeichnet, deren Seiten mit Holzplanken erhöht sind. Oft sind sie mit einem Ausleger versehen.

Tagebuch, 3.6.2013
Heute ist Nellys Geburtstag. Wir nutzen den Morgen, um nach fünf stressigen Wochen endlich mal wieder intensive Körperpflege zu betreiben. Dann funkt die SY Larka und schlägt vor, am Strand beim Süsswasserpool ein Feuer zu machen und die Ziege von gestern zu braten. Natürlich sind wir dabei. SY Sweet Surrender und SY Always Saturday sind auch mit von der Partie, und es wird ein äusserst gemütlicher „Robinson-mässiger" Nachmittag.
Romantik pur. Ich fühle mich in meine Kindheit versetzt, sammle Palmenholz fürs Feuer und geniesse den Natur-Pool. Die Ziege schmeckt gut, ist aber etwas zäh. Vielleicht haben wir sie falsch geschnitten, vielleicht war sie schon ein bisschen alt.

Tagebuch, 4.6.2013
Hiva Oa, Hanamenu. Die gestrige Geburtstags-Grill-Party hat gesundheitliche Folgen der besonderen Art: Hunderte von Nono-Bissen hielten mich wach letzte Nacht. Meine Oberarme und die Beine sind komplett übersät mit kleinen Bissen.
Nonos gehören zu den Sandfliegen. Sie beissen und saugen Blut, sie haben keinen Stachel. Sie sind sehr klein, die kleinsten können sogar durch Moskitonetze schlüpfen. Sie leben im Brackwasser und auch in Frischwasserpools! Dabei war ich so gut eingesprayt, aber gegen Nonos hilft eben nur ölige Schmiere! Einzige Linderung bringt ein Schmerzmittel, wirkt je etwa zwei Stunden. „Nie mehr Picknick in kurzen Ärmeln und kurzen Hosen", schwöre ich.
Einige Inseln der Marquesas sind berüchtigt für Nonos. In Tahiti seien sie besiegt und ausgerottet, sagt unser Buch. Hoffen wir, dass es stimmt – also auf Richtung Gesellschaftsinseln – dazwischen liegen aber noch die Tuamotus.
Kurzer Schlag nach Tahuata. Dort auf den ersten Blick sauberes Wasser. Peter will ja noch den Rumpf reinigen und die Fischernetz-Leine vom Unterwasser-Schiff lösen. Schwärme von kleinen Quallen lassen ihn aber rasch wieder die Badeleiter hochklettern. Zweiter Versuch am nächsten Tag, diesmal mit Ski-Unterwäsche geschützt und mit Freediver.
Den ganzen Nachmittag verbringe ich damit, meine juckenden Arme und Beine abwechslungsweise mit Essig und einer Lösung aus Gin und Nooni, einer hiesigen Allerweltsheilpflanze, einzureiben.
Seit drei Wochen sind wir nun auf den Marquesas. In dieser Zeit hatten wir genau einen einzigen Tag mit blauem Himmel und ohne Regen. Dieser Tag war mein Geburtstag, der mit den Nono-Bissen.

In Hiva Oa schliesst sich ein Kreis in Peters Leben: Mit zehn Jahren las er mit Begeisterung die Story der „Kontiki"*, was seine Sehnsucht nach der Südsee begründete, und nun besuchen wir gemeinsam dieselben Inseln wie Thor Heyerdahl: Fatu Hiva und Hiva Oa. Als Nächstes werden wir die Tuamotus anlaufen, wo Heyerdahl und seine Freunde damals mit ihrem Floss „Kontiki" auf einem Riff strandeten, hoffen aber, es ihnen nicht gleich zu tun.

Tagebuch, 10.6.2013
Die Fahrt zu den Tuamotus verläuft nach gewohntem Muster: zu wenig Wind, um unsere Segel zu füllen, für Peter nervtötend. Mir sind die zwei Knoten Fahrt und die ruhige See allerdings lieber als Starkwind. Aber natürlich ändert sich der Wind von „herrliches Segeln" bis zu „oh, diese verdammten Squalls…!".
Nun hat auch Peter den Rücken voller Nono-Bisse!
Die Reaktion kann bis zu 24 Stunden nach dem Biss auftreten und das Jucken kann bis zu zwei Wochen dauern. Eine Woche habe ich also hinter mir. Da habe ich mir in meiner natürlichen Südsee-Badewanne ganz schön was eingebrockt. Aber warum es bei Peter erst nach einer Woche zu den erhabenen Stellen kam? Und bei ihm nur am Rücken? Sind die Biester etwa in unserem Schiff? Wir beziehen die Betten neu und räuchern das Schiff mit einem Insektizid.

Tagebuch, 11.6.2013
Eine weitere schlaflose Nacht, ein Squall jagt den andern, zwischen 25 und 30 Knoten, und wir hart am Wind. Dabei wollte Peter gestern Abend nicht mal reffen, es laufe doch endlich gut, meint er! Nur widerwillig gibt er nach, ist aber schon um 22 Uhr froh, dass wir es getan haben, und um Mitternacht, ja da reffen wir dann sogar noch mehr. Erst um 04:00 Uhr sehen wir ein, dass es unmöglich ist, bei diesem Südwind – der nicht angesagt war und eigentlich maximal 20 kn Südost hätte sein sollen – den Kurs nach Kauehi halten zu können.
Wir gehen auf Halbwind-Kurs, neues Ziel Manihi oder Ave. Im Verlauf des Morgens findet Peter heraus, dass beide Atolle für uns nicht in Frage kommen, weil wir zu viel Tiefgang haben. Darum jetzt wieder das ursprüngliche Ziel, nämlich Rangiroa. Dort ist auch ein Arzt für meine Nono-Ausschläge.
Wellen, Schwell, Schaumkronen und nach wie vor in der Stärke stark wechselnde Winde. Dutzende von Squalls machen die Fahrt nicht gerade zum Vergnügen, aber besser als der Hart-am-Wind-Kurs ist es allemal. Im Verlaufe des Nachmittags Wind etwas abnehmend.

hart am Wind: Kurs mit dem kleinstmöglichen Winkel zum Wind

*Heyerdahl, Thor, Kontiki, 1948

Atoll:
Ringförmiges Korallenriff, das eine Lagune umschliesst

Tagebuch, 14.06.2013

Wir werfen Anker in Rangiroa, das ist ein Atoll, das zur Inselgruppe der Tuamotus gehört.

Wir liegen hier wunderbar geschützt vom offenen Meer. Türkisfarbenes Wasser, weisser Korallensand, Papageienfische direkt unter der Alua. Hier liegt das Boot endlich mal ruhig, wir können uns ein wenig erholen und werden entschädigt für die harte Überfahrt. Jeden Abend verzaubert die untergehende Sonne die Passatwölkchen mit einem Farbenspiel, wie wir es noch nie gesehen haben.

Wir sind begeistert.

Aber anstatt Schnorcheln zu gehen ... Arztbesuch!

Die Ärztin tippt auf Spinnenbisse. Weiss sie nichts von Nonos? Doch, aber sie erkennt auch rote Flecken, die nicht von Nonos stammen. Da müsse noch was anderes gewesen sein!

Ihre Medikamente (Cortison und Antihistaminikum, beide zusammen unter 10.— CHF) wirken Wunder (oder sind jetzt sowieso 14 Tage um?). Nach vier Tagen Behandlung bin ich von der Seglerin mit eingebundenen Händen wieder zur Einhandseglerin avanciert (mein linker Arm ist ja immer noch in der Stützbandage).

Rangiroa ist das zweitgrösste Korallenatoll der Welt mit einer Länge von 80 km und einer maximalen Breite von 45 km. Das ergibt eine Wasserfläche im Innern von ca. 1640 km^2. Der Bodensee hat im Vergleich dazu eine Fläche von 536 km^2. Auf kleinen Abschnitten des Riffs hat sich Korallensand abgelagert und Inselchen haben sich gebildet; ein solches Inselchen nennt man „Motu". Das Dorf, vor dem wir liegen, ist auf mehreren kleinen, mit Brücken verbundenen Motus gebaut, im Ganzen acht Meilen lang und 200 m breit. 2000 Menschen wohnen hier entlang einer Strasse mit zwei Häuserreihen links und rechts. Auf der einen Seite die Brandung des Pazifiks auf der anderen die ruhige Lagune.

Die Atolle der Tuamotus sind berühmt für ihre schwarzen Perlen. Spezialisten führen kleine Körnchen in die Austern ein, dann werden die Austern drei Jahre lang in Netzen in der Lagune gehalten, bis die Perlen „geerntet" werden können. In Rangiroa besitzt die Perlenfarm zur Zeit zwei Millionen „brütende" Austern.

Ich darf als verspätetes Geburtstags-Geschenk selbst eine Perle aus einer Auster herauslösen. Kurz darauf ist sie in einen Ohrring eingefügt und ziert mein Ohr.

rechts:
Ankerplatz im Atoll von Rangiroa

Wolken

Zeigt mir in der weiten Welt den Mann, der die Wolken besser kennt und mehr lieb hat als ich! Oder zeigt mir das Ding in der Welt, das schöner ist als Wolken sind!
Sie schweben silbern in dünner Schicht, sie segeln lachend, weiss mit goldenem Rand, sie stehen rastend in gelben, roten und bläulichen Farben.
Sie haben die Formen von seligen Inseln und die Formen von segnenden Engeln, sie gleichen drohenden Händen, flatternden Segeln, wandernden Kranichen.
Sie sind das ewige Sinnbild alles Wanderns, alles Suchens, Verlangens und Heimbegehrens. Und so, wie sie zwischen Erde und Himmel zag und sehnend und trotzig hängen, so hängen zag und sehnend und trotzig die Seelen der Menschen zwischen Zeit und Ewigkeit.*

Beinahe hundert Jahre vorher lebte in England ein Mann, der die Wolken sicher ebenso sehr liebte wie Peter Camenzind. Sein Name ist Luke Howard. Er wurde 1772 in London geboren, war Apotheker und Hobby-Meteorologe. Er gab 1803 in seinem „Essay on the Modification of Clouds"** den Wolken jene Namen, die Bucheli, Kachelmann & Co. noch heute verwenden: Stratus, Cumulus , Cirrus und Nimbus.

Luke Howard, der „Erfinder der Wolken", wurde sogar von Goethe geehrt, der zu seinen Ehren Folgendes schrieb:

> „Er aber, Howard, gibt mit reinem Sinn,
> Uns neuer Lehre herrlichsten Gewinn;
> Was sich nicht halten, nicht erreichen lässt,
> Er fasst es an, er hält zuerst es fest;
> Bestimmt das Unbestimmte, schränkt es ein,
> Benennt es treffend! Sei die Ehre dein! –
> Wie Streife steigt, sich ballt, zerflattert, fällt,
> Erinnre dankbar Deiner sich die Welt."***

Goethe selbst hat sich im Rahmen seiner naturwissenschaftlichen Studien selbst intensiv mit meteorologischen Phänomenen und speziell auch mit den Wolken befasst. Er bedichtet auch gleich Howards Wolkentypen:

*Hesse, Hermann: Peter Camenzind, 1904

**Howard, Luke, On the Modifications of Clouds, and on the Principles of their Production, Suspension, and Destruction (1803). In: Gustav Hellmann, Neudrucke von Schriften und Karten über Meteorologie und Erdmagnetismus, No. 3, Berlin, 1884

***Goethe, Johann Wolfgang von, Howards Ehrengedächtnis, 3. Strophe, 1821

Stratus
Wenn von dem stillen Wasserspiegel-Plan
Ein Nebel hebt den flachen Teppich an,
Der Mond, dem Wallen des Erscheins vereint,
Als ein Gespenst Gespenster bildend scheint
Dann sind wir alle, das gestehn wir nur,
Erquickt', erfreute Kinder, o Natur!
Dann hebt sich's wohl am Berge, sammelnd breit
An Streife Streifen, so umdüstert's weit
Die Mittelhöhe, beidem gleich geneigt,
Ob's fallend wässert, oder luftig steigt.

Cumulus
Und wenn darauf zu höhrer Atmosphäre
Der tüchtige Gehalt berufen wäre
Steht Wolke hoch, zum herrlichsten geballt,
Verkündet, festgebildet, Machtgewalt,
Und was ihr fürchtet und wohl auch erlebt
Wie's oben drohet, so es unten bebt.

Cirrus
Doch immer höher steigt der edle Drang!
Erlösung ist ein himmlisch leichter Zwang.
Ein Aufgehäuftes, flockig löst sich's auf,
Wie Schäflein tripplend, leichtgekämmt zu Hauf.
So fliesst zuletzt was unten leicht entstand
Dem Vater oben still in Schoss und Hand.

Nimbus
Nun lasst auch niederwärts, durch Erdgewalt
Herabgezogen was sich hoch geballt,
In Donnerwettern wütend sich ergehn,
Heerscharen gleich entrollen und verwehn!
Der Erde tätig-leidendes Geschick!
Doch mit dem Bilde hebet euren Blick!
Die Rede geht herab, denn sie beschreibt:
Der Geist will aufwärts, wo er ewig bleibt .*

Als Segler sind auch wir an den Veränderungen der Wolken interessiert, um die Wetterentwicklung zu beurteilen. Und im Übrigen schauen wir lieber an den Himmel als in die Cloud.

*Goethe, Johann Wolfgang von, 1821, in: Die Schriften zur Naturwissenschaft in: Leopoldina-Ausgabe, op. cit., I/8, 1962, S. 73–93 und S. 234–237, herausgegeben von Dorothea Kuhn, Wolf von Engelhardt und Irmgard Müller. Verlag Hermann Böhlaus Nachfolger Weimar

Tagebuch, 18.6.2013
22:45 Unterwegs von Rangiroa nach Tahiti. Schon wieder segeln wir hart am Wind. Die 3–4 m hohen Wellen kommen dann natürlich auch von vorne. Nachts krallen wir uns fest oder stemmen mit den Füssen irgendwo dagegen. Dabei hatte es gar nicht schlecht begonnen. Aber jetzt müssen wir wieder zu steil ran, sonst verfehlen wir unser Ziel.

Ich bin erschöpft vom Antihistaminikum und von der ewigen Schaukelei. Segeln ist wohl nicht unser Sport. Wie könnte es auch: Ich mag den Wind nicht, und Peter wird nicht gerne nass. Mit dem Segelboot bin ich ja eigentlich unterwegs, weil ich meinen Horizont erweitern will, nicht etwa um meine Grenzen auszuloten.
Oder braucht's doch beides?

Marina Taina, Tahiti

Logbuch
19.6.2013
04:00 Wir sehen die Lichter von Tahiti am Horizont.
06:30 Wir sind im Wind- und Wellenschatten der Insel.
07:15 Wir melden uns über Funk bei der Harbour Control und bitten um Einfahrterlaubnis. Vom Hafen von Papeete führt eine enge Fahrstrasse innerhalb des Riffs um den Flugplatz. Segler müssen die Erlaubnis einholen, das Ende der Piste passieren zu dürfen, denn der Mast wäre einem landenden Flugzeug im Wege. Die Einfahrt in den Hafen durch den Passe de Papeete und die Weiterfahrt innerhalb des Riffs sind durchaus fordernd, aber auch schön.

Tagebuch, 27.6.2013
Es ist seit vier Monaten das erste Mal, dass wir wieder direkt vom Schiff aus auf festen Boden gelangen können.
Wir liegen in der Marina Taina hinter den Mega-Yachten – eine davon hat sogar einen Hubschrauber an Bord. Die 8-köpfige Crew macht jeden Tag acht Stunden lang das Gleiche: putzen und polieren. Wir könnten stundenlang zuschauen.
Immerhin motiviert es uns, die nötigen Arbeiten an der Alua in Angriff zu nehmen: Grosssegel reparieren, grosser Service des Motors, Tauchgerät warten...
und „unser Schiffsarzt" von der SY Always Saturday erklärt meinen Arm für geheilt. Also: nun beidhändig weiterarbeiten!

Heiva i Tahiti

Das Heiva ist das älteste Kulturfest in Ozeanien und wird in dieser Form seit 1881 durchgeführt. Hunderte von Athleten und Künstlern kommen jedes Jahr in Tahiti zusammen, ein Spektakel voller Kraft und Kreativität: Ruderboot-Rennen, Segel-Regatten, Sportarten wie Steine-Heben, Kokosnuss-Schälen, Speerwerfen. Abends Tanz- und Gesangsgruppen. Wir sind begeistert vom farbenprächtigen Fest, von der Geschicklichkeit der Sportler. In ihren Darbietungen erzählen die Sänger und Tänzer viele interessante Geschichten ihrer Ahnen. Schade, dass wir kein Polynesisch verstehen. Wir freuen uns aber darüber, dass die Jahrtausende alte Kultur der Polynesier in den Tänzen weiter lebt und das Heiva-Verbot von Pomaré II., zum Christentum bekehrter König von Tahiti, aus dem 19. Jahrhundert nicht mehr gilt.
Der erste Höhepunkt ist Umu Ti, der Feuerlauf:
Raymond Teriierooiterai Graffe, der Tahua (Priester), entfacht zusammen mit seinen Jüngern das Feuer unter den Steinen um Mitternacht. 16 Stunden später kann die Zeremonie beginnen.

Wir sind nicht nur von der Würde, sondern auch von der Kleidung des Tahua beeindruckt und besonders davon, was die fehlende Kleidung offenbart.

Der Speer wird mit einem Unterwurf geschleudert, aufgesetzt auf den Zeigefinger.

Beeindruckende Zielgenauigkeit: Ziel ist eine Kokosnuss auf einer 9 m hohen Stange.

Die Marquesas sind berühmt für ihre Tätowierkunst. Männer wurden oft am ganzen Körper tätowiert, auch auf dem (rasierten) Schädel, oder auf weitere empfindliche Stellen wie Augenlider oder Zunge.

Die Tätowierungen auf Frauen waren eingeschränkter. Die am häufigsten gewählten Körperteile waren die Ohrläppchen und die Stelle hinter den Ohren, der untere Rücken, die Beine und die Arme. Die Entwürfe waren sehr unterschiedlich. Aber die Hauptquelle der Inspiration ist das Tiki, das sowohl die Göttlichkeit als auch den ursprünglichen Menschen darstellt. In der marquesanischen Sprache ist Tätowieren patu'i te tiki und bedeutet wörtlich „das Tiki schlagen".

Lag's nun am Zauber des Tahua oder daran, dass die Vulkansteine an der Oberfläche trotz des darunter schwelenden Feuers schnell abkühlten, dass sich niemand die Füsse verbrannte? Jedenfalls sind wir auf unserer Reise durch die Südsee um eine Erfahrung reicher und auf dem Weg zu uns selbst vielleicht einen Schritt weiter.

Das Ritual des Feuerlaufs ist uralt und gilt als Dank an die Götter, weil diese den Menschen das Feuer schenkten, damit sie ihre Nahrung nicht mehr kalt verschlingen mussten.

Hoffentlich sehen die Götter nicht, dass wir uns wieder seit Wochen von kalten Tomaten, kaltem Käse, kaltem Baguette und kaltem Wein ernähren – immerhin alles beste französische Qualität.

Haere mai, haere noa mai!

Kleiner Nachtrag zum Thema „Gastfreundschaft": Hier in Tahiti müssen wir unsere Bordapotheke etwas ergänzen und wegen kleinerer Unpässlichkeiten zusätzliche Medikamente einkaufen. So gehen wir in Papeete dreimal in dieselbe Apotheke. Der Apotheker fragt gleich beim ersten Mal, woher wir kämen und interessiert sich für unsere Reise. Beim zweiten Besuch plaudern wir wieder ein Viertelstündchen über dies und das und darüber, was wir in Tahiti anschauen könnten. Beim dritten Besuch fragt er, ob wir schon eine Inselrundfahrt gemacht hätten. Als wir verneinen, sagt er: „Nehmt doch am Sonntag mein Auto, ich brauche es an diesem Tag nicht." – Und er bringt es um 9 Uhr in die Marina, mit den Worten: „Pour aujourd'hui elle est à vous – la vie est si facile à Tahiti…"* Am Abend sitzen wir dann mit ihm und seiner Frau lange bei einem Glas Wein (oder waren es zwei?) auf der Alua, erzählen aus unseren Leben und von unseren Kindern, sprechen über Politik, Polynesien und Europa und haben neue Freunde gewonnen – ici la vie est si facile.

*Übersetzung: Seiten 216-217

Haere mai, haere noa mai! – Komm, komm doch einfach!

Moorea

Marae Taputapuatea

Um 200 v. Chr. kamen die ersten Menschen wahrscheinlich von Tonga oder Samoa aus hierher auf die Gesellschaftsinseln. Sie segelten also – und das ist bemerkenswert – gegen die allgemeine Windrichtung nach Osten.

Raiatea war einst religiöses und geistiges Zentrum Polynesiens. Von hier aus sollen auch die anderen Inseln Französisch-Polynesiens besiedelt worden sein. Davon zeugt das Marae Taputapuatea an der Ostküste Raiateas, welches mehrere Maraes (Kultplattformen) umfasst, die in einem heiligen Hain verteilt sind, in dem noch heute alte heilige Bäume wachsen.

Noch immer steht hier auch ein heller aufrechter Stein. An ihm wurden die Männer gemessen. Wer ihn überragte, hatte das Zeug zum König. Wir Segler wären alle Untertanen geblieben.

Und noch immer werden hier Gaben an die alten Götter hingebracht, zum Beispiel Unus, geschnitzte Hölzer, oder kleine Schneckenhäuschen, welche die Götter besänftigen können.

War die Arbeit der Missionare doch nicht vollkommen?

Die Wirtin im nahegelegenen Schilfhütten-Beizli sagt: „Wir gehen regelmässig hin und bringen den Göttern etwas. Ihr könnt das ruhig auch tun. Es kann nichts schiefgehen."

Und dann, nach einer kleinen Pause: „Nur die Chinesen geben den Göttern nichts, die sind nämlich abergläubisch."

Marae Taputapuatea

Tagebuch, 27.7.2013

Wir verlassen Französisch-Polynesien Richtung Tonga. Das sind rund 1300 Seemeilen, wofür wir 10 bis 14 Tage veranschlagen. Am „Wegesrand" liegt nach rund 1100 sm die kleine Insel Niue, der wir je nach Wind- und Wellenverhältnissen einen Besuch abstatten werden.

Am „Wegesrand" auf dem langen Schlag von den Gesellschaftsinseln nach Tonga erwartet uns aber auch die Südpazifische Konvergenzzone (SPCZ). Dies ist eine 100–250 sm breite Störungszone, die sich als Ausläufer der Intertropischen Konvergenzzone (ITCZ) von den Solomon-Inseln Richtung Fidschi, Samoa, Tonga und noch weiter südostwärts erstreckt. Dabei trifft der Südost-Passat auf leichtere Winde aus anderen Richtungen, was oft wechselnde Windrichtungen, häufige Regengüsse und Gewitter verursacht. Also, wir sind dann mal wieder auf See …

Logbuch
30.7.2013
19:30 Wind SSE 6 Bft
22:10 Es geht wieder mal rasend schnell, von einer Minute auf die andere wechselt der Wind. Wir streichen die Fock, baumen die Genua ab, reffen das Grosssegel mit 2 Reff. So sausen wir mit 6–7 Knoten durchs weite Meer, stockdunkle Nacht, Regen.
1.8.2013
Ich höre, wie Peter den Motor startet! Was ist los? Es ist 20:00. Ich sollte eigentlich schlafen. Springe sofort auf, will wissen was los ist. Peter ist bereits im Cockpit, versucht vergeblich, die Alua wieder auf Kurs zu bringen. Es bläst mit 25–30 Knoten, die Alua fährt im Kreis. Die Windsteuerung greift nicht. Wir fürchten Schlimmes. Erst als Peter die Windsteueranlage ausser Betrieb setzt, gelingt es uns, den Kurs mit dem Hauptruder wieder aufzunehmen. Peter zieht Schwimmweste, Sicherheitsgurt und Stirnlampe an, klettert auf die Badeplattform. Ihn trifft fast der Schlag: wir haben das Hilfsruder der Windsteueranlage verloren. Das darf doch nicht wahr sein! Wir nehmen Kurs auf mit dem Autopiloten. Der Schock sitzt! Lange Minuten war unsere Alua nicht mehr steuerbar, ein ohnmächtiges Gefühl.

Tagebuch, 1.8.2013
Wir sind wütend. Wie konnte die Pacific Plus ihr Hilfsruder verlieren? Fehlkonstruktion? Pfusch? Materialfehler?
Jedenfalls beschert uns das einen riesigen Aufwand, und die nächsten fünf Tage müssen wir mit dem Autopiloten fahren – und der braucht Energie!
Niue ist gestrichen. Ein neues Ruder oder ein provisorisches können wir frühestens in Fidschi auftreiben.

Logbuch
2.8.2013
01:00 Ich hatte mich nach meiner Wache gerade hingelegt, da höre ich einen Knall. Ich sause ins Cockpit. Die Genuaschot ist gerissen!
Ach du Sch... auch das noch! Peter gelingt es, die Genua mit der Reffleine aufzuwickeln. Nun flattert zwar noch das Genua-Schothorn im Wind, und ich fürchte, dass sich das alles vertörnen wird. Wir sollten es aber bis zum Morgen schaffen, dann können wir genau sehen, was für Möglichkeiten wir überhaupt haben.

Schothorn:
Hintere, untere Spitze des Segels, Fixpunkt der Schot

vertörnen:
verdrehen, verwickeln, verknoten von Tauwerk

Windsteueranlage

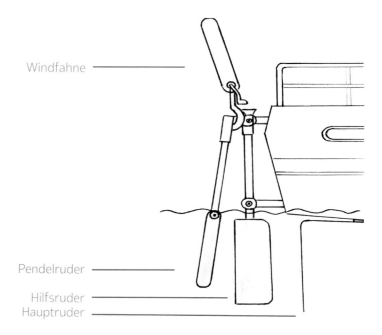

So funktioniert die Windsteuerung:
Sobald Kurs und Segeltrimm stimmen, setzen wir das Hauptruder fest.
Mittels einer Schraube drehen wir die hintere Kante der Windfahne genau gegen den Wind.
Kommt das Schiff vom Kurs ab, wird die Windfahne gekippt und dreht das Pendelruder zur Seite.
Über ein Gelenk wird dadurch das Hilfsruder bewegt und bringt das Schiff wieder auf Kurs.

Tagebuch, 2.8.2013
Im Moment habe ich die Schnauze so ziemlich voll vom Segeln und ich glaube, Peter auch. Trotzdem versuchen wir uns aufzumuntern: Failure is not an option!*

*Übersetzung: Seiten 216-217

Am Morgen schaut sich Peter die Windsteueranlage nochmals an: Vom Hilfsruder keine Spur. Einfach so weggebrochen und im Pazifik versunken. Am Abend schreiben wir Peter Förthmann, dem Hersteller und Erfinder der Pacific Plus. Er antwortet prompt, meint einfach, wir müssten im nächsten Hafen die Windsteuerung demontieren und ihm wieder berichten, um zu schauen, was zu machen ist.
Ab ca. 19:00 segelt es sich wirklich fein. Mit 15–20 Knoten Wind fahren wir gemütlich knapp 5 Knoten.

Das ist zwar viel zu langsam, wenn man endlich ans Ziel kommen will – vor allem auch, wenn solch grosse Reparaturen anstehen – aber wenigstens kommt bei dieser Geschwindigkeit die Seele mit.

> **Logbuch**
> 3.8.2013
> 13:00 Wind NW 2 Bft, schönes Wetter, angenehmes Segeln. Winddreher von 180°. Wir wollen die Genua reffen, geht nicht, weil sich die Trommel leergewickelt hat – wohl vorgestern, als die Genuaschot riss.
> 20:00 Wind jetzt aus Süd, 6 Bft

Tagebuch, 3.8.2013

So verbringen wir denn die erste Hälfte des Nachmittags wieder mit Reparieren. Wir wickeln die Reffleine von Hand neu auf die Trommel. Die gerissene Genuaschot hat von Peter gestern ein Takling bekommen, nun fädeln wir sie wieder ein. Dazu muss Peter ein Stück weit auf den hin- und herschwankenden Mast klettern, damit er überhaupt das hin- und herschlagende Schothorn greifen kann.
In der Nacht angenehmer Südwind mit 4–5 Bft.

> **Logbuch**
> 4.8.2013
> 13:00 bewölkter Himmel, Wind S 5 Bft, Speed 5.5 kn
> Antiope Reef querab, brechende Wellen mitten im Ozean!

Takling:
Mit dem Takling wird ein Seil vor dem Aufdröseln seiner Fasern geschützt, z.B. durch Umwickeln mit Garn.

Tagebuch, 4.8.2013

Seit 24 Stunden haben wir darauf geachtet, dass wir nicht genau auf das Antiope Riff zufahren. Ist nicht mal so einfach, weil es vom Wind her genau auf unserem direkten Kurs liegt. Ist ja schon eindrücklich, wie in diesem riesigen Meer mit oft 5000–6000 m Tiefe plötzlich eine Unterwasserberglandschaft auftaucht mit Bergspitzen, welche bis 9 m unter die Wasseroberfläche heranragen. Unser Schiff hat voll belastet 2.10 m Tiefgang, d.h. uns trennen nur 6.90 m von den Bergspitzen! Bei 4 m hohen Wellen sind es dann im Wellental nur noch 4.90 m!

> **Logbuch**
> 6.8.2013
> Heute überqueren wir die Datumsgrenze. Der 7. August 2013 fällt für uns sozusagen ins Wasser.

Tagebuch, 6.8.2013
22:00 Den ganzen Tag über ein ewiges Hin und Her, heute stimmen weder Wind noch Wellen. Seit etwa 5 Stunden fahren wir den Schmetterling, er ist heute das geringste aller Übel. Im Moment bläst der Wind von achtern mit 28 Knoten, er heult in unserm Rigg, er bringt uns nach Tonga. Das mit der Zeitverschiebung ist wirklich so eine Sache: Wir haben drei verschiedene Uhren im Salon hängen: Die eine zeigt UTC (Coordinated Universal Time), die andere Lokalzeit und die dritte Schweizer Zeit. Und weil wir im Moment genau 12 Stunden hinter der Schweiz herhinken, müssen wir nicht gross rechnen.

Aus der Ferne sehen die Inseln der Vava'u-Gruppe Tongas wie eine Ansammlung von dicken Pfannkuchen aus.

Logbuch
8.8.2013
04:15 Unsere Bugwelle löst ein phantastisches Fluoreszieren des Planktons aus.
Kein Mond aber soooo viele Sterne, dass es gar nicht ganz dunkel ist – und Beleuchtung von unten!
06:30 Land in Sicht!
13:30 Wir legen die Alua an eine Mooring – eine gute Wahl im sehr tiefen Wasser der Bucht von Neiafu.
Nach einem heftigen Mailwechsel erhalten wir vom Hersteller der Windsteueranlage die Zusage, dass er uns kostenlos ein Ersatzruder überlässt. Es soll nach Neukaledonien geliefert werden. Frachtkosten von Deutschland zu unseren Lasten.

Des Königs neue Socken

In Neiafu ist Kulturschau, eine Art Landwirtschafts- und Mustermesse. Bauern, Handwerker und Künstler der Vava'u-Inselgruppe präsentieren ihre Produkte.

Wir kaufen einen „War Club". Einen Stecken aus Iron Wood, der einst zum Kämpfen verwendet wurde. Die drei Köpfe darauf stellen Gottheiten dar: Den Gott des Himmels, den Gott des Friedens und den Gott der Liebe.

Das zweite Souvenir für unser Museum daheim ist ein Tapa ca. 2 auf 4 Meter. Um ein Tapa herzustellen, braucht es die innere Rinde eines Maulbeerbaumes. Die Rinde wird plattgeschlagen, anschliessend mit tonganischem Kleber (Masse aus halbgekochten Maniokwurzeln) verstärkt. Zum Schluss folgt die Bemalung. Die Motive sind vorgegeben, dürfen aber frei gewählt und angeordnet werden. Die drei Punkte stehen für den König, den Dorfältesten, aber auch für das Volk. Das Dreieck symbolisiert das Pazifische Dreieck: die Südseeinseln, Hawai, Neuseeland.

Und dann treffen wir eine führende Persönlichkeit; der König von Tonga beehrt die Kulturschau. Da sein Flugzeug eine Panne hat, kommt er mit der regulären Fähre von Nukualofa übers Meer. Auf demselben Schiff werden auch einige Schweine transportiert; sie dürfen aber erst nach dem König aussteigen, und der rote Teppich wird ihnen vor der Nase weggerollt.

Obwohl der König auf der Messe nur drei Meter an uns vorbeischreitet, würdigt er uns keines Blickes. Vielleicht geniert er sich, weil er am Morgen vergass, seine Socken anzuziehen.

Während der König die Ausstellung abschreitet, folgt ihm seine Entourage in angemessenem Abstand. Deutlich ist auch zu sehen, wer gleich hinter dem König steht, der General …

Die Männer tragen hier traditionellerweise einen geraden schwarzen Rock, der über die Knie reicht und von einem Bastumhang geschmückt wird. Bei festlichen Anlässen trägt Mann darüber noch einen schwarzen Kittel, aber eben: keine Socken in den schicken Lederschuhen!

Der Königin werden von den am Boden hockenden Marktfrauen die Füsse geküsst. Vielleicht darum keine Socken?

König Tupou VI. (rechts)

Logbuch

17.8.2013
07:25 Ausfahrt aus der Bucht von Neiafu
13:15 Mit Spinnaker angenehmes Segeln, aber es rollt stark.

18.8.2013
12:00 Zum ersten Mal Kontakt über Kurzwelle mit einer Küstenfunkstelle in Australien: „Firefly" New South Wales

19.8.2013
00:15 Alarm: Batterie II – leer!
10:45 Motor lässt sich nicht mehr starten; Stromausfall. Wir finden korrodierte Kabelverbindungen am Hauptschalter. Reparatur ist einfach, sind erleichtert. Jetzt wissen wir auch, warum der Motor in den letzten Wochen nie mehr mit voller Leistung die Batterien lud. Super repariert – bravo Skipper!
22:45 Es giesst wie aus Kübeln.
Wir überqueren den 180sten Breitengrad. Sechs Jahre sind es her seit Greenwich; die halbe Welt liegt hinter uns. Von nun an zählen wir die Breitengrade rückwärts auf unserem Weg gen Westen.

20.8.2013
09:00 Ankunft in der Copra Shed Marina, Savusavu, Fidschi

Seekarte Fidschi mit Alua im Zentrum
gelb: Land
hellblau: tief
hellgrün: Riff
türkis: untief
gelbe Kreise: Tragweite der Leuchtfeuer

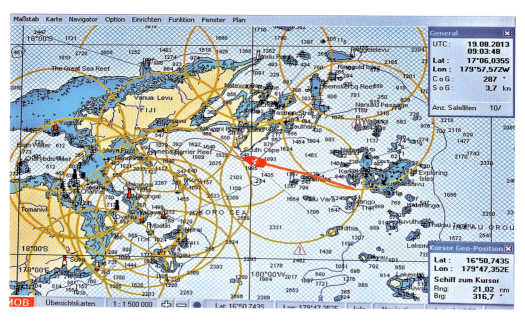

Bula Bula

Savusavu ist eine hübsche kleine Stadt. Wir finden Restaurants mit einheimischer, chinesischer und indischer Küche. Der Markt bietet feine Früchte und Gemüse und die Taxis sind günstig. Die Copra Shed Marina verfügt über einige kleine Stege und einige Moorings.
Hier hat es auch eine automatische Schiffwasch-Anlage. Die Ostküste von Fidschi erhält durch den Passat reichlich Regen, es giesst täglich mehrmals. Das tut unserer Alua gut, weil die Salzkruste, die sich auf der Überfahrt von Tonga angesammelt hat, weggewaschen wird. Mit unserer Bimini-Wassersammel-Installation füllen wir auch in wenigen Tagen unsere beiden 300-l-Tanks, nur macht das dem scheinheiligen Petrus keinen Eindruck, und er lässt es weiter regnen.
Am 29.8. verlegen wir unser Boot in die Marina. Zum Glück, denn das schlechte Wetter wird noch schlechter, und es hört kaum mehr auf zu regnen. Keine Lust loszufahren. Im Nebel und bei der herrschenden Bewölkung hätten wir keine Chance, die vielen Riffe, die auf unserem Weg liegen, zu sehen und zu umgehen. Also bleiben wir noch ein bisschen und lassen uns im Restaurant der Marina bekochen.

„Bula bula" bedeutet: „Grüezi Grüezi", und das hören wir hier ständig. Bei einem Ausflug in die Berge erschallt es plötzlich aus einem Dickicht im Regenwald, sodass wir erschreckt um uns blicken. Da sammelt gerade ein einheimischer Bauer auf einem kleinen Äckerchen Jamswurzeln ein und freut sich, uns begrüssen zu können.
Oben in den Bergen von Vanua Levu essen wir auf einer Wanderung unsere mitgebrachten Sandwiches im Gebiet genannt Vucivuci. (sprich: Wuschiwuschi)
Die Familie der nahegelegenen Hütte kommt uns begrüssen, ein Junge klettert stracks auf eine Palme und liefert uns erfrischendes Kokos-Getränk. Sie bitten uns, das Zeitungspapier, in das wir unsere Sandwiches eingepackt hatten, behalten zu dürfen. Nein, nicht um Feuer zu machen, sondern um darin zu lesen (!), weil sie sonst keine Lektüre haben.

Eine Woche später kehren wir zurück nach Vucivuci, um ihnen die Fotos zu bringen, die wir beim Kokos-Drink geschossen haben. T-Shirts, Nähzeug, ein Buch und ein Tau, das wir auf der Alua entbehren können, sind weitere Geschenke.

Wir treffen heute: zwei Grossväter: Seremaia und Elaisa, eine Grossmutter: Naomi, einen Vater: Sakaraia, eine Mutter: Lanieta, einen Teenager: Vani, drei Kinder: Sunia, Yavu, Naca.
Sie alle wohnen in einer einfachen, aber blitzsauberen und schön gemachten Hütte.
Grossvater Elaisa hat das Haus vor vielen Jahren selbst gebaut. Holz, Wellblech und Bambus sind die hauptsächlichen Baumaterialien. Die Zwischenwände sind aus Palmblättern geflochten. Grossmutter Naomi sitzt seit einem Schlaganfall im Rollstuhl. Elaisa ist sehr erfreut über das Tau, das wir ihm mitbringen. Er wird es so an die Decke hängen, dass es eine Geh-Hilfe für Naomi ergibt. Kaum haben wir auf der Veranda Platz genommen, serviert uns Vani einen feinen Tee. Sakaraia setzt sich in eine Ecke und beginnt gleich im Buch zu lesen, das wir ihm geschenkt haben. Vani und Lanieta freuen sich über die T-Shirts. Auf der Veranda hängt ein aufblasbarer Globus; da können wir die Frage beantworten, woher wir kommen und unsere Reisestrecke zeigen. Und dass bei uns in der Schweiz jetzt gerade alle auf dem Kopf stehen, löst grosse Heiterkeit aus.

Mit zwei Rucksäcken voller Kokosnüsse machen wir uns auf den Rückweg. Lanieta und Vani begleiten uns noch eine Meile weit durch den Regenwald und tragen unsere Rucksäcke.

Tagebuch, 24.8.2013
In der Bar in der Copra Shed Marina unterhalte ich mich mit einem südafrikanischen Ingenieur, der gerade angekommen ist und am darauffolgenden Tag seine Arbeit aufnehmen wird. Riesiges Strassenbauprojekt mit 17 Brücken auf Vanua Levu, Fidschi, finanziert von den Chinesen! So sichert sich China Stimmen in internationalen Organisationen. Dieses System kennen wir bereits aus der Karibik. Immerhin eine Eroberungstaktik ohne Tote.
Während ich mich mit dem Ingenieur unterhalte, plaudert Peter mit Bill.
Bill ist Amerikaner und schon leicht angetrunken. Er erzählt vom Krieg in Vietnam, wie er patriotisch war in seiner Jugend, sich freiwillig gemeldet hatte, wie er Menschen tötete und wie enttäuscht er nun von seinem Land sei. Einmal mehr sind wir erschüttert über all die ruinierten Leben, welche die ständigen Kriege der USA zurücklassen.

*Übersetzung: Seiten 216-217

„Yes, and how many times must the cannonballs fly
Before they're forever banned?"*
aus „Blowing in The Wind", Bob Dylan, 1962

Taifune zerstören hier immer wieder Yachten.
Diese fiel aber einer Gasexplosion zum Opfer. Die Segler kamen dabei ums Leben.

Bula Bula

Leuchtturm des Pazifiks

Die Eingeborenen Tannas, Vanuatu nennen ihn Yasur. Er ist seit mindestens 800 Jahren aktiv; ein Dauerbrenner mit regelmässigen Eruptionen etwa alle 3 Minuten. Deshalb bezeichnet man ihn auch als Leuchtturm des Pazifiks. Schon James Cook wurde 1774 von seinem Lichtschein angezogen und ankerte in der Nähe.

Beim Aufstieg auf den 361 m hohen Vulkan spüren wir alle paar Minuten ein Zittern der Erde und sehen Aschewolken und Schwefeldämpfe. Am Nachmittag wollen wir den Krater auf der Krete umrunden, aber wir müssen den Versuch auf der Leeseite abbrechen. Der starke Passatwind füllt unsere Augen, Ohren und Kleider mit schwarzer Asche, und unsere Lungen schmerzen ob der eingeatmeten Schwefeldämpfe. Wir erinnern uns, dass 1994 zwei Menschen durch Lavabomben ums Leben kamen und hören auf unseren Vulkan-Führer, der plötzlich nicht mehr weitergehen will. Am Abend können wir dafür in der Dunkelheit im Luv des Vulkans auf dem Kraterrand sitzend ein spektakuläres Feuerwerk schauen; mit Wucht und Donnergrollen spuckt der Vulkan seine glühende Lava in die Luft. Stundenlang geniessen wir den Kult des rotglühenden Feuers und den Blick ins flammende Innere der Erde.

Eine dicke Ascheschicht bedeckt die West-Flanke des Yasurs.

Cargo-Kult

Ein Cargo-Kult ist eine Art religiöser Bewegung, die sich im 19. Jahrhundert in Melanesien entwickelt hat. Während der Kolonisierung und während des Zweiten Weltkrieges kam plötzlich eine bis dahin unvorstellbare Menge an Waren auf diese abgeschiedenen Inseln des Pazifiks. In den Augen der Eingeborenen mussten diese Fremden, die einen nie versiegenden Strom von Gütern bringen konnten, Götter sein – oder Boten, gesandt von den Vorfahren der Melanesier.

Auf der Insel Tanna ist ein solcher Cargo-Kult noch heute aktiv. Etwa 20 Prozent der Bewohner glauben an eine Vision, welche ihre Vorfahren während des Zweiten Weltkrieges hatten. Demnach soll ein sagenumwobener Amerikaner namens John Frum eines Tages nach Tanna zurückkehren – mit Schiffsladungen von Geschenken für alle seine Anhänger.

Brauchen die Menschen einfach einen Messias, um das Leben auszuhalten?

Jeden Freitagnachmittag kommen die Gläubigen zusammen, singen Hymnen auf John Frum, spielen Gitarre und tanzen. „Glaubst du, dass John Frum immer noch lebt? Wird er jemals zurückkehren?", fragen wir eine der Tänzerinnen. „Wir wissen nicht, wo John Frum jetzt ist, und du weisst es auch nicht!", erwidert sie mit verklärtem Blick.

Da können wir nur anfügen, dass wir es vorziehen, uns an das Credo eines anderen John zu halten. Oder wie Peter in Anlehnung an John Lennon zu sagen pflegt: „Ich glaube nur an mich, Nelly und mich."*

Die Menschen, die im Lee des Vulkans leben, leiden unter den Auswirkungen der Asche auf die Atemorgane und unter den Schäden an ihren Kulturpflanzen durch die abregnende Schwefelsäure.

*Lennon, John: God, Album John Lennon/ Plastic Ono Band, 1970

Faradayscher Käfig: Michael Faraday war ein englischer Naturforscher und gilt als einer der bedeutendsten Experimentalphysiker. Er fand heraus, dass eine allseitig geschlossene Hülle aus einem elektrischen Leiter (z.B. Drahtgeflecht oder Stahl) als elektrische Abschirmung wirkt. Im Innenraum unseres Stahlbootes sind wir also vor Blitzschlag geschützt.

Logbuch
15.9.2013
02:15 Unterwegs nach Neukaledonien. Peter sieht Wetterleuchten südlich und westlich von uns. Er weckt mich. Er hat bereits die Fock eingeholt.
Wir ändern den Kurs auf 265°, dann auf 335°, wollen den Blitzen entgehen. Aber es nützt nichts. Wir sind gefangen zwischen zwei Gewittern, die gemäss Radar richtiggehend stationär bleiben bzw. mit uns ziehen. Seit Tonga ziehen wir abends jeweils die Kuchenbude hoch. So bleibt das Cockpit trocken und wir auch. Allerdings wachen wir jetzt bei dieser Blitzerei möglichst im Rumpf, unserem Faradayschen Käfig.
04:15 Erneuter Kurswechsel auf 4° um wegzukommen von den Gewitterzellen. Aber nun giesst es in Strömen, die Blitze sind genau über uns. GPS, VHF-Handfunk und iPad hat Peter schon früh im Backofen als zusätzlichem Faradayschen Käfig gesichert.
05:45 wir schiften die Genua, haben gutes Tempo, Böen bis 30 Knoten.

Wenn jetzt nur kein Blitz einschlägt; die Alua ist die einzige Erhebung im Umkreis von Hunderten von Meilen, und das mit einem Metallmast von 16 Metern. Ein Blitzeinschlag legt durch den damit verbundenen magnetischen Puls oft die ganze Elektrik und Elektronik lahm. Kein angenehmer Gedanke, besonders, da wir wegen des Ausfalls der Windsteueranlage mit dem elektrischen Autopiloten steuern.

06:00 Weil alles Fliehen nichts nützt, nehmen wir den ursprünglichen Kurs wieder auf. Auf dem Radar werden die Regenbänder kleiner.
07:00 Endlich! Der grösste Spuk ist vorbei, nichts passiert – uff!
Ich darf mich hinlegen, Peter muss durchhalten.
08:00 Peter meldet sich im Funknetz: All is well on Alua!
09:30 Nelly steht wieder auf, endlich darf sich Peter hinlegen. Draussen eitel Sonnenschein, als wäre nie was gewesen. Wind variabel, aber es segelt noch.
12.00 Rundum ziehen Wolken auf. Geht's nun wieder los?
22:00 Die Wolken haben sich schon gegen Abend wieder verzogen.

Traumsegeln im Mondschein

Tagebuch, 16.9.2013
11:20 Perfekte Segelnacht hinter uns. Jetzt hat der Wind nachgelassen, und wir lassen den Motor mit 1200 Touren laufen. Wetter sehr schön. Nirgends mehr Anzeichen von Gewitterwolken.
Am Nachmittag – wenn keine Pannen oder Unwetter uns fordern – ist es immer am schönsten. Wir sitzen im Cockpit, plaudern und trinken eine Cola.
22:00 Endlich erleben wir die sanfte, lange Südsee-Dünung, kaum 1 Meter hoch, laaaangsame, laaaange Wellen. Allerdings ist der Wind weg, verschwunden.
Die Zeit scheint stillzustehen.
Mir ist es recht so.
24:00 Sternklare Fast-Vollmond-Nacht. So soll es sein, so kann es bleiben.

Logbuch
17.9.13
13.20 Ein Blick aufs Navichart und ich sehe, dass wir südwärts (statt westwärts) fahren. Autopilot rausgefallen! Weshalb? Ist es der unterirdische Vulkan oder ist es, weil Peter vor einer halben Stunde die Windanzeige an- und abgestellt hat? Werde ihn fragen, wenn er aufwacht. Habe uns als Erstes wieder auf Kurs gebracht.
15.00 Es war wegen der Windanzeige, die wir kurz ausgeschaltet hatten.

19.9.2013
04:05 Land in Sicht!
06:00 Als orange Kugel geht der Mond über Neukaledonien im Westen unter, und hinter uns im Osten startet die Sonne den neuen Tag.
06:45 Kurz vor Hochwasser fahren wir auf der Leitlinie in die Havannah-Passage.
10:00 Wir machen in der Prony Bay an einer Boje fest, um den Tidenwechsel abzuwarten.
17:30 Leinen fest in der Port Mosell Marina, Nouméa, Neukaledonien.

Leitlinie: Linie auf der Seekarte, welche den hindernisfreien Weg zeigt, manchmal unterstützt durch Peilpunkte im Gelände.

Tagebuch, 29.9.2013
Unser Sohn mit Familie trifft wohlbehalten in Nouméa ein. Wir freuen uns mächtig auf die zwei Wochen mit ihnen.

Prony Bay, Neukaledonien

Bei den Kanaken

James Cook kam als erster 1774 bei den einstmals glücklichen Eingeborenen in Neukaledonien vorbei. Später wurden die Kanaken von Napoléon III „beehrt", der die abgelegene Insel in eine Strafkolonie umwandelte. Es versteht sich von selbst – für Kolonialisten – dass man die einheimische Bevölkerung nicht fragt, ob sie umgesiedelt werden möchte ... sind ja nur Kanaken. Im Übrigen kämpfen die Kanak noch immer für ihre Unabhängigkeit. Das vom Architekten Renzo Piano entworfene Centre Culturel in Nouméa wurde nach dem einem Attentat zum Opfer gefallenen Freiheitskämpfer Jean-Marie Tjibaou benannt. Er hatte versucht, ohne Gewalt die Unabhängigkeit zu erreichen und mit Frankreich Verträge ausgehandelt. Das gefiel nicht allen ...

Unterdessen ist Neukaledonien in Provinzen unterteilt und viele Kanak leben in den beiden nördlichen Provinzen der Grande Terre, der Hauptinsel Neukaledoniens.

Und irgendwann wurde das Wort „Kanak", das aus dem Hawaiianischen stammt und „Mensch" bedeutet*, zum Schimpfwort. In Deutschland wurde es zur Zeit des Nationalsozialismus für jede Art von Ausländer gebraucht, besonders für solche aus dem Osten oder dem Süden.

*Kaufmann, Christian, Sarasin Fritz, 1996: portraits kanak paroles kanak, Christoph-Merian Verlag

Schneller als die Deutschen waren die Briten, die das Wort Kanaken schon im 19. Jahrhundert für von ihnen angeworbene oder entführte Zwangsarbeiter aus dem pazifischen Raum benutzten – Sklavenhandel. Das alles kann natürlich im 21. Jahrhundert nicht mehr passieren ... oder doch?

Deshalb wollen wir hier nicht verschweigen, dass in Europa bis in die Mitte des 20. Jahrhunderts sogenannte „Völkerschauen" stattfanden. Im Zoologischen Garten (!!!) von Basel wurden damals (mein Vater erzählte mir davon) zwischen den Gehegen der Elefanten und der Giraffen auf einer grossen, runden Wiese „Neger" ausgestellt, die dort ihr Handwerk, ihre Tänze usw. vorführten. Unter anderen organisierte der deutsche Tierhändler (!) Carl Hagenbeck solche „anthropologisch-zoologische Ausstellungen".*

Centre Culturel Tjibaou, Nouméa

Die aus dem „Mutterland" Frankreich stammende Coiffeuse in Nouméa rät uns davon ab, in den Norden der Grande Terre zu den Kanak zu fahren, denn da funktioniere nichts, und es sei auch gefährlich. Grund genug für uns, ein Auto zu mieten und samt Enkelkind übers Land nordwärts zu fahren. Dort wollen wie den höchsten Berg Neukaledoniens besteigen. Dies scheitert allerdings an der „Zusammenarbeit" zwischen der Tourismusbehörde und dem Kanak-Stamm, auf dessen Territorium der Berg liegt. Dass die Kanak keine Weissen in ihr Gebiet lassen wollen, scheint uns nachvollziehbar. Sie können ja nicht wissen, dass wir Schweizer nie Kolonialmacht waren – auch wenn's nur daran liegen könnte, dass wir nie direkten Zugang zum Meer hatten, um eine Flotte über die Ozeane loszuschicken.

Es gibt aber auch so genug zu sehen; wir sind begeistert von den vielen Wanderwegen, besonders von der guten Markierung und den vielen Informationstafeln. Und weil nur Fliegen schöner ist, besteigen Brigitte und Nico zwei Kleinstflugzeuge und überfliegen das „Coeur de Voh", ein fantastisches, von der Natur aus Mangroven geformtes Herz. Man muss nur von der richtigen Himmelsrichtung anfliegen, sonst sieht's aus wie ein Hintern.

Wie so vieles im Leben eine Frage der Perspektive.

*Staehelin, Balthasar, 1993: Völkerschauen im Zoologischen Garten Basel, 1879-1935, Verlag: Basler Afrika Bibliografien

Coeur de Voh,
Neukaledonien
Foto: Nico Moser

Tagebuch, 15.10.2013
Wir fahren los zur letzten Etappe Richtung Brisbane.
Gestern bei der Immigration, dann Zoll und anschliessend Harbour Master, eingekauft und Schiff klargemacht, vorgekocht. Peter studiert ein letztes Mal das Wetter, es scheint perfekt: Sonne und 20–25 Knoten Wind.
Das Wetter ist prächtig, allerdings fehlt der Wind. Der kommt aber gegen Abend und prompt muss ich mich übergeben.
Brigitte und Nico hatten im Fluggepäck das Ersatzruder für die Windsteuerung mitgebracht. Gratisersatz nach langen, heftigen Diskussionen mit dem Hersteller der Windsteuerung. In der Marina Port Mosell haben wir es grundiert, mit Antifouling gestrichen und montiert. Nun wird sich zeigen, was das neue, allerdings kleinere Hilfsruder taugt.

Patenthalse:
ungewollte und
deshalb
unkontrollierte Halse

Halse:
Drehen des Bootes
mit dem Heck durch
den Wind

Logbuch
16.10.2013
11:20 Patenthalse! Wellenhöhe 3–4 m. Das Pendelruder der Windsteuerung hat sich ausgehängt!
17:45 Pendelruder ausgehängt!
Einige Brecher überfluten unser Cockpit, das missfällt Peter. Solange das Wasser im Cockpit nicht stehenbleibt, macht es mir nichts aus.

20:20 Pendelruder ausgehängt!
21:30 Pendelruder ausgehängt!
Das neue Hilfsruder ist wohl zu klein für die hohen Wellen und der ganze Aufwand war für die Katz. Wir setzen die Windsteuerung ausser Betrieb und fahren mit dem Autopiloten.
Noch 555 Meilen bis Brisbane.

Tagebuch, 18.10.2013
23:30 Flaute, wir motoren. Trotzdem kommen wir nur langsam voran, mit 4.5 Knoten. Unsere in den ersten beiden Tagen berechtigte Hoffnung, die Etappe in sechs Tagen zu schaffen, ist geplatzt. Kein Wind heute und auch für die nächsten Tage nicht in Sicht. Mir soll's recht sein, ich hab's lieber langsam und sicher. Als sich heute vor dem Nachtessen der Himmel vor uns bedrohlich schwärzte, begann ich innerlich richtig zu zittern vor Wut über die ewige Abhängigkeit vom Wetter. Zum Glück zogen die dräuenden Wolken ab. Jedenfalls ist es jetzt nur noch leicht bewölkt und dank des Vollmonds ganz hell draussen. Ja, das Ende unserer diesjährigen Reise naht. Ich bin froh. Die langen Schläge und immer wieder das Warten auf das richtige Wetterfenster, das sich aber immer nur bedingt als richtig herausstellt, setzen mir zu. Ich freue mich auf das Leben an Bord an einem ruhigen Ort und auf Landreisen.

Logbuch
19.10.2013
09:20 Flaute – wir wollen den Motor starten: nichts!
Wir prüfen alle Verbindungen der Dieselleitung, wir reinigen alle Kontakte, wir setzen neue Filter ein, obwohl wir das erst vor drei Wochen in Nouméa gemacht hatten als Vorbereitung für diese letzte Etappe. Dreimal bekommen wir den Motor an, dann aber beschleunigt er von sich aus auf 2000 Touren und sackt wieder zusammen.
16:00 Wir haben alles versucht, nichts hat genützt, wir sind ratlos. Peter ist total niedergeschlagen. Er klinkt sich ins Schweizer Funknetz ein. Die Skipper von der SY Seluna und von der SY Hydra geben Tipps. Wir müssten nun als letzte Möglichkeit den Diesel aus einem hochgestellten Kanister direkt in den Motor leiten. Wir sind aber zu müde und niedergeschlagen, als dass wir es noch auf die Nacht hin versuchen wollen und verschieben es auf morgen, zumal seit heute Mittag endlich ein regelmässiger Passat bläst.

Ford Marine Diesel
4 Zylinder, 85 PS

hier die Reihe der Ventile

> 22:15 Wir gleiten mit 5 Knoten im Silberschein des Vollmondes durchs ruhige Wasser. Es ist so hell, dass kaum Sterne zu sehen sind. Traumsegeln! Die wohl schönste Segelnacht bisher!

oben rechts (versteckt):
Dieselfilter

Mitte:
Kühlsystem

unten:
Ölfilter

Tagebuch, 20.10.2013
Wir schreiben der SY Jacqueline und der SY Geode ein Mail. Beide antworten schnell, aber Neues können sie auch nicht vorschlagen. Was bleibt ist die Vermutung, dass die Dieselpumpe nicht richtig ansaugt. Wir hätten eine neue Dieselpumpe als Ersatz, aber sollen wir auf hoher See mit hohen Wellen diesen „Eingriff" vornehmen? Über Kurzwelle erhalten wir auch noch Ratschläge von der SY Kahiba, von der SY Mariposa und von der SY Tortuguita.

Tagebuch, 21.10.2013
Traumhafte Segelbedingungen, 12–15 Knoten Ostwind, wir fahren wieder mit Windsteuerung, ruhige See, Sonnenschein. Und was machen wir? Wir verbringen nochmals sieben Stunden im Motorraum damit, unseren Motor wieder zum Laufen zu bringen. Zum x-ten Mal entlüften wir alle Filter und auch die Einspritzdüsen. Wir lassen die Düsen auch offen, drehen den Motor mit dem Anlasser und warten bis wirklich Diesel rausspritzt.
Peter studiert alle unsere Motoren-Unterlagen. Wir sind total deprimiert, so haben wir uns die Einfahrt in Brisbane nicht vorgestellt. Abschleppen durch die Coast Guard?! Für Peter ein unerträglicher Gedanke. Wir beginnen damit, Materialien zusammenzusuchen, aus denen wir einen „Tagestank" über dem Motor konstruieren können.

Um 15.45 ein letzter Startversuch, bevor wir mit dem Tagestank beginnen. Und was passiert? Der Motor läuft!!!
Wir sind sprachlos, lassen ihn laufen, Geräusche absolut normal, die Batterien laden, er lässt sich beschleunigen, als wäre nie etwas gewesen. Wir sind überglücklich. Nach einer halben Stunde stellen wir ab, wir werden es morgen wieder versuchen, aber Peter ist ganz sicher: jetzt läuft's wieder rund. Das Glücksgefühl ist unbeschreiblich.
Unsere Erschöpfung auch.

Logbuch
22.10.2013
04:15 Der Wind schläft ein, wir sind vor der Einfahrt in den North East Channel der Moreton Bay, perfektes Timing.
Motor an – läuft!!! Ich brauche 10 Minuten, um Peter zu wecken, trotz Motorenlärm.
Nun nicht nachlassen! Tidenströme, Sandbänke, Untiefen, viel Verkehr.
05:00 Fahrt nach Wegpunkten durch den NE Channel und dann in den Main Channel in den Brisbane River.
10:45 Leinen fest in der Rivergate Marina.
Clearance mit Zoll und Biosecurity verläuft problemlos – mit einem Schmunzeln erklärt uns der Beamte, dass wir die Tomaten, die wir eben aufgeschnitten hatten, essen müssten, bevor wir an Land gingen!

Australien! Wir sind downunder!

Tagebuch 22.10.2013
Aufräumen, putzen, waschen. Dennoch: Ich fühle mich frei, ungebunden, glücklich. Hier will ich sein, hier will ich bleiben. Ich fühle mich grossartig.

Glasshouse Mountains
Moreton Bay

Durch Australien

Haus unter Eukalyptusbäumen

Kaum sind die Zöllner von Bord, stehen unsere Freunde Janet und Colin am Quai. Was für ein Wiedersehen: Wir lernten sie vor einigen Jahren in der Schweiz beim Skifahren kennen. Die Geschichte dieses Wintertages beschrieb Janet in „The Weekend Australian"*, Australiens meistgelesener Wochenzeitung, so:

"Not so ski and easy on the Matterhorn

In the frosty shadow of the Matterhorn, we believed we'd be just fine. We reckoned one alpine ski lesson would be enough; friendly folk on beginners' slopes made it look pretty easy. So next day, ready at dawn, a lone family from Queensland, without a ski instructor, eagerly waited for the chairlift to open. We soon realised tropical living had not equipped us for action at altitude.

Slopes with T-bars were avoided after we were catapulted far off track and forced to trundle through thigh-deep snow. Chairlifts abandoned us in places that looked quite different on the map. We were the peculiar people who chose to ditch their dignity, snap the skis free, watch them slide downhill and humbly follow, balanced on bottoms. High above Zermatt, our view of ourselves as a capable family was under assault.

Ignoring pressure areas due to unforgiving boots compressing her shins against persistent woolly wrinkles in socks and long johns, our 13-year-old daughter initially chose to ski on rather than hold us back. As our 16-year-old son's constricted toes ceased to have feeling, he too decided it would get better if he just kept going. His feet were like homemade icy poles packed into a full freezer.

She was saved from seriously swollen shins and he was rescued from tragic toes not by wise parenting but by the human desire to declare defeat and seek comfort in hot chocolate.

Choosing our safest mode of travel amid craggy peaks, we stumbled through the moving door of the cable car. Stepping in beside us were two dear Swiss we would soon know as Nelly and Peter. Our family despondently studied the ski map.

The Weekend Australian, 2011, 27-28 August

Übersetzung: Seiten 216-217

„Try here," Nelly and Peter interrupted in sympathetic tones, pointing to other foothills. Their advice helped us to plan beyond our wounds and weariness to again believe that we could ski upright at speed. And we did.
Skiing with these kind-hearted locals and enjoying wisdom, schnapps and fondue at their place were the highlights of our holiday. On their next trip down under, we are eager to share our home with them in non-alpine Brisbane."

Und tatsächlich: Unsere Freunde haben genau das „Home Among the Gumtrees", von dem John Williamson in dem Lied gleichen Titels singt. Oft hatten wir auf unserem Weg über den Pazifik die „Anthems" von John Williamson* gehört, um uns einzustimmen und zu motivieren und nun sitzen wir also tatsächlich auf der „Veranda out the back", atmen den Duft der Gumtrees (Eukalyptusbäume) und bestaunen die Wallabys (kleine Kängurus) unten am Teich.

2013 wurde ein Traum zur Wirklichkeit: Wir durchsegelten den Pazifik und legten von Grenada bis Brisbane in 10 Monaten über 10'000 Seemeilen zurück. Das grösste Erlebnis dabei waren die Begegnungen mit vielen wunderbaren segelnden und einheimischen Menschen. Als Zugabe ankerten wir in einigen der schönsten Buchten der Welt, schlenderten entlang der sandigsten Strände und schnorchelten über berühmte Riffe. Wir stossen an auf das alte und auf das neue Jahr.

*Williamson, John (2000): Anthems, EMI Music

Hinter dem Haus zieht ein Eulenschwalm (*Podargus strigoides*) seine Jungen gross. Dieser bis 50 cm grosse Vogel, auch Froschmaul genannt, kommt nur in Australien vor.

Haus unter Eukalyptusbäumen

Lackdose-Unverträglichkeit

Auf keiner Yacht fehlt wohl ein Buch über Medizin, sind doch ganz spezielle Krankheiten oder Unfälle typisch für segelnde Langzeit-Reisende. Aus eigener Erfahrung zählen wir dazu den Biss eines Seelöwen; dazu steht allerdings nichts im nautischen Gesundheitsratgeber für spätberufene Jungsegler.
Als typische Verletzung gilt hingegen ein Armbruch während einer Beachparty mit der indigenen Bevölkerung.

Zur Zeit leiden wir aber wieder mal an DER Seglerkrankheit schlechthin, welche man medizinisch korrekt als Syndrom bezeichnen muss: die Lackdose-Unverträglichkeit. Die Alua will einmal mehr unterhalten, repariert, fit gemacht und verschönert werden.

Auch Ankerketten wollen gereinigt werden.

Wir lassen die Schäden reparieren, welche uns eine driftende Yacht in Fatu Hiva zugefügt hat. Wir vergrössern das Hilfsruder der Windsteuerung, das uns zwar kostenlos geliefert wurde, sich aber als zu klein erwiesen hat. Wir ersetzen einige Seeventile. Wir lassen den Dieseltank reinigen, denn die Rückstände am Boden des Tanks entpuppten sich als die Ursache der Motorprobleme zwischen Neukaledonien und Australien. Und wir streichen den Rumpf mit frischem Antifouling.

Angefangen hat alles schon Anfang Februar mit eben jenen Lackdosen, die wir öffneten, um dem Mahagoni im Decksalon neuen Glanz zu verleihen, weil wir doch nur schnell einige Fenster ausgebaut hatten, um neue Gummidichtungen einzusetzen. Und weil wir dann, weil die Fensterrahmen weg waren, von aussen einen anderen Lack applizieren wollten, weil dann der Gummi wieder besser dichtet … usw.
Unterdessen sind alle Fenster renoviert (9 grosse und 14 kleine), was pro Fenster mit einem halben Tag Arbeit zu Buche schlägt – rechne! Und weil wir an Deck noch ein paar kleine Kratzer entdecken, rühren wir auch noch Grundierung, Spachtel und Decklack an.

Und plötzlich steht wieder ein Yachtbroker da und interessiert sich für unser Schiff.

Oh, lack du mir!

Bei dieser vielen Arbeit finden wir auch einen triftigen Grund, uns wieder hauptsächlich von Brot, Tomaten, Terrine und Rosé zu ernähren: das Solenoid!

Ein Solenoid ist kein Alien, das aus einer Matrix entflohen ist und nun versucht, in deine Venen einzudringen. Das pneumatische Solenoid, von dem wir hier sprechen, ist ein kleiner Schalter, der den Gaszufluss in den manuell bedienten Ventilen unseres Gaskochherds kontrolliert. Und wenn dieses Solenoid defekt ist, ist's vorbei mit Nellys berühmtem Kasuar-Braten.

Übrigens: Weisst du wie man Kasuar-Braten macht? – Nun, zuerst mal brauchst du einen Kasuar …

Aber sprechen wir über Sicherheit. Unser Gaskocher hat vier Sicherheitsstufen:

1. Das Sicherheitsventil mit dem Solenoid. Um die Flamme zu entzünden, muss man den Knopf 20 Sekunden lang drücken.
2. Der Thermoschalter, der den Gasfluss unterbricht, falls die Flamme ungewollt erlischt.
3. Der Truma-Schalter, der das Sicherheitsventil an der Gasflasche öffnet.
4. Der elektrische Schalter, der den Truma-Schalter einschaltet.

Der Kasuar, hier ein Helmkasuar *(Casuarius casuarius)*, kommt nur in Neuguinea und einigen benachbarten kleinen Inseln sowie im Norden Australiens vor.

Es gibt also diverse Möglichkeiten von Pannen, welche zu unserer berühmten Diät führen.

Solenoid

Nach all unseren Erfahrungen mit Sicherheitseinrichtungen und Computern sind wir mittlerweile überzeugt, dass die Menschheit nicht an der Klimaerwärmung zugrunde gehen wird, sondern weil einige dieser Sicherheitsgadgets nicht funktionieren. KI (Künstliche Intelligenz) heisst der neue Slogan. Uns dünkt, dass wir oft eher von Künstlicher Dummheit sprechen sollten. Und die brauchen wir nun wirklich nicht bei so viel natürlicher Dummheit, die überall wuchert.

Wenn die künstliche Dummheit „nein" sagt und den schwarzen Knopf drückt, wenn kein Lastwagen mehr mit seiner Navigation zum Bauern findet, kein Gabelstapler die Tomaten einladen kann, kein Bewässerungssystem die Wassermelonen wässern wird, kein elektronisches Tor den Supermarkt öffnet, kein digitaler Legeplan den Legehennen sagt, wann das nächste Ei zu legen wäre, dann werden wir alle verhungern und aussterben.

Schwarzschwanz-Breitfussbeutelmaus

Aussterben könnte bald schon auch eine neue Tierart, welche australische Biologen kürzlich entdeckten. Es ist ein mausähnliches Beuteltier mit dem schönen Namen „*Antechinus arktos*". Es lebt in den höheren Regionen des Springbrook National Park. Die Biologin Diana Fisher* beschreibt das Sexleben des *Antechinus* Männchens als 100 % notorisch: 12–14 Stunden täglich, zwei Wochen lang ohne Pause.

Kurz danach sterben die bedauernswerten Antechinus-Männchen. Die Stress-Hormone, sagt Diana F., bewirken, dass sich das Körpergewebe auflöst und das Fell sich ablöst. Wohl kein schöner Tod.

Der Biologe Andrew Baker meint, dass wir *Antechinus arktos* auf die Liste der bedrohten Arten setzen sollten.

Mein Herz vergib mir! Die armen Antechinus-Kinder: Ihre Väter bumsen sich zu Tode und die Kleinen wachsen alle in einer Frauengesellschaft auf. Das muss ja auf der roten Liste enden. Und die bedauernswerten Kinder und Mütter können nie, nie Vatertag feiern; ein herber Verlust für die australische Wirtschaft.

*Fisher, Diana und Baker, Andrew, abc.net.au, 2014

Und:
Ohne Vater aufzuwachsen kann zu einer irreversiblen Schädigung des Gehirns führen, wie kanadische Wissenschafter soeben herausgefunden haben. Gabriella Gobbi* sagt, dass der Hauptschaden im präfrontalen Cortex geschähe. Sie hätten diesen Befund an Mäusen erhoben – und Mäuse seien ja monogame Wesen wie der Mensch.
Was noch zu beweisen wäre.

Nebst dem Sexleben von *Antechinus* richtet sich unser biologisches Interesse auch auf die wundersame Vermehrung der Hasen – auf einem Kontinent, wo wir vor allem Kängurus erwarteten. Die Hasen sind hauptsächlich in geschützten Biotopen wie Coles, Woolworths, Target und K-Mart anzutreffen. Ebenso nimmt der Durchmesser der Schokolade-Eier momentan rasant zu, was den Kakao-Gehalt pro Ei laut Experten exponentiell ansteigen lässt. Wir alten Hasen des Konsums bleiben vorerst standhaft, wissen wir doch, dass am Osterdienstag die Doppelpack-Extrem-Spar-Schokolade-Eier zum halben Schnäppchen-Superpreis zu haben sein werden. Aber wer isst schon nach Ostern noch Ostereier und Osterhasen?

Also machen wir dann daraus Mousse-au-Chocolat Alua.

*Gobbi, Gabriella, Cerebral Cortex, Volume 25, Issue 5, 2015

Vom Uluru zum Kakadu

Australien ist ein Land, in welchem in den Medien und auf Plakaten viel Werbung für Sicherheit gemacht wird. Kaum fahren wir mit unserem Auto los Richtung Uluru, lesen wir die ersten Sicherheitsplakate:

Übersetzung:
Seiten 216–217

„SURVIVE THIS DRIVE"
„PLEASE ARRIVE ALIVE"
„BREAK THE DRIVE – STAY ALIVE"
„TAKE A REST AND REFRESH"
„QUEENSLAND HAS NO TIME FOR SPEEDING"
„STOP REVIVE SURVIVE"
„REST OR R.I.P."
„WHEN YOUR CAR IS STOLEN, CALL THE POLICE!"

Der 3000 km lange Highway ist gespickt mit guten Wünschen. Was sich bei den Autofahrern bewährt, funktioniert bei den Kängurus leider nicht. Die können nicht lesen und haben seit unserer Motorisierung noch nicht gelernt, dass es hier in Australien heisst: „Schau rechts, schau links!" Sie fressen am Rande der Strasse und wenn sie auf die andere Seite blicken, denken sie, dass das Gras und das Leben dort drüben viel besser wären. Und bumms!

Diese Denkweise kommt uns bekannt vor.

Auf einigen Teilstrecken liegen pro hundert Kilometer ebenso viele tote Kängurus; manchmal zehn pro Kilometer. Davon profitieren Schwärme von aasfressenden Vögeln, die allerdings gelernt haben, vor jedem heranbrausenden Auto ihr Mahl kurz zu unterbrechen und mal kurz ZuR sEiTe Zu HüPfEn.

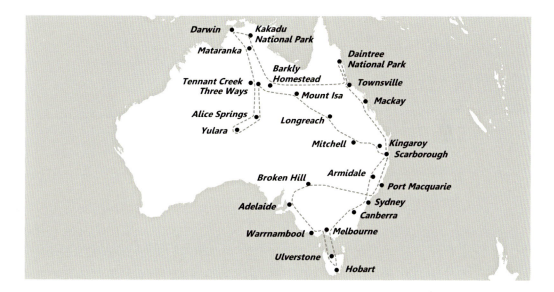

In Threeways biegen wir ein in den Highway der Grauen Nomaden, auch Stuart Highway genannt. Zehntausende Rentner ziehen da jährlich, den Zugvögeln ähnlich, mit Wohnmobil und Camper aus dem kalten Südwinter in den warmen, tropischen Norden und ins sonnige Zentrum des australischen Kontinents. Wir allerdings bewegen uns im Moment südwärts, denn, wie Nelly zu sagen pflegt: „Nur gegen den Strom geht es zur Quelle."

Und welches Ziel wäre da „naheliegender" als Alice Springs? Who the f*ck... is Alice?

Alice hiess die Frau von Charles Todd, der für die Sicherheit beim Bau der Überland-Telegrafenlinie von Adelaide nach Darwin (1862-1872) verantwortlich war.

In Alice Springs sichten wir einige Berge und können mal wieder etwas wandern. Die MacDonnell Ranges sind nämlich nicht weit, und der Larapinta-Trail ist so schön wie sein Name klingt, auch wenn wir nur einzelne Teilstrecken absolvieren.

Die MacDonnell Ranges sind eine 650 km lange Bergkette aus rotem Sandstein. Ihre parallel laufenden Bergkämme sind immer wieder von engen, querlaufenden Einschnitten (Klusen, engl. Gaps) durchbrochen.

Simpsons Gap

Vom Uluru zum Kakadu

„Weshalb", fragen wir uns, „fahren wir Tausende von Kilometern ins Niemandsland und ins Red Centre von Australien, um einen alten vor sich hin rostenden Sandsteinfelsen, der nur 50 m höher als der Eiffelturm ist, zu sehen? Haben wir nicht genug damit zu tun, unser Segelboot vor Flugrost zu bewahren?!"

Kaum angekommen beim Uluru (früher Ayers Rock genannt), beginnt es zu regnen und der Rost auf dem Felsen nimmt noch zu. Aber was für ein Fest für Augen und Kameras am andern Morgen. Es ist nicht nur das frisch gewaschene Himmelsblau, nein, auch die Wüstenpflanzen beginnen zu spriessen, öffnen ihre Knospen, sobald sie auch nur einen Milliliter Regen erhalten. Und Uluru und Kata Tjuta (früher Olgas genannt) sind in ihren Farben und Formen tatsächlich atemberaubend, sei es bei Regen oder Sonne.

Im Gegensatz zum Uluru, der aus Sandstein besteht, sind die Kata Tjutas aus Konglomeraten gebildet. (Wir bezeichnen sie in den Voralpen Europas als Nagelfluh). Uluru und Kata Tjutas gemeinsam ist, dass ihre Gesteine durch Erosion eines viel älteren Gebirges entstanden sind. Im einen Fall wurden durch Flüsse grosse Mengen an Sand abgelagert, im andern Fall Geröll.

Auf unserem Weg vom Uluru zum Kakadu-Nationalpark versuchen wir, mehr über die Kultur der australischen Ureinwohner (Aboriginals) herauszufinden. Im Gespräch mit dem Besitzer einer Kunstgalerie erfahren wir, dass es erst 30 Jahre her sind, seit die letzten Ureinwohner zum ersten Mal zu weissen Menschen in Kontakt traten. Die Schlagzeilen der internationalen Presse lauteten: „Der vergessene Stamm" oder „Die letzten Nomaden". Bis dahin hatte diese kleine Gruppe ihr Nomadenleben in der Grossen Sandwüste gelebt, genau so wie ihre Vorfahren seit Zehntausenden von Jahren. Wir fragen uns, wie sie, ausgestattet mit einem Speer, einer Speerschleuder, einem Bumerang und einem Stock zum Graben, in einer endlosen Wüste bei heissen Tagestemperaturen und eiskalten Nächten überleben konnten.

Von einem Aboriginal-Ranger lernen wir eine Menge über die tägliche Nahrung, welche die Wüste bietet, wenn wir denn nur wissen, wo zu schauen, wann zu ernten, wie zu fangen und wie zubereiten.

Er sagt: „Es ist wie in einem Supermarkt." Uns erscheint das Ganze um einiges schwieriger – und es gibt keine Super-Bonus-Sammelpunkte-Aktionen.

links:
Kata Tjutas

Die Tiere spielen eine wichtige Rolle in der Kultur der Aboriginals, nicht nur als Nahrung, sondern auch in ihren Geschichten und in ihrer Geschichte.
Wir hören von den Gesetzen der Ureinwohner und merken bald einmal, dass das, was wir Europäer in unserer Art, schnell mal alles zu vereinfachen, als „Traumzeit" bezeichnen, weit mehr umfasst. Der Ausdruck „Traumzeit" beruht wohl auf einem Übersetzungsfehler durch Ethnologen.

„Tjukurpa" nennen es die Anangu, die in der Region des Uluru leben. Sie meinen damit gleichzeitig Vergangenheit, Gegenwart und Zukunft, die spirituelle, natürliche und moralische Ordnung der Welt. Der „Traum" ist dann die Fähigkeit, die Welt und die Zusammenhänge zu verstehen.

„Tjukurpa" wird nur mündlich weitergegeben. Sie beinhaltet religiöse, philosophische und soziale Grundsätze ebenso wie Erziehung und Geschichten über den Ursprung des Menschen. Das Grundprinzip von „Tjukurpa" lautet, dass Menschen und Erde unzertrennbar miteinander verknüpft und gegenseitig voneinander abhängig sind. „Tjukurpa" ist alles: Es ist das Gesetz schlechthin; und dieses Gesetz kann im ersten Moment sehr grausam scheinen. Aber bedenke: Dieses Gesetz hat Hunderte von verschiedenen Aboriginal-Stämmen in den harschesten Umweltbedingungen für über 60'000 Jahre zusammengehalten – bis die Europäer kamen!

Wir Europäer sind stolz auf unsere Kultur, welche gerade mal einige tausend Jahre zurück zu den Griechen und Römern reicht. Und wir lieben es, unseren Gästen griechische Tempel und romanische Kathedralen zu zeigen. Aboriginals bauten nie Kathedralen und konstruierten keine Atombombe. Sie werden von uns Weissen schnell mal als primitives Volk abgetan. Aber Aboriginals brauchen keine Kathedralen, erbaut von Sklaven oder durch Zwangsarbeit. Herausragende Felsformationen sind für sie heilige Plätze; die Natur ist der Ort für Zeremonien. Darum bitten die Aboriginals uns Touristen, nicht auf den Uluru und andere heilige Felsen zu klettern. Aber gemäss „Tjukurpa" würden sie es uns nie verbieten, ja, sie fühlen sich gar verantwortlich für Touristen, welche an einem der Felsen stürzen.
Also: Falls du beabsichtigst, den Uluru zu besteigen, bedenke dies: Was würdest du sagen, wenn Tausende von Aboriginals in den Kölner Dom kämen, den Altar bestiegen, darauf ihr Picknick essen und vor dem Runterklettern urinieren würden?

rechts:
Uluru

Am Anfang der Zeit kam das Volk der Mala von Norden und sah diesen Felsen. Sie dachten, das wäre ein guter Ort für eine Inma (Zeremonie). Mitten in die Vorbereitungen kamen aus Westen zwei Wintalka Männer und luden die Mala zu ihrer Inma ein. Die Mala lehnten ab, weil sie ihre eigene Zeremonie nicht unterbrechen wollten.
Die enttäuschten Wintalka riefen den Teufelshund Kurpany, der die Inma der Mala stören sollte. Luunpa das Eisvogel-Weibchen warnte die Mala, aber diese wollten nicht hören.

Während sich Kurpany den Mala näherte, verwandelte er sich dauernd in andere Gestalten; er war ein Mamu, ein Geist. Er ging zum Angriff über und tötete mehrere Mala. In grosser Angst flohen die Mala Richtung Süden und kamen nie mehr zurück. Luunpa ist nun ein grosser Fels und hält immer noch Ausschau. Die Fussspuren Kurpanys sind noch immer in den Felsen zu sehen.

(Sage der Aboriginals)

Zusammenkunft der Schwergewichte

Wir kehren rechtzeitig für das Whale Watching an die Ostküste Australiens zurück.

Buckelwale ziehen im Juni von der Antarktis Richtung Norden bis zum Great Barrier Reef, um dort ihre Jungen zu gebären, und bis Ende November sind sie wieder zurück in der Antarktis. Auf ihrer Hin- und Rückreise halten sie sich eng an die Küste. Die Buckelwal-Weibchen fühlen sich wohl hier, spielen mit ihren Jungen und nutzen die warme, eher ruhige See für Pausen. So kommt es, dass sich die Ostküste von Stradbroke Island hervorragend dazu eignet, Wale zu beobachten.

Uns bietet sich die Chance, einen Biologen im Schlauchboot raus aufs Meer zu begleiten.*
Er sammelt „Nasenschleim" aus dem Blas der Wale. Dazu hat er eine Drohne gebaut, eine kleine Petrischale daran befestigt und dieses Vehikel fliegt er nun ferngesteuert exakt über die Stellen, wo die Wale auftauchen und ausatmen. Den Schleim, der auf der Petrischale hängenbleibt, analysiert er auf Bakterien und DNS.

*www.humpbacksandhighrises.org

Drohnen dürfen zur Zeit in Brisbane und Umgebung sonst keine mehr fliegen, denn der gerade stattfindende G20-Gipfel hat die strengsten Sicherheitsbestimmungen der australischen Geschichte hervorgebracht. Dass das Mitführen von Boden-Luft-Raketen und Panzerfäusten in der City von Brisbane verboten ist, können wir nachvollziehen. Zusätzlich ist auch das Mittragen von Tomaten und Eiern nicht erlaubt, weshalb in der Stadt nur noch die „führenden" Politiker dieser Welt anzutreffen sind.
EINE Politikerin aber hat Eier und mischt sich in der Pub-Meile für Selfies unters Volk: Angela.

Noch mehr Mut hat Serge Testa.* Wir lernen ihn in Scarborough kennen. Sein Boot ist so was Besonderes, dass es nun im Queensland Museum in Brisbane steht. Wir können kaum glauben, was wir da hören; was hatte der Mann für Schutzengel – und was für einen Durchhaltewillen.

Er erzählt uns, wie er als junger Bootbauer die Idee hatte, allein um die Welt zu segeln, und ein Aluminium-Boot entsprechend seinen Bedürfnissen und Finanzen baute. Seine „Acrohc Australis" hatte einen Mast von 5.5 m, einen Tiefgang von 1.5 m, war 1.5 m breit und konnte verschlossen werden wie ein Unterseeboot. Das Unglaubliche: Sie war nur 11 Fuss und 10 Inches lang (3.60 m)!

Damit startete er 1987 von Brisbane Richtung Norden, aber bereits 10 Meilen weiter, in der Gegend von Scarborough lief er auf ein Riff, denn seine nautischen Kenntnisse waren weniger gut als seine bootsbauerischen. Weiter nördlich strandete er nachts an der Küste, weil er eingeschlafen war und die Windsteuerung nach einem Winddreher das Boot im rechten Winkel auf die Küste steuerte. Die Strecke durch den indischen Ozean zwischen Darwin und den Weihnachtsinseln kam ihm etwas stürmisch vor, aber erst bei der Ankunft erfuhr er, dass er drei Taifune durchquert und überlebt hatte.
Er erreichte aber sein Ziel und hält damit immer noch den Rekord für die Einhand-Umsegelung mit dem kleinsten Boot.

Wie schaffen es Menschen nur, solche Strapazen auf sich zu nehmen und nicht aufzugeben?

*Testa, Serge: 500 Days: Around The World on a 12 Foot Yacht, Trident Press, 1988

Leichte Sprache

Gute Kommunikation ist wichtig und manchmal entscheidend. Und was lesen wir dazu in der Neuen Zürcher Zeitung (ausgerechnet da)?: „Alle Bläser, die noch keinen Ständer haben, kommen bitte nach oben und holen sich einen runter!"

Es ist zwar ein Leserbeitrag und nicht die Meinung der Redaktion (so sie denn eine dazu zu haben hätte). Sie hat sich aber bis jetzt auch nicht davon distanziert.

Worum geht es eigentlich?

Auch in unserem Land gibt es viele Menschen, die nicht richtig lesen oder schreiben können, und die darum nicht verstehen, was wir in unserer Hochsprache sagen wollen. Deshalb wurde die „Leichte Sprache" erfunden. Und wie so vieles, was die Welt nicht braucht, stammt die Erfindung aus den USA. Die Idee ist, dass die „schwierige Sprache", also die, welche wir täglich sprechen und schreiben, in die „Leichte Sprache" übersetzt wird, damit alle wissen, was gemeint ist.

Das tönt etwa so:

„Die Fasnacht ist ein lustiges Fest. Sie findet auf der Strasse statt. Die Menschen verkleiden sich. Einige Leute trommeln. Andere pfeifen. Die Fasnacht beginnt am Montag. Am Donnerstag ist die Fasnacht vorbei. Jetzt ist fertig mit lustig."

Maske, Neukaledonien

Die wichtigsten Regeln für die „Leichte Sprache" lauten wie folgt: kurze Wörter (längere Wörter mit Bindestrich teilen), keine langen Sätze, keine Passivkonstruktionen, keine Verneinungen, kein Konjunktiv, Nebensätze nur ausnahmsweise und niemals eingeschoben. Und Piktogramme sind ein Muss. Bereits existiert ein Buch mit 500 Piktogrammen für die „Leichte Sprache".

Damit bewegen wir uns also sprachlich zwischen Homo erectus und frühem Neandertaler.

Wir erinnern uns an eine Diskussion mit unseren kalifornischen Freunden vor etwa 30 Jahren. Schon damals wurde in amerikanischen Kinderbüchern die Sprache vereinfacht. Märchen ja, aber doch nicht in der Sprache der Gebrüder Grimm!

Amerikanische Präsidenten sprechen ja schon lange eine einfache Sprache. Immerhin, das müssen wir positiv sehen (eingeschobener Nebensatz!), könnte (Konjunktiv) die „Leichte Sprache" den aktuellen pädagogischen Zwist in der Schweiz über Früh-Französisch und Früh-Englisch auf elegante Weise beenden.

Die Lösung: Früh-Leichte-Sprache für alle, schon ab der 2. Klasse des Gymnasiums.

Dazu fordern wir, Helvetismen zu erlauben und Anglizismen ab sofort unter Strafe zu stellen. Schluss mit After-Wörk-Party, Expäts und Product-Mänätschern!
Und für alle Diskalkulitiker verlangen wir eine „Leichte Mathe": Nur noch Kleines Einmaleins und darüber hinaus nur noch Addition!
Die Subtraktion ist als nicht lebensbejahende Operation grundsätzlich abzulehnen und die schwierige Division ist sowieso diskriminierend.

Ich Tarzan, du Jane. – Wir haben fertig.

Octopus
Manchmal wären wir froh, wir hätten auch acht Arme!

Tagebuch, 25.12.2014
In den letzten Wochen haben wir alle Stagen und Wanten ersetzt, zwei neue Roll-Anlagen eingebaut, beim Kühlschrank die Steuereinheit ausgewechselt und ihn komplett neu isoliert. Die Arbeiten forderten unseren vollen geistigen und körperlichen Einsatz, und wir sind mal wieder reif für eine Pause. Heute starten wir nun zu unserer zweiten Landreise, die uns in den Süden Australiens führt.

Der lange Schatten

Der holländische Forscher Abel Tasman landete 1642 als erster Europäer in Tasmanien und nannte die Insel „Anthony van Diemen's Land" nach seinem Sponsor, dem Gouverneur von Holländisch Ost-Indien.

Diese Insel ist eine echte Schönheit: Wir besuchen „The Nut", ein 140 m hoher Felsen, der aus dem Wasser der Bass Strait emporragt. Wir wandern zur berühmten Wineglass Bay im Freycinet National Park, und weil's so schön, ist gleich noch weiter zur Hazard Bay und schwimmen dort – alleine auf weiter Flur – im kristallklaren Wasser. Im Landesinnern ziehen wir den Duft von Lavendelfeldern in unsere Lungen und essen köstliche Kirschen direkt vom Bauernhof.

Hazard Bay

Die Briten waren die ersten Kolonialisten, die sich in Tasmanien niederliessen (1803). Und was machten sie aus dieser Schönheit? Richtig! Eine Strafkolonie ... wieder mal.

Strafgefangener zu werden war in diesen Tagen nicht schwierig; einem wohlhabenden Mann in London ein Taschentuch zu stehlen genügte und schon warst du auf einem mehrmonatigen Segeltörn über den Atlantik und den Indischen Ozean, angekettet unter Deck, ohne Toilette mit Wasserspülung und ohne Captain's Dinner.

Die ersten Aboriginals kamen aber mindestens 35'000 Jahre früher nach Tasmanien. Vor 10'000 Jahren dann schnitt der steigende Meeresspiegel Tasmanien vom Rest des australischen Kontinents ab und isolierte die Aboriginals bis zum unheilbringenden Eintreffen der Engländer. Vor deren Erscheinen lebten etwa 10'000 Aboriginals in Tasmanien; einige Jahrzehnte später war kein einziger mehr übrig. Viele starben an eingeschleppten Krankheiten, andere wurden im sogenannten „Schwarzen Krieg" (1823-1834) getötet und die Übriggebliebenen wurden auf Flinders Island deportiert.
Einige nennen es Völkermord.
Im Gegensatz zur australischen Regierung hat das Britische Parlament sich bis jetzt nicht dafür entschuldigt, was die Engländer den Aboriginals angetan haben.

Ein langer Schatten über einer wunderschönen Insel.

Betroffenheit und Traurigkeit erfassen uns auch beim Besuch des Australischen Kriegsdenkmals in Canberra, wo 102'000 Namen in langen Bronzetafeln eingraviert sind; Namen von Australiern, die in den Kriegen des Commonwealth gefallen sind. Und die Zahl steigt immer noch weiter.

Australian War Memorial, Canberra, ein Kriegsdenkmal – es wäre besser, vorher mal zu denken.

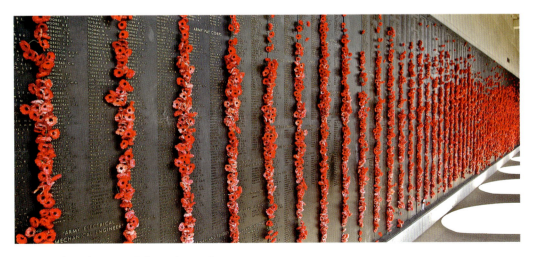

102'000 in Kriegen gefallene Australier

Der lange Schatten

Am Abend nach dem Besuch des Australian War Memorials sehen wir im Fernsehen die Nachrichten über das Massaker in Paris in der Charlie Hebdo Redaktion und wir fragen uns, ob das der Anfang eines neuen Religionskrieges ist. Ist aber der Ausdruck „Religionskrieg" nicht ein Widerspruch in sich?
Und warum werden immer wieder Grausamkeiten im Namen einer Religion begangen? Und wo ist der Unterschied zwischen religiösem Terror und terroristischer Religion? Und wozu dient eine Religion wirklich? Und warum sind alle Religionsstifter männlichen Geschlechts?

Das Wort Religion kommt vom Lateinischen „religio" und hat dort nicht nur die Bedeutung „Religion", sondern auch: Aberglaube, Frevel, Fluch, Bedenken. Das Wort „Liebe" kommt dabei nicht vor.
Mit Glück erhalten wir Karten für ein Konzert im Opernhaus von Sydney, und es ist ein wunderbarer Moment, als 2600 Menschen zusammen „All You Need Is Love"* singen – nicht weit entfernt vom Ort eines anderen Massakers, im Lindt Café in Sydney, 2014. Und während wir diese Zeilen schreiben, singen in Kopenhagen 40'000 Menschen „Imagine" von John Lennon.**

Alles ist gesagt mit diesen zwei Liedern.

Die gerade Neun

Da hat sich der gute Darwin damals furchtbar geärgert, als er seine Theorie der Evolution schrieb. Im fehlten Belege, dass vor der Zeit der Trilobiten (Dreilappkrebse) schon andere, einfachere Lebensformen existierten. Und wir hören das hämische Gelächter und sehen die erhobenen Zeigefinger aller Kreationisten, die schon immer wussten, dass die Erde genau am 23. Oktober 4004 v. Chr. erschaffen wurde.
Armer Darwin.
Dabei kam er der Sache doch eigentlich nahe, denn die Beagle segelte durch den Pazifik nach Neuseeland, dann nach Sydney, Hobart und zum King George Sound an der Südwestküste Australiens. Und eben dort finden sich ganz spezielle Kalkgesteine, welche eine merkwürdige Schichtung aufweisen. Mittlerweile gelten die Knubbel als die ältesten Fossilien und die ersten überlieferten Strukturen, die von Lebewesen aufgebaut wurden. Dabei handelt es sich um dünne Schichten von Mikroorganismen, welche durch ihren Stoffwechsel den Kalk im Meer-

*Lennon, John/Mc Cartney Paul (1967): Album „Magical Mystery Tour", Parlophone

**Lennon, John (1971): Album „Imagine", Apple/EMI

Trilobit

wasser zum Ausfällen brachten und so Schicht um Schicht bauten, ähnlich den Korallen, welche damals aber noch nicht existierten.

Die ältesten dieser Stromatolithen sind 3.5 Milliarden Jahre alt; damit schlagen sie die Trilobiten um schlappe 3 Milliarden.

Etwas jünger sind die Felsen, genannt die 12 Apostel, die mit ihren Füssen im kalten Wasser der Bass Strait entlang der Great Ocean Road stehen. Aber die Apostel sind auch nicht mehr, was sie einmal waren und werden immer weniger. Die Wellen knabbern seit einigen Jahrtausenden an ihren Füssen, und immer wird mal wieder einer schwach und kippt weg. Standhaftigkeit und Glauben an die Ewigkeit dahin, sozusagen. Dabei hiessen die 12 Felsen, die da in der Brandung stehen, früher ganz anders, nämlich Sow and Pigs, zu Deutsch Sau und Schweine. Erst Mitte des 20. Jahrhunderts gab es (wie schon auf Fatu Hiva) einen wundersamen Namenswechsel.

Dass es schon 1864 beim ersten Eintrag in eine Seekarte nur neun und nicht zwölf Felsen waren, spricht nicht gerade für den Mathematik-Unterricht in den australischen Schulen. Aber lassen wir die Neun gerade sein.

Dafür lieben wir die Aussies: Sie nehmen es nicht so genau, und Nomen ist nicht unbedingt Omen. Und ob neun oder zwölf ist doch wurscht. Und auf ein bisschen früher oder später kommt's nun auch wirklich nicht an.

Advance Australia Fair!

Stromatolith
von griechisch:
stroma (Decke) und
lithos (Stein)

Broken Hill

Friedhof von Broken Hill
Arbeiten in den Minen war nicht die gesündeste Art, sein Leben zu verbringen. Der Friedhof musste mehrmals vergrössert werden. Weil alles von den wilden Tieren weggefressen wird, behelfen sich einige Hinterbliebene mit Gittern, die über die Gräber gestülpt werden.
Die Lebenserwartung zur Zeit des Silberrausches war nicht sehr hoch. Allerdings starben die Einwohner nicht nur an Unfällen, Staublunge oder Schiessereien, sondern besonders auch an Typhus.

Beim Eintreten in diese kleine Galerie für Kunst und Kunsthandwerk der Aboriginals ahnen wir noch nicht, was für besondere Charaktere wir hier treffen würden. Wir sind erstaunt über die hohe Qualität einiger Ausstellungsstücke. David, der Besitzer, sitzt hinten in der Ecke seiner Galerie und malt gerade selbst in der Technik der Aboriginals, indem er mit einem dünnen Holzstäbchen Acrylfarbe Tupfer für Tupfer auf die Leinwand setzt.

Er sieht nicht aus wie ein Ureinwohner und scheint unsere Gedanken zu lesen. „Als ich ein bisschen jünger war", sagt er, „arbeitete ich als Lehrer in einer Aboriginals-Siedlung in der Gibson Wüste, einige hundert Meilen westlich von Alice Springs. Ich war der erste Weisse, der von diesem Stamm initiiert wurde, und sie gaben mir den Namen „Tjungarrai". Einer der alten weisen Männer gab mir vor seinem Tod den Auftrag, die Geschichte des Yams aufrecht zu erhalten. Und dies male ich jetzt hier."

„Oh hier kommt Stag; er hat soeben einen Kunst-Preis gewonnen. Der Titel seines Werkes lautet: ‚Mein Leben im Busch und in der Stadt'. Das Bild zeigt sehr schön, wie Stag die Verbindung schafft zwischen der Kultur seiner Vorfahren und dem Leben im 21. Jahrhundert."

Ein bisschen später wagen wir es, Stag zu fragen, ob er von seiner Kunst leben könne. „Ja", sagt er, „und falls nicht, werde ich Sit-Down-Money erhalten." Weil wir ein bisschen hilflos dreinschauen, erklärt er: „Im Verlaufe des 20. Jahrhunderts realisierte die australische Regierung, dass die Ureinwohner eigentlich dieselben Rechte haben sollten wie die weissen Menschen im Land. Also kommt eines Tages ein Vertreter der Regierung in ein abgelegenes Dorf, um den Leuten zu erklären, dass sie von nun an Geld erhalten würden, wenn sie arbeitslos wären. „Was müssen wir tun, um dieses Geld zu erhalten?", fragt der Weise des Stammes. „Nichts", sagt der Beamte, „setzt euch einfach hin und wartet auf das Geld." Und seit dieser Zeit heisst die Arbeitslosenunterstützung: Sit-Down-Money.

Gerade als diese Einsicht in die Wirkweise der sozialen Wohlfahrt in unser Gehirn eingesickert ist, kommt ein in Lumpen gekleideter Typ in die Galerie und stellt sich als „Jimmy" vor. „Seid ihr bereit für die Samtene Revolution?", fragt er uns, nicht wissend dass wir keine Australier sind.

„UNSER LAND STECKT IN EINER KRISE!" brüllt er, „ÖKONOMIE! LANDWIRTSCHAFT! KLIMAWANDEL! PENSIONSKASSEN! BANKEN! ERZIEHUNG!!!" – Kommt uns bekannt vor, denken wir.

„WEHRT EUCH FÜR EURE VERFASSUNGSMÄSSIGEN RECHTE! WISSEN IST MACHT! EINIGKEIT MACHT STARK!!!"
„Viribus unitis", murmelt Nelly in Erinnerung an die ersten Kooperativen in Europa.

„Äh, sorry, Jimmy, die beiden kommen aus der Schweiz" sagt David, „sie segeln um die Welt."
In diesem Moment betritt eine ältere Dame die Galerie und hört grade noch die letzten Worte.
„Wohin segelt ihr als Nächstes? Zu den Philippinen? Ich würde liebend gerne die Philippinen besuchen. Ich bin Anthropologin und war schon beinahe überall auf der Welt. Kann ich bei euch anheuern?"
„Darf ich euch Sandy vorstellen", unterbricht David, „sie ist meine beste Werberin."
Wie um dies zu beweisen, sagt Sandy: „Schaut euch diese Schnitzereien an! Sind sie nicht wunderbar!? Davon müsst ihr eine kaufen! Und übrigens: Ich lade euch heute zum Dinner ein, sagen wir um 18.00 Uhr, hier ist meine Adresse." Und schon humpelt sie von dannen; nach zwei Hüft- und fünf Krebsoperationen steht ihr nun eine Knieoperation bevor. Aber sie sprüht vor Energie und Begeisterung.

Und worüber diskutieren wir beim Dinner und einer Flasche Wein mit Sandy, diesem Cherokee-Indianer-Halbblut, geboren in den USA, nun in Broken Hill in der Wüste Australiens lebend? Natürlich über Australien. Sandy: „Die Wahrheit ist beängstigend!":
Wir reden über Welt-Gesundheit, soziale und ökonomische Gewohnheiten und Verhalten der Australier, die Bush-Familie (nicht diejenige aus dem Outback, sondern diejenige aus dem Wilden Westen).
UND: Keuschheit vor der Ehe, Geburtenkontrolle: Prinzipien und Methoden. Das perfekte Spät-Abend-Thema für Graue Nomaden wie wir drei.

Zum Abschied schenkt sie uns zwei Steinfiguren aus Afrika.

Oh, Happy Night!

Vor 1.7 Milliarden Jahren lagerten hier heisse Quellen auf dem Meeresboden Silber-, Blei- und Zinksulfide ab. Vor 30 Millionen Jahren wurden die Barrier Ranges angehoben und der Erzkörper wurde nach oben gekehrt, wo er dann 30 Millionen Jahre vor sich her rostete. Dabei bildeten sich Silber-, Blei- und Zinkoxid. An vielen Orten stehen noch Zeugen des vergangenen Silberrausches.

Blue Planet Odyssey: Einmalige Segel-Rally um die Welt mit dem Ziel, Umweltschäden zu erforschen und darauf aufmerksam zu machen.

Morgestraich: Beginn der dreitägigen Basler Fasnacht um 04.00 Uhr in der Früh

Tagebuch, 20.2.2015
Wir sind vor 9 Tagen von unserer Landreise auf die Alua nach Scarborough zurückgekehrt. Das Boot ist in bestem Zustand. Wir realisieren, dass wir beim nächsten Mal, wenn wir die Alua verlassen werden, es für immer sein könnte.
Nun herrscht kurz Ruhe vor dem Sturm; die Ausläufer des Wirbelsturms Marcia werden uns in der Nacht erreichen. Marcia traf als Kategorie-5-Zyklon auf die Küste bei Rockhampton und hat dort heute einige Verwüstung angerichtet. Wir haben soeben zusätzliche Leinen ausgebracht und auch das unbewohnte Nachbarschiff zusätzlich gesichert.

Tagebuch, 21.2.2015
Barometer: 1010 hPa. In der Nacht nur wenige leichte Schauer. Jetzt, um 11:15 aber seit drei Stunden Regen, Regen, Regen. Dafür hat sich Cyclon Marcia abgeschwächt. Trotzdem, die Anspannung bleibt. Planungsarbeiten für Törn 2015 begonnen.

Tagebuch, 22.2.2015
Bewölkt, schwül. Jimmy Cornell teilt auf unsere Anfrage hin mit, dass die Blue Planet Odyssey nicht durchs Rote Meer fahren wird. Peter ist total betrübt. Er hatte geplant, ab Juli zusammen mit der Rally zu reisen.

Tagebuch, 23.2.2015
Regnerisch, schwül. Zahnarztbesuch. In Basel ist Morgestraich, bei Peter kommt Heimweh auf. Rettungsinsel abmontiert, die sechs alten Service-Batterien, total 186 kg, zum Entsorgen gebracht. 37.5 AU$ dafür erhalten.

Tagebuch, 24.2.2015
Sonne und Wolken, schwül. Rettungsinsel zu Marine Safe nach Coomera zur routinemässigen Sicherheitsprüfung gebracht.

Logbuch
3.4.2015
07:50 Leinen los, Compass Marina Scarborough. Unser „Heimweg" beginnt!
14:00 Leinen fest, Mooloolaba Marina.
Hier lassen wir eine neue Kuchenbude anfertigen.

Tagebuch 16.4.2015
Nach drei Pannen – einmal falsch gemessen und entsprechend schräg genäht, beim zweiten Mal zu wenig Spannung im Dach und zwischendurch noch aus Versehen in die neue Sprayhood geschnitten – sind unser neues Bimini und unsere neue Kuchenbude heute mit vier Tagen Verspätung fertig.

Logbuch
18.4.2015
11:00 Anker fest im Gary's Anchorage (Fraser Island).
Nach der schlaflosen Nacht in der Wide Bay sind wir begeistert von Gary's Anchorage: absolut friedlich, sandiger Ankergrund. Unsere australischen Freunde von der SY Somewhere empfangen uns hier.

Gary's Anchorage

Tagebuch, 21.4.2015
Hervey Bay, Scarness
Unruhige Nacht hinter uns. Mussten weit draussen ankern, weil zu untief. Westwind. Sehr selten um diese Jahreszeit. Strom von der Seite. Ruder schlägt. Mit Dinghy heute Morgen anlanden nicht möglich. Sind deprimiert. Unsere Freunde von der SY Somewhere kommen um 12:00 mit Patisserie. Stimmung heitert auf und das Wetter auch.

Logbuch
24.4.2015
15:55 Anker fest im Pancake Creek

Licht aus!

Mit unseren Freunden von der SY Lazy Lady wandern wir zum Bustard Head Light (Trappen-Kopf-Leuchtturm). Die Trappe ist ein grosser, am Boden lebender Vogel aus der Familie der Kraniche. Im kleinen Museum dort finden wir diese aufregende Story. Es ist eine wahre Geschichte, und sie scheint uns typisch für Australien. Wir schreiben sie ab und übersetzen sie, ohne um Erlaubnis zu fragen. Die Trappe möge uns verzeihen. Später finden wir das Buch dazu: Buchanan, 1999*.

*Buchanan, Stuart: Lighthouse Of Tragedy: The Story Of Bustard Head, 1999

„Es ist stets des Leuchtturmwärters erste Pflicht, dass sein Licht für die Sicherheit des Lebens auf See während der ganzen Nacht nicht erlischt. Aber am Samstagabend des 8. Juli 1972 wurde der Leuchtturmwärter Jack Atherton gebeten, zur Rettung von vier Menschen auf See das Feuer vom Bustard Head auszuschalten.

Am frühen Abend hatte die Polizei in Bundaberg von einem Notruf erfahren, der vom Motorschiff „Alhambra" ausgesendet worden war. Die Besatzung hatte mitgeteilt, dass sie einen Motorschaden habe, dass das Schiff leck geschlagen sei und zu sinken drohe. Sie sahen ein Blinken eines Leuchtturms, wussten aber nicht, ob es Bustard Head oder Sandy Cape war. In Übereinkunft mit Jack Atherton erhielt die Polizei von der zuständigen Behörde die Erlaubnis, das Bustard-Head-Leuchtfeuer für eine Minute auszuschalten. Aber als die Polizei versuchte, Bustard Head wieder anzurufen, war die Leitung dauernd besetzt. Offenbar war der Hörer im Haus des Leuchtturm-Wärters nicht richtig aufgelegt.

Nach mehreren vergeblichen Versuchen, Jack Atherton zu erreichen, kontaktierte die Polizei die Telefonzentrale von Gladstone. Der Techniker vom Dienst, Dick Steindl, bestätigte, dass der Hörer nicht richtig eingehängt sei, und sendete einen hohen Pfeifton durch die Leitung. Aber Jack hörte es nicht.

Über die offene Leitung konnte Dick den Ton eines Fernsehprogramms hören, konnte das Programm aber nicht identifizieren. Er rief seinen Sohn an und bat ihn, die Fernseh-Kanäle durchzuklicken, bis der Ton zu jenem aus dem Leuchtturm passte. Sie fanden heraus, dass Jack Atherton die „Forsyte Saga" auf ABC Television schaute. Dick verständigte die Polizei, welche den Programmdirektor in Brisbane anrief. Der willigte ein, eine Nachricht auf die Bildschirme zu projizieren.

Und kurze Zeit später sahen alle, die gerade ABC Television schauten, folgende Nachricht:

DER LEUCHTTURM-WÄRTER VOM BUSTARD HEAD
SOLL BITTE SEIN TELEFON ABNEHMEN!

Im ersten Moment trauten Jack und Babs Atherton ihren Augen nicht, als sie das lasen. Aber dann rannte Jack zum Telefon. Es wurde vereinbart, dass er genau um 23:25 das Leuchtfeuer für eine Minute ausschalten sollte. Die Funkstation in Canberra warnte alle Schiffe in der Umgebung. Um 23:26 funkte die Besatzung der „Alhambra", dass sie das Ausschalten gesehen hätte. Dank des nun eingeschränkten Suchgebietes konnte die Seerettung die „Alhambra" orten und schliesslich in einen Hafen schleppen."

Weil der Jenny Lind Creek zu seicht für die Alua ist, ankern wir nördlich des Bustard Head im Pancake Creek (rechts oben).

Logbuch
26.4.2015
06:10 Anker auf im Pancake Creek
13:48 Wir überqueren den Wendekreis des Steinbocks, 23°26' südliche Breite
14:45 Anker fest am Cape Capricorn

Wendekreis des Steinbocks

Wir halten eine Schweigeminute in Erinnerung an Henry Miller und seinen „Wendekreis des Steinbocks":
„Warum leben Menschen im haarsträubenden Klima der „gemässigten Zonen", wie sie fälschlicherweise genannt werden? Weil sie naturgemäss Dummköpfe, naturgemäss Faulpelze, naturgemäss Memmen sind. Bis ich etwa zehn Jahre alt war, realisierte ich nicht, dass es „warme" Länder gibt, Orte, wo man nicht für seinen Lebensunterhalt zu schuften braucht. Und auch nicht schlottern muss, um dann noch zu behaupten, dass es kräftigend und anregend sei."*

*Miller, Henry: Tropic of Capricorn, Obelisc Press, 1934

Wir fragen uns, ob wir jetzt tatsächlich die Heimreise antreten wollen, um wieder zu Dummköpfen zu werden?!
Einige sagen, Heimat ist da, wo du deinen Anker wirfst, andere sagen, da, wo du in den Kindergarten gingst. Da, wo du gelernt hast, fair zu spielen, zu teilen, andere nicht zu schlagen, Entschuldigung zu sagen, deinen eigenen Saustall aufzuräumen. Eine wunderbare Welt!
Einige sagen, Heimat ist da, wo du dich zum ersten Mal verliebt hast und wo dein geliebtes Fussball-Team Jahr für Jahr die Meisterschaft gewinnt.
Heimat ist für uns auch da, wo wir die beste Bratwurst, Kirschen direkt vom Baum, Zwiebelkuchen und Mehlsuppe essen können. Da, wo wir in kalten Winternächten Trommeln und Pfeifen hören. Und da, wo unsere Lieben wohnen – Familie und Freunde – die nach unserer Rückkehr ungefragt unseren Geschichten lauschen müssen: über das Segeln auf den Weltmeeren, das Durchqueren der Tropen und das Heimkehren in die „gemässigten Zonen".

Logbuch
27.4.2015
06:30 Anker auf am Cape Capricorn
13:25 Leinen fest in der Keppel Bay Marina, Yeppoon.
Über Funk hören wir die Warnung, dass nördlich der Marina ein 4.5 m langes Krokodil gesichtet wurde. Wir sind im Krokodilgebiet angekommen.

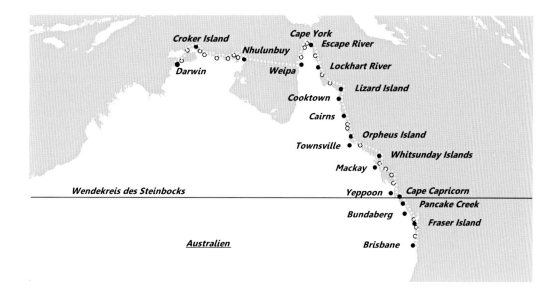

Logbuch
7.5.2015
06:00 Anker auf vor Brampton Island
Morgenrot mit Vollmond!
13:00 Fast auf die Minute genau kentert der Strom und treibt uns die letzten 12 Meilen an.
15:00 Anker fest in Cid Harbour

Whitsunday Islands, Traum aller Segler!

Tagebuch, 30.5.2015
Viele Schiffe gingen entlang des Great Barrier Reef unter, und viele Seeleute verloren ihr Leben. Einige hatten Glück und schafften es, vom Riff freizukommen, bevor das Schiff von den ständig brechenden Wellen zerstört werden konnte. Der berühmteste unter diesen war James Cook mit seiner „Endeavour". Kein Wunder sind sein Name und der seines Schiffes eng verbunden mit der Küste von Queensland.
Heute Nachtschlag von Cairns nach Cooktown. Wir segeln nahe am Endeavour-Riff vorbei. Der Meteorolüge verspricht 15–20 Knoten Wind, perfekt für eine angenehme Fahrt mit Ankunft zur Frühstückszeit. Ab Mitternacht bläst der Wind aber mit 30–35 Knoten. Wir reffen unsere Segel auf die Grösse eines Taschentuchs, um nicht bei Dunkelheit in den sehr untiefen Endeavour River einfahren zu müssen.

Das Mädchen mit dem Diamant-Ohrstecker

Ich will unbedingt, dass Peter meine Glatze und vor allem die ausgefallenen Brauen noch fotografiert. Ich stehe am Steuer der Hunter 340, reisse mir den Sonnenhut und die verhasste Perücke vom Kopf. Der Bändel des Hutes spannt so unglücklich über mein rechtes Ohr, dass ich den herzförmigen Diamant-Ohrstecker, den mir Peter zum 50. Geburtstag geschenkt hatte, abreisse. Das Herz geht über Bord, versinkt im Pazifischen Ozean in den Whitsundays vor der Ostküste Australiens.

Ich erinnere mich noch so genau, als wär es erst gestern gewesen. Aber tatsächlich geschah es vor 12 Jahren!

„Ich habe keinen guten Bescheid für Sie!", mit diesen Worten eröffnete mir Dr. M. vor 12 Jahren die Diagnose Brustkrebs. Operation, Chemotherapie, Bestrahlung und zwei Jahre Medikation mit Hormonblockern – alles psychoanalytisch und anthroposophisch begleitet – folgten, haben mich geheilt, aber auch verändert. Für immer. Dennoch war 2003 ein positives Jahr für mich. Ich startete den Weg zu mir selbst, und wir reisten nach Australien, um unseren Sohn zu besuchen, weil ich ab sofort nichts mehr aufschieben wollte, was mir wichtig war. Und wir charterten für zwei Wochen ein Segelboot.

Nicht nur 2003 wurde ich von meinem Liebsten verwöhnt, aber in jenem Jahr ganz besonders. Ich durfte mich um das kümmern, was mir wichtig schien: um mich. Ich lernte mich kennen. Warum musste ich dafür zuerst krank werden?

Schon vor 12 Jahren begrüssten uns die Gelbhauben-Kakadus im Nara Inlet. Und auch diesmal sitzt einer schon vor dem Ankermanöver auf unserem Bugkorb. Erinnert er sich noch an uns?

Tagebuch, 3.6.2015
Wir ankern vor Morris Island. Vollmond-Geburtstagsdinner für mich: Camembert mit frischen Brötchen und Merlot. Als Kulisse dient die berühmte einsame Insel, die jeder braucht. Ich weiss jetzt, warum diese einsamen Inseln so unerschlossen sind und es auch bleiben werden: Die Anstrengung, auf eigenem Kiel hierher zu kommen, ist riesig, für grosse Schiffe unmöglich und für Flugzeuge sind diese Inseln zu klein. So soll es bleiben.
Die SY Luna Blu liegt neben uns vor Anker. Wir sind aber alle zu müde, um das Dinghy zu wassern und gemeinsam zu feiern. Und morgen früh geht's wieder weiter. Unsere Freunde von der SY Luna Blu gratulieren per Funk und singen „Happy Birthday".

Morris Island

Logbuch
4.6.2015
09:25 böig, aber es läuft
11:30 Squall, 7 Bft, reffen
12:45 Squall, noch mehr reffen
13:00 ausreffen
13:25 Squall, reffen
13:30 ausreffen
14:45 Squall, reffen
15:30–17:00 vorsichtiges Hineintasten in die Lloyd Bay und in den Lockhart River. Endlich: Anker fest

Tagebuch, 4.6. – 8.6.2015
Squalls, Wolken, Starkwind und eine lange und untiefe Einfahrt in den Lockhart River. Mit Autopilot und gerefften Segeln haben wir's im Griff.
Wetterprognose: mehrere Tage Starkwind. Wir beschliessen, zusammen mit der SY Luna Blu vorerst hier zu bleiben. An Land können wir nicht: Starkwind (6–7 Bft), Wellen, Krokodile! Und zu sehen ist nur Wildnis. Wir backen Brot, putzen, beantworten Geburtstagsmails und machen Büroarbeit. Endlich Zeit, die Steuererklärung abzuschliessen.
Die Ruhe tut uns gut.

Logbuch
11.6.2015
Cape York umrundet!
Wir ankern in der Gegend von Seisia. Zum ersten Mal seit 9 Tagen sehen wir wieder Licht von Häusern.

Humbug Point

Bevor wir den Golf von Carpentaria durchsegeln wollen, liegen wir bei Weipa am Humbug Point vor Anker. Humbug war auf unserer Reise durchs Korallenmeer entlang des Great Barrier Reef, rund ums Cape York und bis Darwin einiges. Denn wenn du ums Top End von Australien segelst, geschieht manchmal Sonderbares. Wir müssen uns zuerst mal an untiefes Wasser gewöhnen und an Strömungen, welche unerwartete Umwege einschlagen. Wir kämpfen mit gefährlichen Schwellen und engen Passagen, wenn die Strömung mal nicht mit uns ist. Das Positive: Die Winde hier ums Top End sind wirklich top, selten unter 20 kn, aber immer aus SE bis E. Dazu ein konstanter N-Strom, der uns im immer enger werdenden Wasser zwischen Festland und Riff vorwärts schiebt. Die Strömungen schlagen in diesen untiefen Gewässern aber zum Teil überraschende Kapriolen, angetrieben durch Riffpässe und abgelenkt durch die Topografie des Meeresbodens, der nur wenige Meter unter Wasser liegt.

Wer die Einsamkeit liebt, der fahre nach Arnhemland. Endlose Sandstrände mit Dünen, dazwischen rote Felsbänder, obendrauf ein niedriger Wald oder nur Buschvegetation, das Land selten höher als 100 m über Meer. Das Arnhemland mit seiner Fläche von 91'000 km^2 gehört zu den grössten noch weitgehend unberührten Gegenden der Welt.

Eher gewöhnungsbedürftig sind die Einfahrten in einige Flussmündungen, wo uns oft nur 1 m Wasser unter dem Kiel bleibt und zwei bange Augenpaare das Echolot und den Echopiloten beobachten, besonders, wenn noch eine Brandungswelle in der Einfahrt steht.

Seit Wochen segeln wir in Sichtweite der Küste – ausgenommen bei der Durchquerung des Golfs von Carpentaria. Aber nirgends ist auch nur die Spur von Menschen zu erkennen. Dabei leben hier seit 60'000 Jahren Menschen, die es verstanden haben und immer noch verstehen, in dieser kargen wilden Gegend mit Regen- und Trockenzeiten, inmitten gefährlicher Tiere zu überleben.
500 Meilen segeln wir entlang der Küste von der Gove Peninsula bis zur Coburg Peninsula. Das Wasser ist selten tiefer als 20 m, warm und zum Bade ladend. Daraus wird aber nichts, denn Arnhemland ist auch Krokodilland, und wir wären nicht die ersten Segler, die einem Leistenkrokodil als Speise dienen. Sie sind überall, aber man sieht sie kaum – und manchmal zu spät.
Das Leistenkrokodil *(Crocodylus porosus)* frisst nicht nur Fische, sondern bei Gelegenheit auch einen Segler oder einen Angler. So geschehen 2 Wochen nach dieser Fotoaufnahme, als ein Angler seinen im Wasser verhakten Köder lösen wollte. Der Angler wurde nicht mehr gefunden, das Krokodil erschossen. Mut und Dummheit können tödlich sein.

Noch nie auf unserer Reise waren wir seglerisch so gefordert. Wir sind sicher, dass wir auf diesen 2500 Meilen seit Scarborough häufiger Segel gesetzt, gerefft, gefiert, geschiftet – und geflucht haben als auf den 10'000 Meilen über Atlantik und Pazifik zusammen.
Unsere Hände haben Schwielen von den vielen Segelmanövern, aber immerhin überlebten wir all die gefährlichen Passagen, die da heissen: Refuge Bay, Crocodile Island, False Point, Hard Landing, Escape Cliff, Danger Point, Fright Point, The English Companys Islands …

Nirgends im weiten Pazifik haben wir uns so einsam gefühlt. Dort hatten wir Einsamkeit erwartet, hier hofften wir auf die Begegnung mit einer alten Kultur. Die wenigen Aboriginals aber, die hier noch leben, suchen keinen Kontakt zu uns Seglern.
Kaum eine Menschenseele sehen wir daher auf unserer Reise entlang der Küste, obwohl wir jeden Abend an einem malerischen Ort vor Anker liegen. Jeden Abend seit Cooktown wählen wir mit unseren Freunden von der SY Luna Blu die gleiche Bucht. Und weil wir aber wegen der Krokodile nie an Land oder ins Wasser gehen, planen und besprechen wir uns nur über Funk miteinander. Nie empfangen wir eine Radiostation, nur selten haben wir über die Telefonverbindung eine schwache Internetverbindung, kein Skype, kein Facetime, keine Online-Zeitung, keine Börsendaten, keine Schlagzeilen über Banken oder Fifa-Skandale.

Ja, halten wir's aus?!

> **Logbuch**
> 29.6.2015
> 15:50 Leinen fest in der Bayview Marina in Darwin.
> Ein weiterer Meilenstein in unserem Seglerleben. Wir sind glücklich, Australien war grossartig.

rechte Seite:
Männliche Figur Zwischen 10'000 und 30'000 Jahre altes Felsengemälde der Aboriginal am Ubirr, Kakadu National Park, Arnhem Land

Humbug Point

Nach Asien

> **Logbuch**
> 25.7.2016, Darwin
> 08:05 Leinen los in der Bayview Marina, Ausfahrt durch die Schleuse
> 11:00 Start mit der Sail Indonesia Rally. Adieu Australien, wir kommen wieder – ohne Boot – an meinem nächsten runden Geburtstag.
> 23:30 Seit 18:00 traumhafte Segelbedingungen

Tagebuch, 25.7.2015
Rick, ein herzlicher Hafenmeister, und unser Freund Graham aus Scarborough zeigen uns nochmals, was australische Gastfreundschaft ist. Wir feiern eine fröhliche Abschiedsparty auf Grahams Balkon mit Blick auf die Marina.
So ist es nicht verwunderlich, dass wir mit Tränen in den Augen aus der Fannie Bay von Darwin Richtung Kupang in Indonesien segeln, noch ein Stück weit begleitet von Graham und Barbara in ihrem Motorboot.

Tagebuch, 28.07.2015,
18:00 Unterwegs in der Timor Sea. Wir hören eine Art zischendes Geräusch. Ich gehe ihm nach und finde zwei Trinkwasser-Bidons à 10 l, die in die Bilge zur Welle gerutscht sind. Ein Bidon ist geplatzt und die Bilgenpumpe saugt nun ein und aus. Es ist zu wenig Wasser, um richtig ausgepumpt werden zu können; die Pumpe saugt Luft.
Wir räumen einen Kasten im Eigner-WC leer, Peter angelt die Bidons raus, wir räumen um und trocknen die Bilge. Den Sonnenuntergang verpassen wir heute und auch die 18:00-Uhr-Funkrunde mit Andy. Und prompt funkt um 18:15 die SY Tortuguita und erkundigt sich, ob alles i.O. ist.

22:00 Mittlerweile „fliegen" wir mit 7 Knoten übers Wasser. Es sind aber nur noch 40 sm bis zur Selat Semau (Meer-Enge von Semau), der Einfahrt von Kupang. Dort sollten wir frühestens um 07:00 ankommen, weil sonst der Gegenstrom mit drei Knoten gegen uns läuft. Also reffen wir die Fock auf ein Minimum, Genua ganz rein. Wir haben auch noch 1 Knoten Strom mit uns. So bleiben wir immer noch auf 4.5 kn Speed.

> **Logbuch**
> 29.7.2015
> 07:00 Wir sind exakt zur gewünschten Zeit am gewünschten Wendepunkt für die Selat-Semau-Passage.
> 11:30 Anker fest in Kupang, West-Timor (indonesischer Teil Timors) 10°09'73" S; 123°34'11" E
>
> 4.08.2015
> Nordküste Timor
> 06:00 Prognose: schön, Wind E 7–15 kn, 1–2 kn Gegenstrom
> 17:50 Anker fest in Tanjung Gumuk, Naikliu, Timor

Tagebuch, 4.8.2015
20:00 SY Flomaida, SY Reverie und SY Millenium fragen über Funk nach unseren Plänen! Was uns allen Kopfzerbrechen macht, sind die Ströme, die wir auf der Überfahrt von Timor nach Alor mit 1–2 kn seitlich haben werden, und 20 Meilen vor Alor soll der Strom bis 7 kn ausmachen, wenn man nicht zum richtigen Zeitpunkt dort ist. Darum wird gerechnet und berechnet, denn der Stand des Mondes ist entscheidend für die Tiden!

> **Logbuch**
> 05.8.2015, Westküste Timor
> 11:00 Kabbelsee, Tiefe 80 m, gemäss Karte sind es 20–200 m
> 12:30 Funkverbindung mit SY Flomaida über VHF 16! Erstaunlich, denn sie sind über 60 Meilen von uns entfernt.
> 16:40 Anker fest in Tanjung Lipaltor

Tagebuch, 5.8.2015
Das Segeln heute war zeitweise perfekt; am Morgen und am Abend Delfine in Gruppen. Zwischendurch aber immer wieder Windflauten. Gut berechnet hat Peter den Strom, der fast die ganze Zeit mit uns war. Hier in Tanjung Lipaltor sind wir nun ganz alleine. Ein bisschen James-Cook- und Matthias-Flinders-Feeling kommt auf. Unglaublich, wo Peter und ich sind! TIMOR!

> 6.8.2015
> Wir wollten um 14:00 bei 08°29'34" S; 124°20'43" E sein, und das sind wir exakt. Geniale Berechnung von Peter. Nun haben wir den Strom mit uns. Nadir und Zenit belohnen uns dafür, dass wir sie beachtet haben.
> 18:05 Anker fest in Kalibahi, Insel Alor, Indonesien

Zenit: Scheitelpunkt, höchster Punkt des Himmelsgewölbes senkrecht zum Standort des Beobachters. Gegensatz dazu ist Nadir, der Fusspunkt zum Scheitelpunkt.

Kein Moko, keine Braut

Dr Sidi Abdel Assar vo El Hama, aus einem Lied von Mani Matter, kennen wohl die meisten Schweizer. Abdel versuchte, die schöne Tochter von Mohammed Mustafa zur Frau zu gewinnen und bot dem glücklichen Vater eine ganze Schafherde an. Der wollte aber 220 Kamele für seine Tochter. Und so zog Abdel Assar von dannen und ehelichte wenig später eine billigere – nicht so schön, dafür intelligent …

Auf der Insel Alor lebt bis heute ein ähnlicher Brauch; hier braucht man als Bräutigam keine Kamele, dafür eine Bronze-Trommel, genannt Moko, welche der Bräutigam der Familie als Preis für eine Braut übergeben muss. Die Mokos haben grossen Wert und werden in Alor seit Jahrhunderten gesammelt.

Und was macht der Bräutigam, wenn er keine Moko hat? Dann kann er von einer anderen Familie eine Moko kaufen, für etwa 15 Millionen Rupien – viel Geld in Indonesien.

1 Euro = 17'000 Rupien. Rechne!

Oder aber er singt das Lied von Bob Marley … No woman, no cry! Wobei mal klarzustellen ist, dass dieser Titel nicht in der Biertisch-Variante zu übersetzen wäre: „Keine Frau – kein Geschrei", sondern im Sinne Bob Marleys Trost-Song für eine arme Jamaikanerin: „Nein, Mädchen, weine nicht!"

Bis in die 1950er Jahre soll es auf Alor noch Kopfjäger gegeben haben. Hier tanzen die Einheimischen allerdings für uns und mit uns den Friedenstanz.

Mokos sind eine Art Kesselgong. Davon gibt es Tausende auf der Insel Alor. Die Muster auf den Mokos lassen darauf schliessen, dass einige von ihnen bereits 700 Jahre vor Christus aus Vietnam und China eingeführt wurden, andere wiederum zeigen Ähnlichkeit mit Mokos aus Java aus dem 13. Jahrhundert. Die Aloresen entdeckten sie vergraben im Boden und glaubten, sie seien eine Gabe der Götter. Ungeklärt ist bis heute, ob es sich um Opfer für die Götter in Zeiten der Not handelte oder ob die Mokos in Kriegszeiten vergraben wurden, um sie vor dem Feind zu schützen.

Moko, ca. 80 cm hoch

> **Logbuch**
> 10.8.2015
> Wie geplant um 04:30 aufgestanden, mit dem Ruf des Muezzins, der, wie jeden Morgen, über riesige Lautsprecher die ganze Bucht beschallt. 06:00 Anker auf, gemäss Lunar-Zenit und Nadir sollten wir Strom mit uns haben.
>
> 11.08.2015
> 07:30 HF Indo-Net auf 6227 kHz. Alle wohlauf, alle mit Gegenstrom, alle ohne Wind, egal, wo sie gerade sind! Sail Indonesia wird zur Motor-Indonesia!
> 16:30 Anker fest bei Bang Merang

Tagebuch, 11.8.2015
Wieder eine Riff-Einfahrt, Google-Maps helfen. Aber alle Küsten hier sind sehr tief. Nahe am Ufer oder Riff hat es immer noch um die 20 m. So sind wir wieder mal unruhig, weil Ströme uns Richtung grosses Fischerboot treiben. Wir fürchten, dass der Anker nicht hält.
17:25 Wir kommen dem Fischerboot immer näher. Strömungen! Wir gehen Anker auf, wollen weiter zur Küste, aber da blitzen mir im letzten Sonnenlicht die Korallenstöcke entgegen. Wir fahren Richtung Dorf, dort müssten wir auf 20 m Tiefe ankern können, aber die Fischer haben Netze gelegt und weisen uns weg.
*Um 18:00 ankern wir schliesslich in Balaurin, Insel Lembata, Indonesien – frustriert – **vor** dem Riff auf 17 m Tiefe. Wir liegen im Schwell ...*

Yani und Ahmad werden in einigen Wochen heiraten, und Ahmad bestätigt uns, dass er eine Moko hat, um sie gegen Yani einzutauschen. Sie wünschen sich einige romantische Fotos auf einer Yacht. Damit können wir gerne dienen. Wir wünschen ihnen eine glückliche Ehe ohne Eisberge.

> **Logbuch**
> 12.08.2015
> 13:30 Anker fest in Sagu, Insel Adonara, Indonesien, bei 8°14'43" S; 123°13'44" E

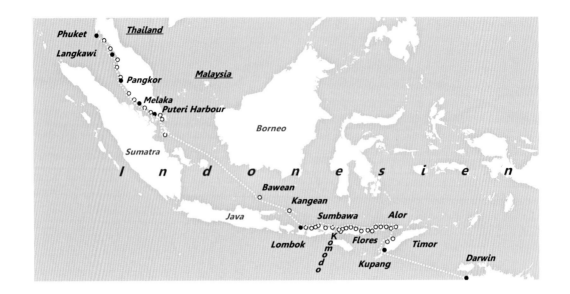

Logbuch
13.08.2015
06:10 Wegen der Riffe Ausfahrt exakt der Linie entlang, die wir gestern gekommen sind.
14:10 Anker fest in North Harding, Flores, Indonesien

17.8.2015
07:15 Kolisia, Insel Flores, ein ruhiger, genial idyllischer Ankerplatz, umgeben von Vulkanen im Farbenspiel wie Zabrisky Point im Death Valley.
07:30 Auf Kurzwellen-Funk gehört, dass die SY Pacific Lilly auf Riff aufgelaufen ist. Schiff steckt fest, Crew ist „gerettet".
16:30 Anker fest in Cinedeh, Flores
17:15 Wollten mal wieder schwimmen. Am Ufer baden Kinder – ergo: no Crocodiles. Also rein, nach 10 Sekunden wieder raus, Arme und Beine brennen wie in einem Ameisenhaufen! Die winzigen Quallen nennt man auch Sea Ants.

18.8.2015
13:30 Anker fest in Riung, Insel Flores
Abendessen mit der SY Tortuguita, SY Luna Blu und SY Lazy Lady im Restaurant.
Beim Heimweg müssen wir die Dinghys ca. 50 m weit durch dunklen Schlamm ins Wasser ziehen, damit wir zu unseren Schiffen kommen können. Tide unterschätzt – peinlich!

Tagebuch, 19.8.2015
Um 16.00 ankern wir in Lingeh, Flores. Zwei Kinder im Kanu beeilen sich, uns zu begrüssen. Sie sprechen fünf Worte Englisch: „Hello mister, book, pencil, dollar." Wir sprechen fünf Worte Indonesisch: „selamat siang" (guten Tag), selamat malam (guten Abend), hati-hati! (Vorsicht!), pisang (Banane), terima kasih (danke)."

Alle Kinder möchten ein Schreibheft (book). Wir wollen aber unsere Hefte nicht einfach weggeben, als ob sie für uns keinen Wert hätten und fragen darum nach Bananen zum Tausch, denn Bananen wachsen überall auf diesen Inseln. Zum Tausch erhält jedes Kind ein Heft und ein Mann einen Angelhaken. Sie strahlen. Ein weiterer Junge bringt uns Tomaten, und auch er erhält ein Book und einen Bleistift. So geht es noch ein Weilchen weiter. Die Kinder und auch die Erwachsenen machen einen recht glücklichen Eindruck. Und doch, ich fühle mich in unserem Luxusschiff etwas unwohl. Das Gefälle zwischen den Kulturen – Zeitaltern! – ist gross.
Wir lernen: Die Schule wird vom Staat bezahlt, das Material müssen die Kinder selbst mitbringen. Für viele kaum erschwinglich. Aber alle WOLLEN zur Schule gehen. Sollten wir das mal in der Schweiz den schulmüden Kindern, Helikoptereltern und Generalostänkerern erzählen?

> **Logbuch**
> 23.8.2015
> 08:45 Mooring frei in Waecicu, Flores
> 10:30 Wasser ruhig wie auf einem Stausee
> 11:10 mehrere Wirbel, woher kommen die?
> 12:25 Anker fest in Loh Buaya, Rinca

Tagebuch, 24.08.2015
Loh Buaya, Rinca: 07:00–09:15 grandiose Wanderung mit Markus, einem der Ranger vom Rinca National Park. Schon zu Beginn sehen wir grosse Warane, dann Rehe und Hirsche, Affen, bald auch ein Wildschwein und einen Wasserbüffel. Wir hatten uns für die lange Tour entschieden und bereuen es nicht. Der Ranger und wir beide streifen durch die Savanne und beobachten die Tiere. Oder sie uns?

> **Logbuch**
> 24.8.2015
> 15:05 Mooring fest in Loh Gebah, Komodo

Märchen aus Komodo

Es war einmal eine Drachen-Prinzessin, die gebar ihrem Mann Empu Najo Zwillinge. Den Knaben nannten sie Gerong, das Mädchen Orah. Gerong war ein Menschen-Junge. Orah war ein Drachen-Mädchen. Die beiden wuchsen getrennt voneinander auf.
Als Gerong erwachsen war, ging er im Wald jagen und traf auf Orah, die Drachen-Frau, aber sie erkannten einander nicht. Als Gerong seine Waffe auf Orah richtete, erschien ihm seine Mutter und rief: „Töte sie nicht, sie ist deine Schwester!"
Seit da betrachten die Einwohner Komodos, die Warane als ihre Brüder und Schwestern.

Vielleicht wären weniger Wale vom Aussterben bedroht und die Orang Utans bekämen vielleicht etwas von ihrem verlorenen Wald zurück, wenn sich mehr Menschen bewusst wären, dass die Tiere unsere Verwandten sind.
Korruption und illegaler Holzhandel haben viel Wald zum Verschwinden gebracht, wobei multinationale Konzerne fröhlich mitmischen. Da wird abgeholzt und abgefackelt, was das Zeug hält, um Platz zu schaffen für die Produktion von Palmöl. 1000 grosse Brandrodungsplätze sollen es zur Zeit in Indonesien sein, die Teile der Inseln in dicken Rauch hüllen. Daran sollten wir denken, wenn wir Waschmittel, Margarine und Kosmetika mit Palmöl kaufen – auch wenn ein dickes Label drauf klebt: Aus „nachhaltigem" Palmöl-Anbau.
Unsere Gedanken gehen zurück zu den australischen Ureinwohnern und ihrer Philosophie. Sie gingen bereits vor Tausenden von Jahren nachhaltig mit ihrer Umwelt um. Sie betrieben zwar auch Brandrodung, haben diese aber durch präzise Kontrolle zur Perfektion entwickelt. Erst vor kurzem haben die weissen Australier erkannt, wie wichtig diese Technik in Steppen und Wüstengebieten ist und fördern nun deren Einsatz.
Nachhaltigkeit bedeutet: Ressourcen-Nutzung bei Erhaltung der Regenerationsfähigkeit der beteiligten Ökosysteme.

Heute müssen auch die Hirsche und Wasserbüffel auf Komodo durch die Ranger geschützt werden, damit sie nicht von den Einheimischen geschossen und gegrillt werden. Ohne diese Beute wären auch die Komodo-Warane vom Aussterben bedroht. Das „Märchen" hat noch kein Happy End.

Wasserbüffel,
(Bubalus arnee)

Tagebuch, 31.8.2015
Seit gestern in Potopaddu, Sumbawa vor Anker. Riesige Muscheln und Korallen liegen überall rum. Gespräch mit einem jungen Einheimischen. Er unterrichtet Englisch. Nutzt die Gelegenheit zum Sprechen. Er bringt uns auf Bestellung Früchte und Gemüse und ein Brot. Er strahlt, weil er heute ein sehr gutes Geschäft macht, obwohl er 1.5 Stunden für den Weg hin und zurück braucht.
Potopaddu ist der ruhigste, schönste und in jeder Beziehung der beste Ankerplatz bis jetzt in Indonesien. Wir spazieren auf den Hügel, wo ein Resort im Bau ist, und fahren mit dem Dinghy bei Flut zum kleinen Dorf. Äusserst schmuck. Sauber, d.h. vor den Häusern ist es sauber. Abfall, vor allem Plastik, wird am Dorfeingang deponiert, und in den Abwasserkanälen. Wie das wohl aussieht in der Regenzeit? Warum sind Plastik-Produzenten nicht auch für die fachgerechte Entsorgung verantwortlich? Wir verschenken Farbstifte an die Kinder und machen Fotos. Die Menschen hier mögen es sehr gerne, wenn sie fotografiert werden. Gute Stimmung, aber irgendwann kippt es. Zwei Frauen verlangen T-Shirts, Kinderkleider, Hüte und wollen gleich auch noch die Sonnenbrillen, die wir tragen.

Komodo-Warane (*Varanus komodoensis*) leben einzig auf den Inseln Komodo, Rinca, Gili Motang und Nusa Kode. Sie werden bis zu 3 m lang und 80 kg schwer. Sie sind Fleischfresser und verschmähen auch Aas und kleinere Artgenossen nicht. Die Langschwanz-Makaken (auch Javaneraffe, *Macaca fascicularis*) sind ziemlich clevere Affen und deshalb keine leichte Beute für die Warane. Da schleicht sich einer vorbei, während sich der Waran in der Morgensonne aufwärmt.

Logbuch
2.9.2015
15:00 Leinen fest in der Medana Bay Marina, Lombok

Feuer und Netze

Ein Feuerring, das heisst, ein Ring von 450 Vulkanen und mit hoher seismischer Aktivität umgibt den Pazifik, den grössten Ozean unserer Erde. Indonesien liegt zwischen diesem Feuerring und den tektonischen Platten von Eurasien und Australien. Diese Platten sind dauernd in Bewegung, und Indonesien befindet sich auf einer Subduktionszone, wo die eine Platte unter die andere abtaucht. Dies bewirkt Erdbeben, Vulkanausbrüche und Tsunamis wie denjenigen von 2004 mit ca. 230'000 Toten, ungefähr 165'000 allein in Indonesien.
Dieser Feuerring kann aber nicht nur entlang seiner Linie grossen Schaden anrichten, sondern auf der ganzen Welt.

Als der Mount Tambora auf der indonesischen Insel Sumbawa am 10. April 1815 die obersten 1000 m seiner Spitze in einer gewaltigen Explosion wegsprengte, wusste noch niemand, was in den folgenden Jahren in der Schweiz und anderen Ländern der westlichen Hemisphäre geschehen würde. Die riesige Menge an ausgeschleuderten Schwefelgasen und Asche bewirkte einen Zusammenbruch des globalen Klimasystems. 1816 wird auch „das Jahr ohne Sommer" genannt. Die Meteorologen zählten in Genf 130 Regentage von April bis September. Der Genfersee trat über die Ufer, Tausende starben an Hunger und Typhus.

Der Vulkan Lewotolo auf der Insel Lembata

Aber wie so oft betraf dieses Unglück die Oberschicht nur wenig. Die englische Schriftstellerin Mary Shelley verbrachte den Sommer 1816 am Genfersee und wurde durch die schrecklichen Zustände dazu inspiriert „Frankenstein" zu schreiben.
Wir können uns beim nächsten Ausbruch eines Supervulkans also wenigstens auch auf einen weiteren Ausbruch von hochexplosiver, morbider Literatur freuen.*

Das Gefährlichste beim Segeln ist die Nähe zum Land. Dies gilt ganz besonders auch für Indonesien mit seinen 17'508 Inseln. Überall lauern Korallenriffe, in den engen Nord-Süd-Passagen setzen starke Strömungen, viele Ankerplätze haben steil abfallende Ufer und nur einen schmalen Streifen Sand vor dem Riff. Da sind wir schon froh, wenn der Anker hält, auch wenn die Nacht „rollig" wird. Dazu kommt, dass die Seekarten oft beträchtlich von der Wirklichkeit abweichen und für viele Buchten keine Detailkarten verfügbar sind. Gold wert sind hier die Google Earth Maps, die wir als Overlay über die OpenCPN Karten legen.
Mit den Gefahren des Segelns in Landnähe haben bereits drei Schiffe der Sail Indonesia Rally Bekanntschaft gemacht. Zwei kamen mit beschädigtem Ruder davon, eines lief auf ein Riff auf und musste von der Crew aufgegeben werden.

Landnähe bedeutet oft auch heftige Gewitter. Davor fürchten wir uns vor allem in der Strasse von Malakka zwischen Indonesien und Malaysia. Ein Blitz schlägt dort zwischen zwei Katamaranen der Rally ins Wasser ein und zerstört mit seinem elektromagnetischen Puls auf beiden Schiffen die Elektronik: Schaden je 50'000 US-Dollar.

Weitere Unannehmlichkeiten für uns Segler gehen von den Fischern hier aus. Bei Dunkelheit zu segeln ist nicht zu empfehlen und wenn schon, dann nur weit entfernt von der Küste. Viele grössere Boote sind nicht gemäss IMO (International Maritime Organisation) beleuchtet, kleine Boote haben die abenteuerlichsten Lichter, von farbig blinkenden Weihnachtsbaum-LEDs bis zu gar nichts. Die schlanken und oft ohne Metallteile gebauten Holzboote sind auf dem Radar nicht zu erkennen. Dazu kommt eine Unmenge von verankerten oder frei treibenden Fisch-Anlock-Dingsbumsen in Form von Fässern oder zusammengebundenen Ästen mit einem Besen obendrauf. Schleppfahrzeuge ziehen Lastkähne, welche unbeleuchtet an langen Stahlkabeln hängen.
Gute Nacht, wenn du nachts dazwischen gerätst.

OpenCPN: freie Navigations-Software

*Wood, Gillen D'Arcy (2015): Vulkanwinter 1816 – die Welt im Schatten des Tambora, Theiss Verlag

Treibendes Fischerhäuschen bei Kolisio, Insel Flores, im ersten Morgenlicht

Treibnetze können überall ausgelegt sein. Vor der Bucht von Bima, Sumbawa fahren wir, an einem zum Glück sonnigen Morgen, zwei Stunden lang Slalom, weil wir immer zuerst herausfinden müssen, welche Tonne und welches Fähnchen zu welchem Netz gehören. Wir versuchen zu erraten, in welcher Richtung die Netze treiben und was die wild gestikulierenden Fischer in ihren kleinen Booten uns mitteilen wollen.

Irgendwie haben wir keinen Appetit mehr auf Fisch, besonders wenn wir über den Fischmarkt gehen und wir abends das Gefühl haben, dass auch die Tomaten den starken Geruch von an der Sonne getrocknetem Fisch angenommen haben. Zum Glück gibt's hier günstig Nasi Goreng und Fried Noodles im Restaurant. Appetit haben wir aber immer auf Berge; da kommt uns der Vulkan Rinjani auf Lombok gerade recht.

*Vidal, Céline M. et al. (2016): The 1257 Samalas eruption Scientific Reports. Band 6:34868, 2016

Zum Zeitpunkt unserer Besteigung wissen wir noch nicht, was für ein Monster wir vor uns haben. Da waren einst zwei Vulkane nebeneinander, Rinjani und Salamas. Im Jahr 1257 explodierte der Salamas und bedeckte die ganze Insel meterhoch mit Bims. Das Königreich Lombok war ausgelöscht. Es folgte ein weltweiter Temperaturrückgang mit Hungersnöten wie beim Tambora – nur schlimmer. Die Samalas-Eruption wird als der stärkste Vulkanausbruch der vergangenen 10'000 Jahre betrachtet. Der riesige Krater entstand, als die gewaltige Magma-Kammer unter dem Vulkan entleert war und kollabierte.

Tagebuch, 17.9.2015
Fahrt nach Senaru. Wir treffen unseren Vulkan-Führer und den Träger, übernachten im Hotel.

Tagebuch, 18.9.2015
Wir starten um 07:30 Uhr. Es ist schwül, der Weg wird langsam steiler. Schon um 10.00 Uhr werden wir mit einem Mittagessen bekocht. Ich mag gar nicht essen, fühle mich aber total fit.
Staune, wie viele Jugendliche die Tour machen und vor allem auch, wie rot ihre Köpfe sind und wie sie schnaufen. Ein junges Pärchen, Michèle und Dominik, kann seine Bewunderung für uns nicht verhehlen. „Ihr schaut so fit aus", meint Dominik beim ersten Halt mit hochrotem Kopf und völlig verschwitzt. „Die sind fit, die schauen nicht nur so aus", antwortet Michèle. Das macht uns mächtig stolz.
Tatsächlich schwitze ich kaum. Ich habe meine beiden Stöcke und trage nur einen kleinen Rucksack. Der Träger eilt mit unseren Schlafsäcken, dem Zelt und dem Essen voraus.
Nach sieben Stunden sind wir oben, drei längere Pausen inbegriffen, 2040 m Höhendifferenz.
Wir biwakieren auf der Krete. Traumhafte Aussicht.

Tagebuch, 19.9.2015
Geschlafen habe ich in unserem Biwak nicht viel. Trotzdem fällt mir auch der Abstieg leicht. Es muss das Adrenalin sein.

Rinjani auf der Insel Lombok
Die Caldera ist riesig: 50 km². Im Kratersee Segara Anak (Kind des Meeres) wächst Barujari, ein neuer Vulkan. Der ist immer noch aktiv; wenn er ausbricht, muss oft der Flughafen in Bali geschlossen werden, und tausende Touristen sitzen fest.

Logbuch
23.9.2015
Leinen los in der Medana Bay

24.09.2015
05:10 Seit 1.5 Stunden beobachte ich einen Fischkutter, hell beleuchtet, vor mir. Erst in 6 Meilen Nähe erscheint er auf dem Radar und tanzt vor mir hin und her. Oder bin ich es?
Links blinkt ein Leuchtfeuer auf einem Riff, rechts fischen weitere Schiffe.

25.9.2015
06:25 Anker frei in Kangean

Tagebuch, 26.9.2015
Seit gestern segeln wir in der Java Sea. Im Gegensatz zur Bali Sea, die wir noch vorgestern querten und die ungefähr 1000 m tief ist, zeigt die Java Sea immer nur noch 75–80 m an. Das ist weniger als die Länge unserer Ankerkette.

Logbuch
27.9.2015
09:00 Uhr Anker frei Insel Bawean
22:25 Dank des fast vollen Mondes beinahe taghelle Nacht. Beruhigend die gute Sicht in diesem Meer der 100'000 Fischer und Fisch-Anlock-Dingsbumsen, die hier unbeleuchtet im offenen Meer treiben.

Tagebuch, 27.9.2015
Trotz Rollen gelingt es mir – eingekuschelt in meine Navigationsecke – zwischendurch zu lesen. „Die gute Erde" von Emile Zola. Es handelt vom Leben der französischen Bauern in der Zeit um 1860. Das ist die Zeit meiner Urgrosseltern. Es ist also gar nicht lange her, als auch bei uns noch härteste Bedingungen herrschten. Reiner Zufall, wann man wo in diese Welt geworfen wird. Gibt es Zufälle?

Logbuch
28.9.2015
Auf See von Bawean nach Mesanak
12:00 Schwül und diesig. Reger Schiffs- und Fischkutterverkehr. Alles grosse Pötte.
19:00 Peter funkt einen Frachter an, weil dessen Kurs unklar ist. Dieser weicht aus, alles i.O. Später zählt Peter 17 Fischerboote aufs Mal um uns herum.
22:20 Nördlich von uns taucht ein AIS-Boot der Indonesian Security auf. Sie fahren mit 7.8 kn. Mal sehen, ob sie sich melden werden.
23:05 Das Security-Boot fährt 1.7 sm hinter uns vorbei. Interessanterweise erscheint es nicht auf dem Radar! Ist es ein Tarnkappenschiff? AIS-Anzeige ist aber vollständig.
Haben eben eine riesige Fisch-Plattform passiert. Meer ist nur 33 m tief hier.

Fischkutter

Logbuch
29.9.2015
20.00 So ein Ärger: Der Wind dreht langsam auf S. Zuerst rolle ich die Fock ein, dann setze ich das Gross – und wecke damit Nelly. Eine halbe Stunde lang versuche ich, die Pacific einzustellen. Dabei fällt die Genua ein und der Spibaum verschiebt sich – nochmal Ärger! Schliesslich rolle ich das Gross wieder ein und begnüge mich mit 4.5 kn, dafür ruhiger Fahrt. Hätte ich auch einfacher haben können!
Da wir auch in Bangka – eigentlich unser heutiges Ziel – nachts ankämen, entscheiden wir, direkt weiter bis Lingga zu segeln. Es gilt, die hellen Mondnächte und den letzten Passat-Wind zu nutzen.
22:35 Das Meer hat sich beruhigt. Wir sind nördlich von Belitung. Auch wieder Riffe, die schützen. Wir sind langsamer geworden, aber absolut friedliches Gleiten durchs Wasser.

Tagebuch, 30.9.2015
Der Mond leuchtet aus einem fahlen Himmel. Die Luft riecht nach Rauch. Sind es die Brände in Bengha, Kalimantan und Sumatra, die ich hier draussen auf dem Meer rieche?
Eigentlich wäre schönes Wetter. Aber die fahle Sonne scheint nur noch blass aus einer aschgrauen dicken Smog-Dunstglokke, die sich dämpfend über die ganze Java Sea wölbt. Um 15:00 schwächelt der Wind. 3.5 Tage und Nächte nahezu perfekten Segelns gehen zu Ende, werden mir als Abschied von den Passatwinden in guter Erinnerung bleiben.

Logbuch
1.10.2015, auf See
00:00 Neues Ziel: Kentar
00:20 Dumpfer Smog-Mondschein. Keine Schiffe weit und breit, keine Wellen, tiefe Ruhe umgibt uns.
05:10 Die „Dagat Blue", ein 124 m x 20 m grosses Frachtschiff braust mit 12.7 kn von hinten links heran. Knapp 0.5 sm hinter uns dreht sie ab nach rechts und überholt uns. Zwischendurch leuchtet sie mit den Suchscheinwerfern rund um sich. Unser AIS zeigt auf Kollision, aber die „Dagat Blue" ist uns nie näher als 0.48 sm.
Zu erwähnen ist noch, dass wir den VHF 16, also den Notrufkanal, hier in Indonesien meistens abstellen, weil nur Palaver oder Musik drauf läuft. Im oben geschilderten Moment stelle ich den Funk aber sofort an, um mit der „Dagat Blue" Kontakt aufnehmen zu können. Aber es läuft laute arabische Musik. Grosse und kleine Schiffe missbrauchen die Frequenz, um Musik zu hören – äusserst fahrlässig.
17:50 Eine verirrte Schwalbe, die bei uns Pause macht, verkürzt uns den Nachmittag.

Barong:
In der Mythologie Balis ist Barong ein löwenähnlicher König der Geister, Kämpfer für das Gute.

Tagebuch, 2.10.2015
Wir entscheiden, direkt bis Mesanak zu segeln. Heute um 05:15 Eastern Indonesian Time Äquator zum zweiten Mal überquert. Wir sind wieder auf der nördlichen Hemisphäre, es geht heimwärts in eine Zukunft, die genau so offen ist, wie beim Start zur Segelreise. Es ist fast auf den Tag fünf Jahre her, seit wir in Port Napoléon, Südfrankreich, aufgebrochen sind. Mann oh Mann, was war da nicht alles seither!
13:45 Anker fest bei 0°25'89" N; 104°31'47" E.
Unsere letzten sechs Tage und fünf Nächte im Passatwind liegen hinter uns.

Logbuch
4.10.2015
Feuerrote Sonne am Smog-Himmel. Smog, wie November-Nebel bei uns, aber bei 30 °C! Unser Deck ist bedeckt mit Asche, auch im Salon russiger Staub.
14:10 Leinen fest in Nongsa Point Marina

Tagebuch, 5.10.2015
Ein Mitarbeiter der Marina läuft mit Maske herum. Auf Frage weshalb, sagt er klar: „Smog. Wegen der Feuer." Auf meine Frage, wozu die Feuer dienen: „Ich weiss es nicht."

Logbuch
6.10.2015
07:05 Leinen los, Indonesien ade!
13.30 Malaysia-Flagge gehisst
15:00 Leinen fest in Puteri Harbour Marina, Malaysia

Tagebuch, 7.10.2015
Gespräch mit dem Nachtwächter in Puteri Harbour. „Ich weiss auch nicht," erklärt er, „warum es im September so diesig ist. Manche sagen, es hat eben viele Vulkane in Indonesien."

Borneo brennt

Eigentlich wollen wir von Lombok nach Borneo segeln, dort im Kumai River vor Anker gehen und mit einem Kloktok (kleines Motorboot aus Holz) unsere Verwandten im Nationalpark besuchen. Orang Utans gibt es nicht mehr viele in freier Wildbahn und hier wäre die Gelegenheit, welche zu treffen. Aber Segler ändern ihre Pläne oft ebenso schnell, wie sie diese fassen.

In diesem Fall sind wir aber gezwungen, den Plan zu ändern. Infolge von Brandrodungen für Agrikultur und ganz besonders den Palmöl-Anbau sind grosse Teile Borneos und Sumatras wie jedes Jahr um diese Zeit in dichten Rauch gehüllt. In Kumai beträgt der API (Air Pollution Index) 2000 ppm. Ab 150 ppm treten gesundheitliche Probleme auf, 300 ppm können tödlich sein (z.B. für Asthmatiker).

Also segeln wir die 1100 Meilen von Lombok nach Malaysia in 9 Tagen und 7 Nächten durch die Java Sea bis ins Südchinesische Meer bei wunderbaren Passatbedingungen und trösten uns damit, dass es auch in Basel Orang Utans gibt, nebst einigen anderen Affen.

Als wir Malaysia erreichen und die graubraune Rauchdecke des Himmels betrachten, denken wir an Bruno Manser, den Basler Ethnologen und Umweltaktivisten, der sich für das Volk der Penan auf Borneo eingesetzt hat. Sein Kampf gegen die Abholzung des Regenwaldes kostete ihn wohl sein Leben. Er wird seit dem Jahr 2000 in Malaysia vermisst und wurde 2005 für verschollen erklärt. Dass er im Urwald auf natürliche Weise umgekommen ist, scheint uns eher unwahrscheinlich. Er setzte sich für die Rechte der Penan ein und schuf sich so mächtige Feinde bei der Palmöl-Lobby und auch bei den Behörden. Er hatte jahrelang mit den Penan im Dschungel gelebt, konnte sich vom Regenwald ernähren und war geübt in der Jagd mit den traditionellen Waffen der Penan.*

*Manser, Bruno: Stimmen aus dem Regenwald. Zeugnisse eines bedrohten Volkes. Zytglogge Verlag, 1992
Manser, Bruno: Tagebücher aus dem Regenwald, Merian Verlag, 2004

Wenn er jeweils für eine Weile nach Basel zurückkehrte, wohnte er in einer Wohnung, der unsrigen gegenüber. Dort, auf dem kleinen Balkon, hängte er seine Hängematte auf und schlief draussen.

Nie vergessen werden wir, wie Bruno Manser für einen Vortrag in die Pädagogische Hochschule kam. Er trug einen grossen Rucksack und in der Hand hielt er ein langes Blasrohr.

Mit zwei Feuersteinen, etwas dürrem Gras und Moos entfachte er in seinen Händen ein Feuer, welches er dann in einem alten Blechteller wieder löschte. Mit seinem Blasrohr schoss er einen Pfeil in eine vorbestimmte Stelle eines massiven Deckenbalkens der Aula. Alle waren begeistert, ausser dem Hauswart. Den Höhepunkt des Nachmittags bildete die Diasequenz, wo zu sehen war, wie er nur mit einem Messer bewaffnet eine mehrere Meter lange Python tötete – ein Leckerbissen für die Penan.

Im November 2019 kommt ein Film über Bruno Manser in die Kinos: „Bruno Manser – Paradise War".*

*mehr dazu bei:
Bruno Manser Fonds
www.bmf.ch

CCCCC

Weil wir hier in Südostasien mit unseren schmalen Nasen und unserer hellen Haut immer etwas exotisch wirken, werden wir oft gefragt, woher wir kommen. „Ah, Switzerland, I was in Luzern", ist meist die Antwort. Und wenn wir fragen, warum gerade Luzern, erhalten wir die Antwort: „Ich habe eine Werbung gesehen."
Ein Malaysier meint dazu, er hätte in Luzern die teuerste Toilette seines Lebens besucht: Zwei Franken für ein Brünzlein. Dafür bekommt er in Malaysia ein Mittagessen mit Reis und Hühnchen.
In der Chinatown von Singapur diskutieren wir mit einer chinesisch-stämmigen Singapurerin, die auch in Luzern war, über die fünf C. Zum Glück spricht sie besser Englisch als wir Chinesisch, sodass wir unsere drei chinesischen Ausdrücke, die da sind: Zhou Enlai, Jangtsekiang und Tian'anmen nicht einsetzen müssen.
Die Singapurerin erzählt uns (und unsere Brust schwellt sich vor Stolz), dass der Präsident der Republik vor einigen Jahren den Singapurern die Schweiz zum grossen Vorbild erklärte oder wie das auf Business-Deutsch heisst: als Benchmark definierte. Sie veranschaulicht uns das anhand der fünf C, nach denen nun hier jeder gemäss Schweizer Vorbild strebt: Car, Condominium, Credit Card, Cash und Country Club.
Dabei ist zu sagen, dass das Auto wahrscheinlich auf die Dauer zum grössten Budgetposten wird: Die Importsteuer beträgt über 100 % (kein Tippfehler!).

Wenn du dir zum Geburtstag einen kleinen Sportwagen schenken willst, dann kostet dich das schon mal 100'000 Euro Einfuhrsteuer. Die Fahrlizenzen werden versteigert, sind 10 Jahre gültig und kosten nochmal so um 60'000 Singapur Dollar (40'000 Euro). Und die Strassen sind gespickt mit ERP (Electronic Road Pricing). Du wirst also noch zusätzlich für jeden Kilometer Sportwagen-Fahrt zur Kasse gebeten. Das ist doch eine einfache und echt liberale Lösung des leidigen Stau-Problems. Wer Geld hat, hat freie Fahrt.

So wurde nun Singapur sozusagen zur Schweiz Südostasiens, blitzeblank und sauber und die Metro pünktlicher als eine Schweizer Bahnhofsuhr, aber ohne Staus auf den Strassen. Hier sieht man keinen Hundedreck (denn die Hunde landen laut Gerüchteküche in der Chinatown) und keine Drogendealer (denn die landen am Galgen). Und auch Kaugummi ist verboten (steht extra bei der Immigration angeschrieben!). Singapur ist sooo sauber, dass man von der Strasse essen kann. Daher kommt wahrscheinlich der Ausdruck „Strassencafé".
Allerdings bevorzugen die Menschen, ihren Kaffee im klimatisierten Café zu trinken. Denn auch hier hängt der Rauch der Brandrodungen in Malaysia und Indonesien über der Stadt. Wir sind erstaunt über die schlechte Luftqualität, obwohl wir nur wenige deutsche Diesel sehen. Aber die sind den Singapurern wahrscheinlich zu billig. Tatsächlich sehen wir in Singapur mehr englische Nobelkarossen als in jeder europäischen Stadt.

Wir überstehen die paar Tage in Singapur trotz allem gut ohne Kau und Kiff; zum Glück gibt's an jeder Ecke Cola und Witwe Cliquot. Dazu in jeder Mall – und die stehen hier in Serie – eine identische Schickimicki-Dependance aller Weltmarken von Armani bis Zara, von Audemars Piguet bis Zenith und von Avril Lavigne bis Zippo Fragrance.

Das ist es doch, was das Reisen in Grossstädte so angenehm und beliebt macht: Du fühlst dich immer sofort zu Hause in den Konsumtempeln dieser Welt. Alle Einwohner duften ähnlich, ticken gleich und streben nach den fünf C – bis sie gestorben sind.

Mainstream stur.

Einkaufszentrum

Nackte Piraten

Da sitzt der Schock wieder mal tief in der Seglergemeinde, die sich in der Puteri Marina in Malaysia gerade sammelt, um durch die Strasse von Malakka zu segeln, welche vor einigen Jahren noch den Ruf genoss, eine Hochburg der Piraten zu sein.
Wir lesen am 6. November 2015 auf www.newsmaritime.com und www.noonsite.com, zwei Segler-Webseiten, Folgendes:

„Die Deutsche Yacht Faraway wurde vor der Insel Bali in der Lombok-Strasse, Indonesien, gekidnappt. Die Yacht mit zwei Personen an Bord war auf Weltumsegelung, als sie von bewaffneten Piraten in der Java See angegriffen wurde. Die Piraten brachten das Schiff in ihre Gewalt und flohen mit den Deutschen als Geiseln in unbekannter Richtung. Diesen gelang es, eine SMS an ihre Familie zu senden, in welcher sie die Piraten der Gewalt und Grausamkeit bezichtigten. Es ging keine Lösegeld-Forderung ein, und die Indonesische Polizei und die Deutsche Botschaft verschwiegen den Zwischenfall mehrere Tage lang, um eine Untersuchung einzuleiten und die Yacht zu finden."
„Bis jetzt wurde die Deutsche Yacht Faraway nicht gefunden. Wir haben die höchste Suchstufe ausgelöst, um den Zwischenfall zu klären", liess das Polizei-Departement Indonesiens verlauten.

...und da waren wir doch alle vor wenigen Wochen zwischen Bali und Lombok fröhlich und ahnungslos mit unseren Schiffen unterwegs. Schauder ergreift die Segler in SE-Asien und gleich entwickeln wir Strategien, wie der neuen Gefahr begegnet werden kann. Einige allerdings finden die ganze Story merkwürdig und diffus, und entdecken Ungereimtes in der Geschichte. Tatsächlich; einige Tage später kommt die Entwarnung:
Der Fremantle Segel-Club in Australien hat aus erster Hand durch einen Segelkameraden einen Kommentar erhalten:*
„Es ist unglaublich, was für ein Mist in einigen Medien aufgetischt wird. Dies sind die Fakten zur Yacht „Faraway": Die Yacht erreichte vor einigen Wochen die Weihnachtsinseln. Es ist eine Colin Archer Ketch. Der Eigner John, ein Amerikaner aus Alaska, ist unterwegs auf seiner vierten Weltumsegelung. Er ist weit über 70 Jahre alt. Bei seiner Ankunft wurde er von der

*Rob Hills, Pegasus II, Fremantle Sailing Club auf www.noonsite.com, 2015

Polizei der Weihnachtsinseln zum Vorwurf der Geiselnahme und sexueller Belästigung einvernommen. Bei Kaffee bei mir zu Hause erzählte John die Geschichte so: Diana, eine Deutsche (auch in den Siebzigern), hatte auf seine Anzeige auf der Webseite „Find a Crew" geantwortet. Sie wollte als Crew bis Madagaskar mitsegeln. John verpflichtete sich, ihr den Rückflug zu bezahlen.

Die „Beziehung" zerbrach nach wenigen Tagen auf See. Dianas Befindlichkeit verschlechterte sich teilweise auch durch Johns Gewohnheit, nackt zu segeln. Er weigerte sich, sie in der Lombok-Strasse von Bord zu lassen, obwohl sie nur wenige Meilen von Bali entfernt waren.

Die Polizei fand, er habe keine Klage zu verantworten und sei frei, weiter zu segeln. Die Dame wurde in ein Frauenhaus gebracht. Es wurde eine Geldsammlung gestartet, um den Flug nach Perth zu finanzieren. Ich weiss nicht, wie viel zusammenkam, aber weder er noch sie ernteten viele Sympathien bei den Einheimischen."

Immerhin finden wir anregende Worte für den Skipper und die Crew-Dame der Faraway bei Henry David Thoreau, dem Amerikanischen Philosophen, der in seinem berühmten Buch „Walden oder Leben in den Wäldern"* Folgendes schrieb:

„Lass denjenigen, der zu arbeiten hat, sich darauf besinnen, dass der Zweck von Kleidern zuerst der ist, die Körperwärme zu bewahren und zweitens, in dieser unserer Gesellschaft die Nacktheit zu bedecken, und er möge dann beurteilen, wie viel nötige und wichtige Arbeit ohne die Anschaffung neuer Kleider bewerkstelligt werden kann."

„Ziehe einer Vogelscheuche deine besten Kleider an und stelle dich nackt daneben, wer würde da nicht als erstes die Vogelscheuche grüssen?"

„Es ist eine interessante Frage, inwieweit die Menschen ihren gesellschaftlichen Rang behalten würden, wenn sie ihrer Kleider beraubt wären."

*Henry David Thoreau, Walden oder Leben in den Wäldern, Ticknor and Fields, 1874

Logbuch
7.11.2015
07.05 Leinen los in Puteri Harbour
14.20 Anker fest in Pulau Bisang

Logbuch
10.11.2015
Wir haben gutes Wetter und der Strom sollte für unsere nächsten drei Tagesschläge vorwiegend mit uns sein. Nicht unerheblich, da er alle sechs Stunden die Richtung wechselt. Den ganzen Abend hören und sehen wir Donnergrollen und Blitze.

11.11.2015
17:15 Anker fest bei 3°02'85" N; 101°20'38" E, Port Klang, North Harbour. Wir ankern zwischen zwei grossen Frachtern, in der Hoffnung, dort vor Blitzen geschützt zu sein.
21:00 starkes Gewitter, es knallt sehr nahe und sehr laut.
Die Strasse von Malakka, die Strasse der Gewitter.

12.11.2015
Morgens um 03:30 wieder heftige Blitze, Donnergrollen und Wellen gegen Rumpf und Badeplattform. Leichter Regen. Nach einer Stunde wird es ruhiger.
08:30 Wir fahren wieder durch Abfall-Teppiche. Es sieht von weitem aus wie Fischernetze mit weissen Bojen, aber in Wirklichkeit ist es Abfall, der sich auf einer exakten Linie über 100–200 m Länge hinweg sammelt. Weil es so viele Styropor- und PET-Flaschen sind, wirken diese wie Bojen. Die Linien entstehen dort, wo verschiedene Strömungen aufeinandertreffen.

13.11.2015
15:00 Leinen fest in der Pangkor Marina. Endlich.

Gewitterstimmung vor Georgetown

Heilig Heilig Heilig

Südost-Asien zu bereisen bedeutet auch, einen Mix von Religionen zu erleben: Hindus, Moslems, Buddhisten, Konfuzianer, Daoisten und Christen leben hier zusammen; manchmal getrennt in eigenen Vierteln, Dörfern oder auf Inseln, manchmal in buntem Durcheinander. Die Religionen mit ihren Ritualen durchdringen einen grossen Teil des täglichen Lebens: Tempel reiht sich an Tempel, mal mit Gebetsfahnen, mal mit Kreuz oder Halbmond. Der Götter sind unzählige und die Auswahl der richtigen scheint doch den meisten Menschen gelungen zu sein. Oder sind sie einfach hineingeboren worden in einen endlosen Strom von religiösen Ritualen und Wiedergeburten?

Martin Luther, der grosse Reformator des Christentums, wollte dem katholischen Heiligen St. Nikolaus etwas Neues, Eigenes entgegensetzen und erfand das Christkind, eine Mischung aus Engel und Jesuskind. So kam es denn, dass fortan sowohl der Heilige St. Nikolaus als auch das Heilige Christkind den Kindern zu Weihnachten Äpfel, Nüsse und Spielzeug schenken. Während der Nikolaus die Geschenke durch den Kamin bringt, legt sie das Christkind unter den Weihnachtsbaum. Dieser wiederum hat seinen Ursprung im mittelalterlichen Mysterienspiel und ist ein Abkömmling des immergrünen Lebensbaumes mit dem Apfel dran.

In den Dreissigerjahren des zwanzigsten Jahrhunderts begab es sich aber, dass in einem kleinen Stall in Amerika ein Werbestratege von Coca Cola dem Heiligen St. Nikolaus einen wallenden weissen Bart verlieh und einen roten Mantel, und ihn zu Weihnachten das braune Gesöff anpreisen liess. Dazu singt noch heute im Background ein Chor irgendwas von Weissen Weihnachten und Winter-Wonder-Land. Und dieser rote Cola-Bartli, genannt Santa, hat die ganze Welt „erobert". Ist das nun ein verkappter Kommunist oder ein gefährlicher Dschihadist? Ein fröhlicher Marxist oder ein feiernder Islamist?

Bald ist Weihnachten.
Ja, feiern denn die Moslems das christliche Fest der Freude auch?
Wir erleben die Vorweihnachtszeit in Malaysia, wo der Islam Staatsreligion ist und die Christen weniger als 10 % ausmachen.

links:
Die Tropfsteinhöhlen von Batu bei Kuala Lumpur, Malaysia

Durch die eingestürzte Decke fällt das Licht auf die bemoosten Wände und einen Hindu-Tempel.

Deshalb sind wir erstaunt, als uns in vielen malaysischen Geschäften die Mitarbeiter mit roten Nikolaushüten, mit Elchkopfschmuck über den Kopftüchern, mit geschmückten Plastik-Tannenbäumen und einem unentwegt blinkenden „Merry Christmas" empfangen. Im grossen Shoppingcenter thront ein überdimensionaler St. Nikolaus. Anstelle des Esels begleiten ihn eine Eisenbahn und ein LED (Leuchtendes Elch Double), und gleichzeitig ruft draussen der Muezzin zum Gebet.
Ja, die feiern, die Moslems.

> **Logbuch**
> 7.12.2015
> Einmal mehr durchqueren wir einen fliessenden Abfallteppich.
> Abends idyllische Ankerbucht. In einiger Entfernung einzelne Fischer. Meistens sehen wir nur Bäume, Fels und Wasser. Und wir hören – seit langem – wieder mal kreischende Vögel.
> 15:55 Anker fest vor Pulau Talang
> 20:45 Wuchtiges Gewitter mit enorm vielen Blitzen.
>
> 9.12.2015
> 07:20 Pulau Rimau. Wir sind ganz schön froh, dass wir den Anker problemlos rausbekommen! Wir lagen in einem Kabelfeld, Ankern verboten! Aber die Sail Malaysia hatte es als Ankerplatz angegeben!
> 09:00 Wir motoren an Georgetown vorbei. Schöne Kulisse. Wir fahren wieder durch Plastikmüll, Styropor-Reste, treibendes Holz und viele tote Fische. Das ist seit gestern eine neue Beobachtung. Ob sie vergiftet sind? Denn sie werden nicht von Möwen gefressen.
>
> 15.12.2015
> Unterwegs von Langkawi nach Ko Bulan.
> 11:00 Grenze zu Thailand überschritten. Q-Flagge und Thailand-Flagge gehisst.

Bei der Einreise mit einem Schiff in ein neues Zollgebiet ist zur Ankündigung des Einklarierens (Anmeldung bei Zoll, Grenzbehörde und Hafenmeister) das Zeigen des Zollstanders vorgeschrieben. Als internationaler Zollstander wird normalerweise die Flagge „Q" aus dem Flaggenalphabet gezeigt.

Tagebuch, 16.12.2015
Seit heute Morgen fahren wir zwischen Hunderten, ja wohl Tausenden von Fischerei-Flaggen durch. Im Gegensatz zu Indonesien und Malaysia fischen die Fischer hier in Thailand aber mit einer anderen Technik: An jeder Fahnenstange hängt eine Art Reuse, die gerade hinuntertaucht ins nur 15–25 m tiefe Meer, also keine Netze zwischen den Flaggen, wie noch in Malaysia und Indonesien.

Und mit kleinen schnellen Booten sausen die Fischer von Reuse zu Reuse – und uns um die Ohren.

Logbuch
17.12.2015
Unser Platz in der Marina in Phuket ist noch nicht frei, darum ankern wir vor Ao Chalong und klarieren in Thailand ein.

19.12.2015
08:30 Wir segeln 17 Seemeilen der Küste entlang und durch einen Kanal, der nur bei Hochwasser genügend tief für uns ist.
15:50 Leinen fest in der Boat Lagoon Marina, Phuket, Thailand. Freudiges Wiedersehen mit unseren Freunden von der SY Luna Blu und der SY Always Saturday.

Tagebuch, 19.12.2015
Thailand schreibt dieses Jahr das Jahr 2558, sie sind uns sozusagen 543 Jahre voraus. Im Moment kümmern wir uns aber um unsere Gegenwart; genauer, wie wir die Zeit in Thailand nutzen wollen. Wir planen einen Aufenthalt in Bangkok, eine Reise nach Chiang Mai und Pai und einen Besuch Nordvietnams.

Das rote Meer

Die erste nationale Universität Vietnams, der „Tempel der Literatur", wurde 1067 unter der Lê-Dynastie errichtet. Sie umfasste Schulräume und Schlafplätze für 300 Studenten. Die Lehrer waren berühmte, gut ausgebildete Mandarine, die vom Hof sorgfältig ausgewählt worden waren. Die Studenten wurden durch Experten im ganzen Land ausgesucht. Heute würden wir Van Miêu-Quôc Tu Giàm als Elite-Universität bezeichnen. Die Studenten studierten Konfuzianische Texte, übten sich im Schreiben amtlicher Dokumente, von Literatur und von Gedichten.

Dass wir Van Miêu-Quôc Tu Giàm heute überhaupt noch besuchen können, ist nicht selbstverständlich. Vietnam litt grausam unter dem Kolonialismus und unter zwei schrecklichen Kriegen, bevor es endlich wieder zu einer unabhängigen Nation werden konnte.

Alles begann 1865, als Frankreich Vietnam als Kolonie unterjochte. Dann besetzte Frankreich auch Kambodscha und Laos und gründete 1887 die Indochinesische Union. Im 2. Weltkrieg kollaborierte das Vichy-Regime mit Japan, und Vietnam geriet unter ein neues, brutales Joch. Kein Wunder entwickelte sich im ganzen Land eine starke nationalistische und sozialistische Bewegung. Als Japan 1945 kapitulierte, erklärte Ho Chi Minh die Unabhängigkeit, aber Frankreich wollte die alte Kolonialherrschaft wiedererrichten. Dies führte zum ersten Indochina-Krieg. Die Viet Minh fügten Frankreich in der letzten Schlacht um Dien Bien Phu 1954 eine vernichtende Niederlage zu. Vietnam wurde geteilt in die kommunistische Demokratische Republik Vietnam im Norden und die antikommunistische Republik Vietnam im Süden.

Der sogenannte „Tonkin-Zwischenfall", der eine Lüge war wie die Lüge, welche dem Irak-Krieg (2003) vorausging, lieferte den USA den Vorwand, die Demokratische Republik Vietnam zu bombardieren. Die „Nationale Front für die Befreiung Südvietnams", genannt „Vietcong", gewann den Krieg, und am 29. April 1975 flohen die letzten Amerikaner per Helikopter aus Saigon. Die beiden Vietnam wurden 1976 wiedervereint unter dem Namen „Sozialistische Republik Vietnam".

Als letzte Rache nach ihrer Niederlage verhängten die USA 1975 ein strenges Handelsembargo über Vietnam und verhinderten damit während über 20 Jahren die ökonomische Entwicklung des zerstörten Landes.

links:
Der Tempel der Literatur Van Miêu-Quôc Tu Giàm

Nicht mal der Tempel ist dem Cola heilig.

Diese geschichtlichen Ereignisse waren Teil unserer Kindheit, Jugend- und Studentenzeit. Und wir waren deshalb begierig, Hanoi zu besuchen, dieses „Zentrum des Bösen", wie es damals im Westen genannt wurde.

„All denen, die versucht sein mögen, die gegenwärtige Aggression zu unterstützen oder auszuweiten, sage ich dies: Keine friedliche Nation ist von den USA bedroht."
(Lyndon B. Johnson, Präsident der USA von 1963-1969)*

„Amerikaner! Als Präsident und oberster Kommandierender ist es meine Pflicht, dem amerikanischen Volk mitzuteilen, dass erneute feindselige Akte gegen Schiffe der Vereinigten Staaten auf hoher See im Golf von Tonkin mich heute gezwungen haben, den militärischen Verbänden der Vereinigten Staaten zu befehlen, diese zu beantworten." (Lyndon B. Johnson)

„Wer auf Rache aus ist, der grabe zwei Gräber."
(Konfuzius, chinesischer Philosoph, 551–479 v. Chr.)**

„Warum sind wir in Vietnam? Wir sind dort, um die Ordnung der Welt zu stärken." (Lyndon B. Johnson)

„Wer das Morgen nicht bedenkt, wird Kummer haben, bevor das Heute zu Ende geht." (Konfuzius)

„Wir müssen in Südostasien – wie wir es in Europa taten – mit den Worten der Bibel sagen: Bis hierher und nicht weiter!"
(Lyndon B. Johnson)

„Wer alles glaubt, was er liest, sollte besser aufhören zu lesen." (Konfuzius)

"Wenn wir jetzt dort von einem drittklassigen kommunistischen Agrarstaat besiegt werden, dann werden die Chinesen behaupten können, dass wir ein Papier-Tiger sind."
(Lyndon B. Johnson)

„Der höhere Mensch findet keine Verbitterung darüber, wenn ihn die Menschen nicht beachten." (Konfuzius)

„Die Welt in Asien ist kein heiterer und friedlicher Ort."
„Über diesem Krieg – und über ganz Asien – hängt der dunkle Schatten des kommunistischen Chinas." (Lyndon B. Johnson)

*alle Zitate von Johnson, Lyndon B., Präsident der USA von 1963-1969, aus dem Internet

**alle Zitate von Konfuzius, chinesischer Philosoph, 551-479 v. Chr. aus dem Internet

„Indem man über andere schlecht redet, macht man sich selber nicht besser." (Konfuzius)

„Der asiatische Kommunismus kann nur in Schach gehalten werden, mit ihm kann es nur einen Ausgleich geben, wenn es gelingt, freie Nationen auf dem Subkontinent zu erhalten. Ohne deren Abwehr-Einfluss sind die vorgeschobenen Inseln, die Philippinen, Japan, Taiwan nicht sicher und der Pazifik wird ein rotes Meer."
„Wir haben kein Territorium dort, und wir suchen auch keines."
„Ich werde nicht der erste Präsident sein, der einen Krieg verliert." (Lyndon B. Johnson)

„Der Mensch hat dreierlei Wege, klug zu handeln: erstens durch Nachdenken, das ist das Edelste, zweitens durch Nachahmen, das ist das Leichteste, und drittens durch Erfahrung, das ist das Bitterste." (Konfuzius)

„Die Schusswaffen und die Bomben, die Raketen und die Kriegsschiffe sind alle Symbole der Fehler in der menschlichen Natur."
„Diese Welt wird niemals durch Bomben und Kugeln gebaut werden."
„Wenn wir nicht lernen miteinander zu leben, werden wir miteinander sterben müssen." (Lyndon B. Johnson)

„Was bleibt über vom Heldentum? Ein verfallener Hügel, bewachsen mit Unkraut." (Konfuzius)

Hoan Kiem See mit The Huc Brücke, Hanoi

Goldener Palast,
Bangkok

Das Oriental

Wir sind mit der Schnellfähre unterwegs von Wang Lang am Südufer von Bangkoks pulsierendem Chao Phraya River. Der breite, träge Fluss, dessen braun-trübes Wasser bei Flut zum Stillstand kommt oder rückwärts fliesst, ist eine wichtige Lebensader und Verkehrsachse Bangkoks. Kleine Fähren mit dem Aussehen und Fahrverhalten von überdimensionierten Badewannen bringen im Minutentakt die Menschen von einem Ufer zum andern. Sie weichen bei ihrer Überfahrt mit schaukelnden Bewegungen den Sightseeing-Booten aus und auch den zu grösseren Verbänden zusammengebundenen Lastkähnen, welche von keuchenden, untermotorisierten Schleppern im Schneckentempo vorwärts bewegt werden.
Der Wellengang ist hier tagsüber so hoch wie draussen in der Bucht von Bangkok bei Windstärke 6, nur ohne Schaumkronen. Und durch dieses Inferno brettern wir nun in einem langen, schmalen Holzboot mit ca. 15 Knoten, eingepfercht mit hundert anderen Passagieren.
Beim Saphan Taksin verlassen wir die Fähre und besteigen den Skytrain, mit welchem wir zum Siam Square weiterfahren. Die dortigen Protestkundgebungen gegen die Regierung und die

gesperrten Strassen lassen aber nur eine beschränkte Bewegungsfreiheit zu. Deshalb kehren wir schon am frühen Nachmittag zurück zum Fluss und beschliessen, im berühmten Oriental Hotel zum Afternoon Tea zu gehen.
Wir entscheiden uns für das Mandarin-Oriental-Thai-Tea-Set und verlassen unsere gemütlichen weissen Korbstühle in der Author's Lounge für einige Minuten, um uns im sogenannten Author's Wing, der 1876 erbaut wurde, etwas umzusehen.
Als wir zu unserem Platz zurückkehren, hat ein Herr in einem khakifarbenen Anzug an unserem Tisch Platz genommen. Wir erfahren seinen Namen nie, aber als wir uns ein paar Minuten unterhalten haben, kommt ein zweiter Mann hinzu, der sich mit William vorstellt und seinen Begleiter als seinen Sekretär. William hat sein Haar streng nach hinten gekämmt, seine leichten Geheimratsecken betonend, und seinen kleinen Schnurrbart sauber gestutzt. Seine grosse Nase sitzt leicht schräg im Gesicht und ist auf beiden Seiten von einer tiefen, zu den Mundwinkeln laufenden Furche betont. Seine Augen blicken durchdringend und sind von dunklen Schatten untermalt. Er trägt einen schwarzen Anzug mit weissem Hemd und karierter Krawatte.

Oriental Hotel

Es gibt kein langes „Woher kommt ihr?". William beginnt sogleich übers Reisen zu sprechen, und es stellt sich heraus, dass er darin viel erfahrener ist, als wir es je sein werden. Er und sein Sekretär kamen mit einem Schiff (immerhin kein Segelschiff) den weiten Weg von England nach Sri Lanka gefahren, wo ihnen jemand von Kengtung erzählte, einer Stadt in Myanmar, gegründet 1243 und einst eine wichtige und reiche Handelsstadt. Sie reisten via Rangun und Mandalay, von wo sie per Maulesel zum gelobten Kengtung aufbrachen. Sie brauchten 26 Tage für diese Reise. Von der nahe gelegenen thailändischen Grenze kamen sie per Auto nach Bangkok.
„Seid ihr mal in einen Sturm geraten? Hattet ihr mal Angst auf dem weiten Ozean?", fragt Nelly.
„Ich fürchte mich nicht vor meiner Angst. Das christliche Argument, dass du dein ganzes Leben lang deinen Tod vor Augen haben solltest, ist eine Narretei. Die einzige Möglichkeit, wirklich zu leben, ist, zu vergessen, dass du sterben wirst. Der Tod ist unwichtig. Die Angst davor sollte keine einzige Handlung eines weisen Menschen beeinflussen. Nichts auf der Welt ist ewig, und wir sind töricht, wenn wir von irgendwas erwarten, dass es ewig währt. Aber wir sind mit Sicherheit noch törichter, wenn wir nicht daran Vergnügen finden würden, solange wir es besitzen."

„Es scheint eines der Hauptmerkmale von uns Weltenbummlern zu sein", insistiert Nelly, „Orte, die wir lieben, zu verlassen, nur um zu sehen, ob hinter der nächsten Ecke neue Nervenkitzel zu finden sind."

„Die Geheimnisse des Lebens haben keine Bedeutung, solange du sie nicht selbst entdeckst. Weisst du, es gibt zwei grossartige Dinge im Leben: die Freiheit des Denkens und die Freiheit des Handelns."

„Wenn wir uns vorstellen, wie du 26 Tage lang auf einem Maulesel reitest, erscheint uns die Freiheit irgendwie ziemlich eingeschränkt; besonders, da du ja auch nicht mehr zwanzig bist."

„Im hohen Alter ist man bereit, Aufgaben zu übernehmen, die man in der Jugend vermeidet, weil sie zu viel Zeit in Anspruch nehmen", gab William zur Antwort.

"Immerhin, du scheinst ein aussergewöhnlicher Mensch zu sein. Bist du es nicht manchmal müde, auf diese Art zu reisen?"

„Nur ein mittelmässiger Mensch ist immer in Hochform. Es ist nur grausam, seine Mittelmässigkeit zu entdecken, wenn es zu spät ist. Das hebt die Laune nicht. Es ist auch eine Illusion, dass die Jugend immer glücklich sei; eine Illusion derer, welche sie verloren haben."

„Es ist aber keine Illusion, dass du einiges Geld brauchst, um so zu leben, wie du es tust. Wir sind dankbar und wir wissen, dass wir sehr privilegiert sind, in Freiheit reisen zu können", sagen wir.

„Ich habe nichts als Verachtung übrig für Leute, welche Geld verabscheuen. Das sind Heuchler und Idioten. Geld ist der sechste Sinn, ohne den du die anderen fünf nicht voll einsetzen kannst. Ohne angemessenes Einkommen ist dir die Hälfte der Entfaltungsmöglichkeiten verwehrt. Das Einzige, worauf du achten musst, ist, nicht mehr auszugeben, als du einnimmst. Man hört die Leute sagen, Armut sei der beste Antrieb für einen Künstler. Sie haben nie den Stachel der Armut in ihrem Fleisch gespürt."

„Du bist Künstler und du bist nicht zum ersten Mal hier!", mutmassen wir.

„Wenn wir in Bangkok sind", wirft der Sekretär ein, „pflegen wir hier im Author's Wing zu residieren. Unsere Suite ist dort oben im ersten Stock."

„Sei nicht albern!", unterbricht ihn William, "erst in neunzig Jahren werden die Menschen dieses Gebäude den "Flügel des Autors" nennen."

Im nächsten Augenblick sind William Somerset Maugham und sein Sekretär in der Zeit verschwunden. Wir beenden unser Mandarin-Oriental-Thai-Tea-Set und verlassen das „Oriental", um ins 21. Jahrhundert zurückzukehren.*

Author's Wing

*Maugham, William Somerset (1874-1965):
Zitate Internet

Nonlong Nonlong

Oft fragten wir uns, warum Mannequins so seltsame Gehbewegungen ausführen, wenn sie den Laufsteg entlang stöckeln. Sie setzen immer einen Fuss genau vor den anderen, was dieses aufregende Oszillieren auslöst, beginnend bei den Knöcheln, sich fortsetzend über Wade, Knie und Schenkel bis zum Bauchnabel. Nun wissen wir's: Sie gehen im Elefantengang!
Viele Jahre brauchten wir für diese atemberaubende Erkenntnis und wir mussten dazu in den Norden Thailands reisen. Wir sehen ein, dass dies vielleicht nicht die Entdeckung des Jahrhunderts ist, verglichen mit der Entdeckung der Gravitationswellen, von welcher wir aus der Zeitung erfahren. Aber wir sind ganz der Meinung Albert Einsteins, der ein begeisterter Segler war: „Es gibt nur zwei Wege, dein Leben zu leben: Entweder so, als gäbe es keine Wunder oder so als wäre alles ein Wunder."*
Wundern wir uns!

Der Verkehr in Thailand ist so vielfältig und oft auch chaotisch, dass wir uns nicht wundern, als tatsächlich ein Mann auf einem Elefanten durch den dichten Verkehr Chiang Mais geritten kommt. Das ist nun zwar nicht mehr das übliche Verkehrsmittel in Asien und auch Arbeitselefanten werden immer weniger. Was auch erfreulich ist, denn die Anstellungsbedingungen waren oft schlecht, die Entlöhnung Schläge und dazu keine Altersvorsorge. Leider geht es auch den wild lebenden Elefanten nicht nur gut, denn ihr Appetit auf Grünzeug steht im Konflikt mit der sich ausbreitenden Landwirtschaft.

Seit einiger Zeit gibt es aber hier in Thailand staatliche und private Institutionen, welche die Arbeitselefanten in Pension nehmen und ihnen ein besseres Rentnerleben ermöglichen. Da ein Elefant 200 kg Futter pro Tag verschlingt und dazu 100 l Wasser trinkt, ist die Haltung eines Elefanten nicht ganz billig. Deshalb bieten einige dieser „Altersheime" Mahout-Trainings an. Ein Mahout ist ein Elefanten-Führer, der Tag und Nacht bei seinem Tier lebt. In einem solchen Training lernen wir, einen Elefanten ohne Sattel zu reiten und ihn wie ein Pferd zu dirigieren. „Nonlong-nonlong-nonlong" rufen wir, damit er sich hinkniet und wir über sein Vorderbein auf seinen Rücken klettern können.

*Einstein, Albert (1879-1955): Zitate Internet

Diese Trainings sind auch nicht billig, helfen aber, die Pflege der Elefanten zu finanzieren. Und weil wir als pflichtbewusste Schweizer niemals einen Elefanten ohne eine entsprechende Prüfung und einen amtlichen Ausweis durch den Stadtverkehr reiten würden, belegen wir einen Mahout-Kurs. So können wir auch in fernen Landen einige Credit-Points ergattern, die es hier allerdings nicht gibt und auch nicht braucht. Denn ob wir gute Mahouts sind, entscheidet der Elefant und nicht ein Prüfungsexperte mit eurokompatiblem Bologna-Diplom und einem Masterplagiat in Elefantologie.

Schon wieder ein Jahr

...und noch scheint es uns wie kürzlich, als das grandiose Feuerwerk von Sydney das Jahr 2015 begrüsste. Gespräche und Freundschaften mit Menschen in anderen Ländern und Kulturen waren wiederum das wertvollste Reiseerlebnis.
Allerdings erfüllte sich auch in diesem Jahr unsere Hoffnung nicht, dass die kranken Gehirne dieser Welt aussterben mögen. Es scheint, dass sie schneller nachwachsen, als sie entfernt werden können. Ehemalige Kolonialmächte und selbsternannte Weltpolizisten, eifrige Jung-Zaren, scheinheilige Prediger, selbstherrliche Kalifen und beschränkte Mörder machten in diesem Jahr den Nahen Osten noch unsicherer als er schon war, auch wenn die Gefahr durch Piraten zurückgegangen wäre.

Zurück ins Mittelmeer

Wenn hinten, weit, in der Türkei

> „Nichts Besseres weiss ich mir an Sonn- und Feiertagen
> Als ein Gespräch von Krieg und Kriegsgeschrei,
> Wenn hinten, weit, in der Türkei,
> Die Völker aufeinanderschlagen.
>
> Man steht am Fenster, trinkt sein Gläschen aus
> Und sieht den Fluss hinab die bunten Schiffe gleiten;
> Dann kehrt man abends froh nach Haus,
> Und segnet Fried und Friedenszeiten."*

Nein, wie der Bürger in Goethes Faust können wir uns ob der tristen Situation hinten, weit, in der Türkei und noch ein bisschen weiter hinten nicht amüsieren. Wir hatten seit Jahren geplant, via Oman und Yemen, durch den Golf von Aden und durchs Rote Meer zurück in „Unser Meer" zu segeln. Aber das wurde uns vermasselt durch die Situation ums Horn von Afrika und im Nahen Osten: Attentate, Bürgerkriege, Enthauptungen, Piraten, Chaos – Segler unerwünscht …
Wo grossartige Kulturen im Nahen Osten schon im 3. Jahrtausend v. Chr. die erste Schrift entwickelten, Sternstunden der Astronomie erlebten, Pyramiden bauten und hängende Gärten, riskiert heute seine Freiheit oder sein Leben, wer friedlich segeln und fremde Kulturen und Völker kennenlernen will. An Land zu gehen ist nicht unbedingt empfehlenswert.
Wo sind die Märchen aus „Tausendundeiner Nacht" geblieben, wo die Sinnlichkeit Arabiens?

Also laden wir die Alua in Phuket auf einen Frachter und lassen sie durch den Golf von Aden und das Rote Meer in die Türkei transportieren. Dort können wir sie wohlbehalten wieder in Empfang nehmen und gönnen ihr nach der weiten Reise noch einmal eine gründliche Überholung.
Zur gründlichen Überholung gehören natürlich auch Funktionskontrollen der WC. Und da fliegt uns doch in unserem Gäste-WC sozusagen die Brille ins Gesicht. Die Kunststoffgelenke von Brille und Deckel zerbröseln in unserer fürsorglichen Hand.

*Goethe, Johann Wolfgang von
Faust. Der Tragödie erster Teil, 1808. Vor dem Tor, Bürger im Gespräch

Sch... denken wir mit realtiefem Sinn und befürchten schon, dass wir nun ein neues WC kaufen müssen, weil Ersatzteile hier hinten, weit, in der Türkei kaum erhältlich sein dürften. Werden wir unsere Reise ohne WC beenden, wie wir sie vor sechs Jahren begonnen haben?

Mit wenig Hoffnung gehen wir trotzdem in einen kleinen Büro-Materiallager-Werkstatt-Trödlerladen, weil da unter fünfzig anderen der Markenname unseres WCs angeschrieben steht.

„No problem", sagt die nette Türkin, macht mit dem iPhone eine Foto, drückt auf „senden" und versichert uns eine Minute später: „In einer halben Stunde sind die Ersatzteile hier."
Wie das geht?
Das Hauptgeschäft in Marmaris hat die Teile auf Lager, der Inhaber weiss, dass in zehn Minuten ein Bus von Marmaris zur Marina fährt, stellt sich auf die Strasse, stoppt den Bus, übergibt das Päckchen, und die nette Dame vom Büro-Materiallager-Werkstatt-Trödlerladen wartet vor der Marina auf den Bus.

Die Türken hier sind so nett, hilfsbereit, höflich, mit guten Manieren, bestens organisiert, teamfähig und fleissig (hatten wir da irgendwelche Vorurteile?), dass wir immer wieder erfreut sind, dass es sowas noch gibt. Und die Türken haben viel Humor. Ausser einem, der hat keinen.

Wir sind auch begeistert über die vielen kleinen Handwerksbetriebe, Tante-Emma-Läden und Kleinstgewerbe-Hinterhöfe. Hier bekommt man alles, und alles repariert, hier findet man alte Ersatzteile und neue WC-Brillen-Scharniere. Und wenn's einer nicht hat, erklärt er dir den Weg zum nächsten Laden, kommt noch ein Stück mit, damit du den Weg nicht verfehlst, und der nächste macht's grad noch mal so. Da wird repariert, improvisiert, wiederverwertet, Tee getrunken und geplaudert.

Fast hoffen wir, dass die Türkei den Beitritt zur EU noch ein paar Jahre lang vergurkt; denn sonst wäre bald Feierabend für dieses florierende Kleingewerbe, wenn erstmal die europäischen Grossverteiler ihre Baumärkte hinklotzen, wenn Monsieur Bricolage expandiert und Fielmann der einzige Lieferant von Brillenscharnieren jenseits des Bosporus sein wird.

Der Neoliberalismus ist tot; es lebe der Büro-Materiallager-Werkstatt-Trödlerladen!

Tagebuch, 19.4.2016

Ein Auszug zur Lage in der Türkei aus Sicht des EDA vom 19.4.2016:

EDA: Eidgenössisches Amt für Auswärtige Angelegenheiten

„Grundsätzliche Einschätzung
Die innenpolitischen Spannungen und die bewaffneten Konflikte in den Nachbarländern Syrien und Irak haben Auswirkungen auf die Sicherheitslage.
Wiederholt sind Terroranschläge verübt worden. Sie richten sich gegen die türkischen Sicherheitskräfte, wie auch gegen zivile Ziele. Zum Beispiel:
Am 13. März 2016 hat ein Anschlag im Stadtzentrum von Ankara mehr als 30 Todesopfer und rund 120 Verletzte gefordert. Am 17. Februar 2016 sind bei einem Selbstmordanschlag in Ankara mehr als 30 Personen ums Leben gekommen. Am 12. Januar 2016 hat ein Anschlag in einem touristischen Stadtteil in Istanbul mehrere Todesopfer und Verletzte gefordert. Am 10. Oktober 2015 hat ein Anschlag auf eine Demonstration in Ankara um die hundert Todesopfer und mehrere hundert Verletzte gefordert. Am 10. August 2015 sind in Istanbul Attentate gegen einen Polizeiposten und die Justizbehörden sowie gegen ausländische Interessen (Generalkonsulat der USA) verübt worden. Am 20. Juli 2015 forderte ein Attentat auf ein Jugendlager in Suruc (Provinz Sanliurfa), im Südosten des Landes, mehr als dreissig Todesopfer. Schon früher sind in Istanbul, Ankara und in anderen Städten und Touristendestinationen Anschläge verübt worden, die Tote und Verletzte gefordert haben.
Trotz erhöhter Sicherheitsmassnahmen muss im ganzen Land mit Anschlägen gerechnet werden. Die Rubrik Terrorismus und Entführungen macht auf die Risiken des Terrorismus aufmerksam. In den grösseren Städten und in den Grenzregionen zu Syrien kann es zu Demonstrationen und Ausschreitungen kommen.
Meiden Sie grössere Menschenansammlungen und Demonstrationen jeder Art. Halten Sie sich an die Anweisungen der lokalen Sicherheitskräfte (Absperrungen etc.) und bleiben Sie in Kontakt mit Ihrem Reiseveranstalter. Es wird generell empfohlen, wachsam und vorsichtig zu sein."

Logbuch
2.6.2016
08:35 Leinen los in der Marmaris Yacht Marina, Türkei
15:15 Leinen fest ist der Rhodos Marina, Griechenland

Tagebuch, 2.6.2016
Adieu Türkei, so nett und hilfsbereit ich die Menschen auch erlebte, so froh bin ich doch, der Diktatur dort zu entrinnen.

Tagebuch, 3.6.2016
Anker fest in Panormiti, Symi; Rechts von uns eine alte Windmühle, hinter uns ein imposantes Kloster, vor uns geht die Sonne unter, eine der idyllischsten Buchten auf unserer Reise.

Tagebuch, 5.6.2016
Mandraki Marina, die alte Marina von Kos, sehr romantisch. Meltemi, starker Nordwind, ist angesagt; wir bleiben erstmal hier.

Tagebuch, 15.6.2016
Nach einem herrlichen Segeltag – Leinen fest am Quai von Ormos Mirsini, Schinousa.
Unsere Freunde aus Brisbane empfangen uns. Was für ein Wiedersehen. Das letzte Mal trafen wir uns vor gut einem Jahr in Cairns, Australien, und nun hier in Schinousa, einer kleinen Insel in den Kleinen Kykladen. Sie mit der gecharterten Bingo, wir mit unserer Alua.

Logbuch
19.6.2016
Merikhas, Kythnos. Ab Mitternacht bis zum frühen Morgen laute Discomusik. Wir verlegen in die Bay Apokriosi.

20.6.2016
Meltemi ist angesagt; vorher wollen wir weiter.
09:20 Anker frei
Schnelle Passage mit gutem Wind
14:45 Anker fest in der Ormos Anavissou

21.6.2016
10:20 Wir wollen näher zum Strand verlegen, um weniger Wellen vom Meltemi zu spüren.
10:35 Anker von Stein befreit
10:55 Ankerkopf verkantet zweimal, also Anker jeweils nochmals hoch
12:40 Anker fest in Palaia Fokaia. Viermal muss Peter zum Anker tauchen, um den Halt zu prüfen. Wind zunehmend.

Tagebuch, 22.6.2016
Der Nordwind tobt noch immer. Colin bringt uns an Land, wir fahren mit dem Bus ans Kap Sounion und besichtigen den Tempel des Poseidons. Peter und Colin „hüten" die Boote. Bei der Rückkehr kentert unser Freund mit dem Dinghy; es bläst mit über 40 kn.

Logbuch
23.6.2016
Schönes Segeln durch die Bucht von Athen. Unsere australischen Freunde nehmen Kurs auf Kalamaki.
15:20 Anker fest in Palaion Kalamaikion am Eingang des Korinth Kanal

24.6.2016
07:50 Anker frei und eindrückliche Kanaldurchfahrt
09:30 Kanal Ende; Peter hat Hexenschuss (beim Versorgen der Fender und Taue), 2 Schmerztabletten, Sekunden später: Böen bis 50 kn, aufgepeitschte Kreuzseen.
15:00 Dritte Schmerztablette für Peter
18:40 Anker fest bei Nisis Trizonia
Zum Nachtessen Valium für Peter.

> **Logbuch**
> 25.6.2016
> Ruhige Nacht. Mässig geschlafen. Zum Frühstück 2 x 25 mg Schmerzmittel für Peter.
> 06:20 Anker frei
> 08:50 Wir fahren unter der Rio-Andirrio Bridge durch, einer der längsten Hängebrücken der Welt (2880 m). Eröffnet 2004. Erregte Aufsehen, weil sie in einem Erdbebengebiet über eine 2.5 km breite und 65 m tiefe Meer-Enge ohne stabilen Boden gebaut wurde.
> 11:00 Leinen fest in der Patras Marina

Tagebuch, 26.6.2016
Wir nutzen die Zeit um einzukaufen, Diesel zu bunkern und Wäsche waschen zu lassen. Wir spazieren in die Altstadt von Patras. Hübscher alter Stadtkern. Viele der Häuser müssten restauriert werden, aber dazu fehlen Investoren. Von Dimitris, dem Mann, der uns den Diesel vermittelt, erfahren wir auch, dass Griechen nur gerade 400 Euro pro Woche von ihren Konti abheben dürfen, selbst wenn sie mehr auf dem Konto hätten. Den Griechen fehlt im wahrsten Sinne des Wortes das Kleingeld.

Tagebuch, 27.6.2016
Die Bucht in Pera Pigadhi, Ithaka, ist mystisch, idyllisch, natürlich, romantisch, aber mit einem kleinen Tick Unberechenbarkeit. Von 20:30 bis 21:30 beobachten wir mit steigender Nervosität unsere Position. Der Anker hält, aber der Wind hat auf Nord gedreht, dann West und bricht in Böen über uns hinweg. Er treibt uns langsam auf die Felsenküste der kleinen Insel. Schliesslich entscheiden wir, in der Dunkelheit umzuankern, allerdings auf gut Glück, denn die Bucht ist steil. Erfolg.

Ithaka, Geburtsort von Odysseus

Tagebuch, 28.6.2016
Nach der Aufregung mit dem Umankern gestern folgt eine ruhige Nacht. Der Anker hält bestens, aber die ständig wechselnden Winde von Nord über West nach Ost und heute Morgen gar Südost schwojen unser Boot ganz stark. Die Buchten hier sind idyllisch, postkartenreif, aber nicht so gut für unsere Nerven. Wir legen heute schon um 10:00 in Sami an. Je nach Windstärke und Wellenhöhe ist es aber unangenehm in der Marina. So verbringen wir denn den Morgen mit Achtgeben auf neu einlaufende Schiffe, hoffen, dass kein Skipper seine Kette über unseren Anker legt.

Beim Zeus

Von allen Göttern, denen wir auf unserer Reise um die Welt begegnet sind, sind uns die griechischen doch die liebsten geblieben, weil sie uns Menschen so ähnlich sind. Zwölf der griechischen Götter pflegen auf dem Olymp zu residieren, dem höchsten Gebirge Griechenlands: Zeus, Hera, Poseidon, Athene, Demeter, Aphrodite, Ares, Artemis, Apollon, Hestia, Hermes und Hephaistos.

Unter griechischen Göttern wird geliebt und gehasst, da werden Ränke geschmiedet. Einer, Hephaistos, Gott des Feuers und der Schmiedekunst, schmiedet wirklich, und wurde so zum ersten Heimwerker aller Zeiten – yippiejaja-yippie-yippie-yeah. Auf dem Olymp wird gelogen und betrogen – was noch heute Teil der olympischen Idee zu sein scheint – und Untreue ist Gesetz. Ein ganz besonders gewitzter Seitenspringer ist Zeus – sehr zum Ärger seiner Schwester und zugleich Gattin Hera. Um sich der schönen Leda auf unsittliche Weise zu nähern, verwandelte er sich einst in einen Schwan und erfand damit sozusagen den Karneval.
Und da wollen wir Hermes, einen Sohn des Zeus, gleich auch erwähnen. Er ist der Götterbote, der gute und schlechte Nachrichten überbringt, und damit der erste Briefträger. Hermes ist ebenfalls ein vielbeschäftigter Verführer: Eines seiner Kinder ist der listenreiche Odysseus, Held von Troja und Schiffbrüchiger im Mittelmeer. Daneben wird Hermes bis heute als Gott der Schreibmaschine verehrt. Da wir diese aber mit schnöden Computern ersetzt haben, straft uns Hermes nun mit einer FakebookWarzabZitter-Sucht und macht uns zu Sklaven der künstlichen digitalen Dummheit. So lasst uns denn hoffen, dass uns Athene wieder auf den Pfad der Weisheit führe.
Mit Poseidon, dem Herrscher über die Meere, versuchen wir uns besonders gut zu stellen, denn er kann mit seinem Dreizack Sturm oder Flaute heraufbeschwören. Das hat unter anderen Odysseus erfahren müssen, der wie wir durch die Meer-Enge von Messina segelte. Er musste den dortigen Gefahren Skylla und Charybdis schrecklichen Tribut zollen. Also opfern wir Poseidon immer mal ein Schlückchen Retsina, zu welchem uns Dionysos, der Gott des Weines, hier in Griechenland des Öfteren verführt. Dass Poseidon auch Schutzpatron Korinths ist, nützt uns aber wenig, denn als wir nach der Passage des Kanals von Korinth dort anlegen wollen, kocht das Meer unter

Poseidon-Tempel, Kap Sounion

Fallwinden von bis 50 Knoten, welche Aiolos, der Gott des Windes, losgeschickt hat.

Also segeln wir weiter, bis wir auf der Insel Trizonia einen wunderbar geschützten Ankerplatz finden.

> **Logbuch**
> 1.7.2016
> 05:40 Anker frei, los geht's, Kurs Italien.
> Jetzt habe ich meine erste Wache übernommen. Es ist 22:20 und gerade erst ganz dunkel geworden. Oh, wie ich sie liebe, diese langen Tage, das Licht. Am Horizont im Westen zeigt sich noch ein heller Schein, über mir bereits das Sternenmeer.
>
> 2.7.2016
> 17:40 MEZ Leinen fest in Porto delle Grazie, Marina di Rocella Ionica. Italien. Wir müssen auf keine Immigration, keine Port Police – Schengen sei Dank!
>
> 12.07.2016
> 08:30 Strasse von Messina bei besten Bedingungen passiert
> 15:10 Anker fest in der Baie di Oliveri
>
> 13.07.2016
> 15:20 Anker fest vor der Altstadt von Cefalù

Cefalù

Logbuch
14.07.2016
15:00 Leinen fest in der Marina Villa Igiea, Palermo

18.07.2016
06:40 Leinen los

19.07.2016
00:45 Vollmond, blasse Sterne, klare Nacht, ruhige See, 2000 m Wasser unter uns. Innerlich verabschiede ich mich von der Weite des Meeres. Ich hoffe, die Erinnerung bleibt.
05:00 Kaum 10 kn Wind, aber es segelt himmlisch.
15:25 Anker fest bei 39°07'58" N; 9°30'25" E in Villasimius, Sardinien. Bei 9°30 E kreuzen wir den Längengrad, bei dem wir in Kolding, Dänemark, am 11. Juli 2005 unsere erste Segelreise begonnen haben. Damit schliesst sich die Reise der Alua um die Welt.

20.07.2016
Villasimius, Bucht von Carbonara, ist ein absolut phantastischer Ankerplatz; trotz vieler Boote. Alles Sand, 5–10 m Tiefe, glasklares Wasser, sehr ruhig.
08:30 Anker frei
09:15 Sécurité-Meldung auf VHF-Funk, dass südlich von Pantelleria ein Migrantenboot gesichtet wurde.
15:50 Anker fest in Cala Malfatano.
Schöne Bucht, Felsen und Sand wechseln ab, Türkis-Wasser.

21.7.2016
08:15 Anker frei
14:00 Querab liegt der Mangia Barche, der Bootsfresser-Felsen. Heutzutage zum Glück klar gekennzeichnet mit einem grossen Leuchtturm.
15:15 Leinen und Mooring fest in der Marina Fonte Nautico Carloforte, Sardinien.

Tagebuch, 24.7.2016
Am Abend Spaziergang durch Carloforte entlang der Stadtmauer. Mir gefällt Carloforte sehr gut: sauber, Strassen mit Pflastersteinen, drei- bis vierstöckige Häuser aneinandergebaut, fröhliches Leben. Die Piazza Repubblica ist ein schöner Platz mit vier riesigen Gummibäumen mit runden Bänken drumherum. Hier erleben wir einen eindrücklichen Abend: Halb Carloforte trifft sich um ca. 21.00 Uhr, nach der Kirche!

Die Kinder fahren Trottinett, Rollbrett, Fahrrad, rennen, pusten Seifenblasen in die Luft, Jugendliche jeden Alters diskutieren und politisieren. Ab 22.00 Uhr legt ein DJ auf, singt teilweise dazu, und das Schönste: Die ganze Gemeinde von 2 bis 82 Jahren tanzt zusammen.

So viel Lachen, so viel Harmonie, so viel Fröhlichkeit. Zwar haben viele ein Handy, aber kaum einer schaut drauf, heute Abend sind Tanz und Fröhlichkeit auf dem Programm. Wie gelingt es einer Gemeinde, so viel inneren Zusammenhalt zu wahren? Wir sind begeistert.

Logbuch
26.7.2016
Seit drei Tagen mehrere Mistral-Schübe hier in Carloforte. Prognose für die nächsten zehn Tage: Fast ununterbrochen mehr oder weniger starker Mistral. Wir entscheiden uns zurückzusegeln nach Villasimius und von da der Ostküste Sardiniens entlang nach Korsika, denn südlich und östlich von Sardinien hat der Mistral keinen Einfluss.
08:25 Leinen los
15:05 Anker fest in Cala Malfatano
Für heute ist unsere Rechnung aufgegangen. Sieben Stunden lang sehr gutes Vor-dem-Wind-Segeln.

30.7.2016
14:45 Leinen und Mooring fest in der Marina in Porto Vecchio

rechts:
Bucht von Oristano, Sardinien

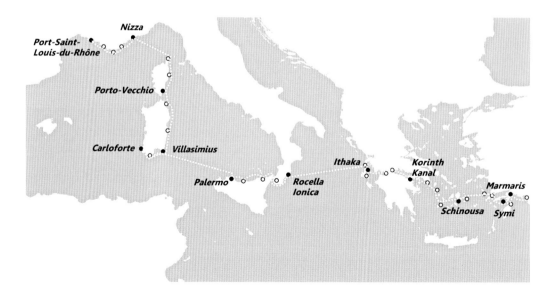

Der letzte Juli

„Weisst du, was für ein Tag heut ist?", fragte Klingsor seinen Freund.
„Der letzte Juli, ich weiss."
„Ein leidenschaftlicher und raschlebiger Sommer war angebrochen. Die heissen Tage, so lang sie waren, loderten weg wie brennende Fahnen …"
Irgendwie fiebern nun – „wie Träume schnell und mit Bildern überfüllt – die glänzenden Wochen dahin".*
Sechs Jahre lang reihte sich Sommer an Sommer, unendlich schienen Zeit und Weg mit Sonne und Wärme über den Atlantik in die Karibik, über den Pazifik, durch Australien, nach Asien. Nun neigt sich unsere Reise durch die Ozeane mit der Fahrt durchs Mittelmeer ihrem Ende entgegen, und wir fragen uns: Wie viele Leben haben wir noch?
2? 3?
Nicht vorbeisegeln wollen wir an Porto Vecchio auf Korsika – da, wo vor über 30 Jahren, als wir noch sieben oder acht Leben hatten, ein kurzer Augenblick in einem heissen Sommer den Impuls gab für unsere Reise mit der Alua. Wir lagen in der Macchia der Punta Di à Chiappa in unseren Hängematten und schauten aufs Meer, beobachteten die Segelboote, die von Porto Vecchio kommend zu den Lavezzi Inseln strebten.
Nelly sagte: „Das möchte ich auch mal …"

Nun sind wir wieder in Porto Vecchio, diesmal auf eigenem Kiel angekommen, und es ist der letzte Julitag.

*Hesse, Hermann: Klingsors letzter Sommer, S. Fischer Verlag, 1919

Punta Di à Chiappa

Logbuch
12.8.2016
03:40 Leinen los bei Sternenmeer. Der Kurs nach Nizza bewährt sich; den ganzen Morgen haben wir 1 kn Strom mit uns. Während 18 Stunden hängt die Angelleine draussen. Ohne Fangerfolg. Mittelmeer ist leergefischt.

13.8.2016
09:35 Anker frei
16:25 Anker fest in der Anse des Canabiers, St. Tropez
20:00 Ruhe. Schwimmen im kühlen Nass vor St. Tropez.

16.8.2016
Unser letzter Schlag heute!
06:30 Anker frei
10:45 Zum ersten Mal seit der Türkei wieder richtiger Regen! 2 Minuten lang.
13:35 Leinen fest in Port Napoléon

WE DID IT!

Tagebuch, 16.8.2016
Geschafft!
Heute Mittag sind wir – nach rund 22'500 zurückgelegten Seemeilen – wieder in Port Napoléon angekommen, beflaggt mit allen Gastlandflaggen der 29 Länder, die wir mit der Alua angelaufen haben.
Der Himmel ist bewölkt, zeitweise leichter Nieselregen, aber unsere Herzen lachen. Es scheint sich hier in den letzten sechs Jahren nicht viel verändert zu haben – oder doch: die Duschen und WC sind neu. Aber die Damen in der Capitainerie sind noch die „alten".
Wir mieten gleich zwei Fahrräder und radeln nach Port-Saint-Louis-du-Rhône, kaufen eine Flasche Champagner, Terrine und eine Baguette und feiern erstmal zu zweit im Cockpit der Alua. Sind auch wir noch die „alten"?

Irgendwie unglaublich, dass nun sechs Jahre vergangen sind, seit wir uns vorbereitet haben und dann Ende September 2010 losgesegelt sind. Wir sind glücklich, müde und voll von Eindrücken, die wir nun nach und nach verarbeiten werden.

Epilog

„Wo war es denn am schönsten?"

Am schönsten war es immer gerade dort, wo wir uns wohl fühlten. Wir fühlen uns privilegiert, so viel Schönes gesehen, das Glück und die Freiheit gehabt zu haben, die Wirklichkeit zu suchen und uns unser eigenes Bild zu machen. Das ist im Zeitalter von Fake News und alternativen Fakten nicht mehr selbstverständlich. Wir konnten uns Zeit nehmen, „dahinter" zu kommen, auf uns zukommen zu lassen, was uns hinter dem nächsten Kap, der nächsten Insel, auf der anderen Seite des Ozeans erwartet, unseren Herzen zu folgen und nicht dem Mainstream. Wir konnten uns mitnehmen lassen vom Wind – westwärts, der Sonne folgend – und kamen so auch an Orte, die nicht das Ziel waren. Sich treiben lassen öffnet neue Wege. Dabei haben wir Landschaften und Kulturen gesehen, die wir uns so nicht vorgestellt hatten. Wir haben auch einige Vorurteile, vorgefasste Meinungen und festgefahrene Denkmuster in unseren Köpfen revidiert.

Naturschönheiten und Begegnungen mit Menschen beeindruckten uns immer mehr als jedes noch so alte oder neue von Menschen erschaffene Bauwerk.
Wir haben nur wenige Museen besucht und hatten keine Liste, die es abzuhaken galt. Märkte, Speisen, Menschen in ihrem Alltag und Pfade abseits schienen uns mehr Kultur zu zeigen. Wir sind nun vielleicht nicht gebildeter, aber bereichert. Die sogenannten „Sehenswürdigkeiten" (welch seltsames Wort) haben uns selten so „würdig" beeindruckt. Wer vergibt eigentlich den Titel „Sehenswürdigkeit"?
Manchmal waren wir nicht so ergriffen, wie wir es gemäss Reiseführer hätten sein sollen. Manchmal aber war die Wirklichkeit viel wunderbarer als jede Vorstellung. Beim Fest der Einheimischen in Fatu Hiva waren wir unmittelbar im Innersten berührt. Manchmal realisierten wir erst später, wie besonders ein Erlebnis war. Ein solcher Moment war unsere erste Begegnung mit der Familie in Vucivuci in den Bergen von Fidschi.

Wir mussten aufpassen, dass wir auf entlegenen Inseln fern unserer westeuropäischen Heimat nicht meinten, wir seien in einem Museum für Völkerkunde oder wir könnten die Menschen filmen und fotografieren wie im Zoo. Wir fragten uns oft: Was machen wir hier eigentlich? Haben die Menschen Verständnis für unser Erscheinen? Wie wäre das, wenn sie zu uns in die Schweiz kämen und uns beim Einkaufen im Supermarkt und beim Kochen fotografierten? Wären wir amüsiert, beleidigt, verärgert?

Faszinierende Augenblicke erlebten wir dort, wo wir im Einklang mit unserer Umgebung waren, sei dies alleine auf Wache auf hoher See mit 4000 m Wasser unter und dem Sternenmeer über uns, sei es bei der meditativen Umrundung des Uluru, beim Erkunden der Wineglass Bay in Tasmanien, beim Anblick unserer ersten Meeresschildkröte unter Wasser in den Tobago Cays, beim Beobachten der riesigen Meerechsen auf den

Galapagos, nach erfolgreicher Besteigung des Rinjani, sei es beim herausfordernden Segeln in der unendlichen Einsamkeit bei der Umrundung des Cape York oder entlang der australischen Nordküste.

Noch immer sind die für uns ganz alltäglichen Dinge wie geregelter Schulbesuch, Berufslehre, Studium, freie Partnerwahl, Gesundheitsversorgung, politische Rechte, Freiheit und Sicherheit für sehr, sehr viele Menschen ein Fremdwort. Für viele ist es ein Traum, so wie wir zu reisen, die andere Seite der Welt kennenzulernen. Für die meisten wird es ein Traum bleiben, und manchmal schämten wir uns für den Luxus an Bord der Alua, der uns eigenes Trinkwasser, eigene Energie, weltweite Kommunikation, eigenes WC, eine Dusche und ein trockenes Bett garantierte.

Bestätigt hat sich, dass es nichts Wichtigeres gibt als Erziehung nach ethischen Werten wie Freiheit, Achtung, Liebe und Toleranz, Bildung fürs Leben, Schul- und Berufsbildung. Denn ohne Lesen und Schreiben, ohne Erfahrung in friedlichem Zusammenleben in einem sozialen, rechtsstaatlichen Gefüge, ohne Kenntnis der eigenen kulturellen Geschichte wird es nicht gelingen, Hunger, Krankheit und soziale Ungerechtigkeiten zu überwinden. Nur wer die Möglichkeit erhält, etwas zu lernen und dieses Wissen auch anzuwenden, erreicht die Selbstsicherheit, die es braucht, um sich gesellschaftlich, wirtschaftlich und politisch zu behaupten. Wir wünschten nur, wir hätten diese Reise mit 20 Jahren gemacht und nicht erst mit 60, denn so hätten wir während unseres Berufslebens unsere Botschaften für lebenslanges Lernen und für die Verteidigung unserer Rechte und Freiheiten mit mehr Erfahrung untermauern können. Wir sehen jetzt auch, wie bildungsverwöhnt wir Schweizer sind, für wie selbstverständlich wir unseren Wohlstand erachten. Wir sind dankbar für die Erfahrung, was es heisst „intensiv zu leben", zurückgeworfen zu sein auf die Grundbedürfnisse Essen und Trinken, Schlafen, Sicherheit. Denn wenn wir scheinbar „nur" geradeaus segelten, so galt es doch ständig aufzupassen auf die Stellung der Segel, den richtigen Kurs und ein unfallfreies Ankommen am nächsten Ziel. Es gibt beim Segeln über Ozeane zwar viel Routine und manchmal Langeweile, aber auch ganz plötzlich Hektik und Schreckensmomente.

Eine grosse Bereicherung waren die vielen Begegnungen mit Menschen unterschiedlicher Kulturen und Religionen auf mehreren Kontinenten. Tiefergehende Kontakte waren uns aber nur möglich, wenn wir die Landessprache beherrschten. Immerhin – wenigstens für uns Reisende – ein Vorteil des Kolonialismus: Viele Menschen entlang unserer Route sprechen europäische Sprachen.

Wir haben nicht erwartet, auf Menschen zu treffen, die noch beinahe in der Steinzeit leben, waren aber auch nicht gefasst auf die absolut künstliche Welt mit Barbie-Frauen und Wallstreet-Gnomen, wie sie in den grossen Metropolen entlang unserer Route herrscht.

Nie vergessen werden wir die vielen Segler, mit denen über die grossen Meere eine enge Gemeinschaft und Freundschaft entstanden ist, die es leichter und sicherer machte, die langen Strecken über den Atlantik und den Pazifik zu meistern. Immer in unseren Herzen werden die Gesichter der Menschen auf den San Blas Inseln, auf Fatu Hiva, in Vanuatu, Savusavu und Arnhemland bleiben.

„Die grosse Freiheit?"

Kein Termindruck, keine Jahresziele, keine Verpflichtungen, so hatten wir uns die Pensionierung vorgestellt. Eine Reise mit dem Segelboot schien uns die Lösung, unsere Freiheit zu erreichen. Nur wir zwei würden entscheiden, wann es wohin für wie lange gehen sollte. Die grosse Freiheit war es nicht immer; der Abhängigkeiten waren viele: Windrichtung, Windstärke, Wellenhöhe, Schwell, Tiden, Riffe und Untiefen, Ankermöglichkeiten, Gewitter, Hurrikan-Zeiten, aber auch Reparatur- und Wartungsmöglichkeiten für das Boot. Denn unter vielem andern lernten wir auch, dass ein Boot unter der Pazifiksonne und dem Salzwasser stark leidet. Die Belastung aller Geräte und Einrichtungen an Bord ist ausserordentlich, denn auf den Ozeanen sind das Boot – und auch die Besatzung! – gewaltigen Schlägen durch Schwell und Wellen ausgesetzt.

Wir legen sehr viel Wert auf Pflege und Wartung und ersetzen lieber vorsorglich als zu warten, bis etwas kaputt geht. Dennoch werden Reparaturen nötig, auch diese erledigen wir selber. Das macht uns zwar unabhängig von andern, aber auch die harmlosesten Wartungsarbeiten verlieren spätestens nach dem zehnten Mal ihren Reiz, jedenfalls für Nelly als Frau. Männer scheinen da über andere Gene zu verfügen, denn wenn etwas auffällt in Marinas und vor Anker, und zwar auf der ganzen Welt, dann ist es die unermüdliche Energie und Hingabe, mit der Männer ihre eigenen Yachten oder auch die ihrer Arbeitgeber putzen und polieren.

Aufgrund unserer Erlebnisse haben wir die Definition für Freiheit etwas angepasst: Freiheit bedeutet, seine Abhängigkeiten frei wählen zu können. Ein riesiges Privileg, für das wir dankbar sind. Die Freiheit, fremd zu sein in einem Land ist aufregend, manchmal auch bedrohlich und einschränkend. Wenn plötzlich vieles nicht mehr selbstverständlich ist, leidet auch das Gefühl der Freiheit. Freiheit muss auch aus unserem Innern kommen, wir finden sie nicht auf der einsamen Insel.

„Würdet ihr die Reise wieder machen?"

Einige Male während unserer sechs Jahre dauernden Reise hätten wir mit „Nein" geantwortet. Der Aufwand sowohl finanzieller als auch psychischer und physischer Art ist gross. Die Zeiten des von Wellen und Schwell unerbittlich durchgeschüttelten Bootes, die fast schmerzhafte Müdigkeit während der Nachtwachen, die Energielosigkeit, eine eigentliche Apathie während der langen Überfahrten, der Zeitaufwand für einfachste Mahlzeiten, die unausweichliche räumliche Enge, diese elende Seekrankheit machen es ganz schön schwer, die Momente des friedlichen Dahingleitens zu geniessen. Auch die idyllischsten Ankerplätze verströmen ihren Reiz nur, wenn gerade auch der Wind so bläst, dass das Boot nicht gefährdet ist, wenn auch die andern Segler der Ankertiefe entsprechend genügend Kette stecken, wenn kein anderer Segler seinen Anker über deinen wirft, wenn der Anker hält, wenn kein Wellenschlagen deine Nachtruhe stört, wenn dein Nachbar genügend Abstand zu dir hält und keinen Generator laufen lässt …

In der Rückschau würden wir aber die Frage, ob wir uns wieder für eine solche Segelreise entscheiden würden, mit einem klaren „Ja" beantworten. Da überwiegen die Freude über das Erreichte, die Tatsache, dass wir eine nicht alltägliche Leistung erbracht haben, die Freude darüber, dass wir die Reise zu zweit geschafft haben, dass wir immer noch zusammen sind, trotz der Enge und trotz der Tatsache, dass wir oft mehrere Tage oder

gar Wochen keinen andern Gesprächspartner hatten als uns beide. Oft waren wir zurückgeworfen auf uns selbst, unsere Zweisamkeit, blickten in die Weite des Ozeans und segelten dem Unbekannten entgegen.
Obwohl wir auf den langen Überfahrten ans Ankommen dachten, wünschten wir auch, das Gleiten durch die Einsamkeit zu dehnen. In den Zeiten des Alleinseins zu zweit zeigte sich, wie gut wir uns in unseren Stärken ergänzen und in unseren Schwächen ausgleichen.

„Hat euch die Reise glücklich gemacht?"

Das hängt wohl von der Definition von Glück ab. Wenn wir Glück gemäss Csikszentmihalyi als Flow definieren, dann gab es immer wieder Glücksgefühle.* Solches Glück ist aber gemäss Definition von kurzer Dauer. Wenn wir Glück als Abwesenheit von Unglück definieren, dann hatten wir viel Glück. Und manchmal war es auch wie ein Rausch. Sind wir jetzt immer noch glücklich?
Glücklich macht uns immer noch die Tatsache, dass wir überhaupt reisen können; eine Freiheit, die längst nicht alle Menschen haben. Die Erkenntnis, dass wir beide die Reise gewollt haben, sie aber keiner ohne den andern bewältigt hätte, macht dankbar und glücklich zugleich, macht Mut für weitere gemeinsame Erlebnisse.

*Csikszentmihalyi, Mihaly: Flow. Das Geheimnis des Glücks. Stuttgart 1995, Klett-Cotta

„Hat sich euer Leben verändert?"

Sind wir jetzt andere? Was machen wir jetzt daraus?
Auch eine lange Reise garantiert keine Veränderung und keine Wandlung. Ein Leben durch eine Reise dauerhaft zu verändern, gelingt wohl eher in jungen Jahren. Wir haben sicher das Staunen und Wundern wieder geübt, was einfacher war, als wenn wir daheim täglich zum Einkaufen gegangen wären, den Hund um den Block geführt und anstatt das Boot den Rasenmäher repariert hätten. Wir hoffen, dass die Begegnungen mit Menschen anderer Kulturen und Religionen, die ständige Anpassung an neue Bedingungen, neue Länder, neue Klimazonen, der Umgang mit der Technik im Boot unsere geistigen Fähigkeiten wenn nicht gefördert, so doch mindestens erhalten haben.
Das Aufregende, das Aussergewöhnliche, das Bedrohliche machte uns aufmerksamer, schärfte die Sinne, liess uns erleben. Das wollen wir bewahren. Es bleiben für immer die Erlebnisse mit Menschen, Kulturen und der Natur in all ihren Facetten, die Weite und Grossartigkeit unseres schönen Planeten.
Nun stehen wir vor der Aufgabe, die vielen Erfahrungen und Erlebnisse unserer grossen Reise zu bewahren. Wir wollen erzählen von der grossen, weiten Welt, die Leser ermuntern, das Wesentliche zu erkennen, Zusammenhänge zu erfassen und die Welt nicht nur durch die Linsen von Tablet und Smartphone zu sehen. Mögen sie sich über ihre Sinne, ihre Emotionen und in allen ihnen möglichen Dimensionen mit dieser wunderbaren Welt verbinden. Mit diesem Buch wollen wir dazu anregen.

Nautische Fachausdrücke

abfallen	vom Wind weg drehen
aufriggen; Rigg	Rigg mit allen Teilen aufstellen. Rigg: Mast, Segel und Tauwerk
achterlich	hinten
AIS	Automatisches Identifikationssystem
anluven	in den Wind drehen
Antifouling	Farbanstrich des Rumpfes gegen Bewuchs mit Organismen
ARC	Atlantic Rally for Cruisers
ausbaumen	ein Vorsegel (Fock, Genua, Spinnaker) mit dem Spinnakerbaum seitlich hinausspannen
ausklarieren	bei den Behörden eines Landes abmelden
Autopilot	automatische, programmierbare Steuerungsanlage
backbord	linke Seite des Schiffes
Backskiste	Stauraum, Truhe
Barberholer	Trimmvorrichtung. Wird so auf die Schot gesetzt, dass der Zugwinkel leicht verändert werden kann.
Bft, Beaufort	Skala zur Klassifikation der Windstärke
Bilge	Tiefster Teil des Rumpfes
Bimini	Offenes Verdeck über dem Cockpit, Sonnenschutz
Bugspriet	über den Bug vorstehendes Rohr oder Gestell
CPA	Closest Point of Approach: geringste erwartete Annäherung
Davits	Halterung am Heck für Beiboote
Dinghy	Beiboot
Doldrums/Kalmen	nahezu windstille Gebiete im Bereich des Äquators
Dünung/Schwell	Wellen, die aus ihrem Entstehungsgebiet herauslaufen. Der Gegenbegriff ist Windsee (Wellen im Windgebiet).
einklarieren	bei den Behörden eines Landes anmelden
Etmal	gesegelte Distanz in 24 Stunden
Fall	Tau zum Hochziehen des Segels
fieren	kontrolliertes Nachlassen einer Leine
Flaute	Windstille
Fock	kleines Vorsegel
Genua	grosses Vorsegel
GPS	Global Positioning System: Satelliten-Navigationssystem
GRIB-Datei	GRIdded Binary: standardisiertes, komprimiertes binäres Datenformat, das in der Meteorologie verwendet wird.
Grossschot	Leine zum Bedienen des Grosssegels
Halber Wind	Wind im rechten Winkel zur Fahrtrichtung
Halse	Drehen des Bootes mit dem Heck durch den Wind Gegenteil: Wende: mit dem Bug durch den Wind

hart am Wind	Kurs mit dem kleinstmöglichen Winkel zum Wind
HF-Funk	Hochfrequenz-Funk: Kurzwellen-Funk
ITCZ	Inter-Tropical Convergence Zone, Intertropische Konvergenzzone: Tiefdruckrinne in Äquatornähe, auch Doldrums oder Kalmen genannt
Kanal 16	Not- und Anrufkanal im VHF-Funk
Katamaran	Zweirumpf-Boot
Kiel	Längsverband des Rumpfes, beim Segelboot mit Ballast
Klampe	Vorrichtung zum Festmachen von Tauen
kn, Knoten	Geschwindigkeit von 1 Seemeile/Std.
Kombüse	Küche auf einem Schiff
Kreuzsee	Wellenmuster, das entsteht, wenn Wellen aus unterschiedlichen Richtungen aufeinander treffen
Kuchenbude	zeltartige Abdeckung des Cockpits
Masttopp	Spitze des Mastes
Mistral	kalter, starker Fallwind im unteren Rhonetal, in der Provence bis nach Korsika und Sardinien
Mooring	Tau oder Kette für das Festmachen von Booten. Die Mooring ist am Meeresgrund mit Schraube oder Gewicht festgemacht. Moorings helfen bei schwierigem Ankergrund und schützen den Meeresgrund (Korallen) vor Zerstörung durch Anker.
motoren	unter Motor fahren (Seglerjargon)
Nachtschlag	gesegelte Strecke auf gleichem Kurs während der Nacht
Nadir	Fusspunkt zum Zenit, Richtungsangabe
Navigation	Positions- und Routenbestimmung
Niedergang	schmale, steile Treppe auf einem Schiff
No-see-ems	„Man-sieht-sie-nicht", auch Sandfliegen genannt: kleine, beissende Fliegen
Null-Meridian	Geografische Länge durch die Sternwarte Greenwich
Pactor-Modem	Engl. Packet Teleprinting Over Radio, Vermittler von Daten via HF-Funk
Passat	Beständiger Wind, der in den Tropen rund um die Erde auftritt.
Patenthalse	ungewollte, unkontrollierte Halse
reffen, Reff	Segelfläche verkleinern
Ruderquadrant	Metallener Arm auf dem Ruderschaft mit Hebelwirkung auf das Ruder
Rumpfgeschwindigkeit	Maximale Geschwindigkeit eines Bootes, die auf Grund der Länge der Bugwelle und des Strömungswiderstandes nicht überschritten werden kann.
Schäkel	verschliessbarer Bügel zum Verbinden zweier Teile
Schlag	gesegelte Strecke auf gleichem Kurs

Schmetterling	Segelstellung vor dem Wind mit zwei Vorsegeln, je eines an Steuerbord und Backbord
Schot	Tau zum Bedienen und Einstellen der Segel
Schothorn	Hinterste untere Spitze des Segels, Fixpunkt der Schot
Schwell/Dünung	Wellen, die aus ihrem Entstehungsgebiet herauslaufen
schwojen	Hin- und Herdrehen eines Schiffes vor Anker
Schwojkreis	Kreis, den das Schiff beim Schwojen beschreibt
shiften/schiften	Umlegen eines Segels auf die andere Seite ohne Kursänderung
Seegang	Die Gesamtheit aller Wellen aus Dünung und Windsee bezeichnet man als Seegang.
sm, Seemeile	1.852 km
Spi, Spinnaker	grosses, bauchiges Vorsegel
Spinnakerbaum	Der Spinnakerbaum ist ein Gestänge, das am Mast eingehängt wird und dazu dient, den Spinnaker hinauszuspannen.
Squall	Starke Böe, oft mit Regenschauer verbunden
Stagen	Stahlseile zur Stabilisierung des Mastes in Längsrichtung des Schiffes
Stander	kleine dreieckige Flagge
steife Brise	Eigentlich: Steifer Wind, gemäss Bft-Skala 7 Bft
steuerbord	Rechte Seite des Schiffes
SV	Sailing Vessel
SY	Segelyacht
Takling	Mit dem Takling wird ein Seil vor dem Aufdröseln seiner Fasern geschützt.
Tide	Gezeit
TO	Trans-Ocean (Segelverein)
Topplicht	Licht auf der Mastspitze
trimmen	einstellen der Segel gemäss Wind und Kurs
Unterliek	Unterkante des Segels
Unterwasserschiff	Teil des Rumpfes, der im Wasser liegt
UTC	koordinierte Weltzeit (Coordinated Universal Time)
Vektorkarten	digitale Karten mit Informationen auf mehreren Ebenen
vertörnen	verdrehen, verwickeln, verknoten von Tauwerk
VHF-Funk	Very High Frequency: UKW-Funk (Ultrakurzwellen-Funk)
Vorstag	Stahlseil, stabilisiert und spannt den Mast zum Bug
Wanten	Stahlseile zur seitlichen Stabilisierung des Mastes
Windsteuerung	Mechanischer „Autopilot", hält den Kurs zur Windrichtung
Zenit	Scheitelpunkt, höchster Punkt des Himmelsgewölbes senkrecht zum Standort des Beobachters. Gegensatz dazu: Nadir
Zinkanode	Zinkmetall-Teil aussen am Rumpf zum Schutz gegen elektrochemische Korrosion

Seegangskala

Stärke	See	Wellen	Windstärke
0	glatt	keine	0
1	ruhig	gekräuselt	1
2	schwach, bewegt	kurz	2/3
3	leicht bewegt	klein, Schaumköpfe	4
4	mässig bewegt	lang, Schaumköpfe, brechend	5
5	grobe See	gross, Schaumkämme bilden grössere Schaumflächen	6
6	sehr grobe See	brechend	7
7	hohe See	Wellenberge, Gischt, Schaumstreifen, rollend	8
8	sehr hohe See	Wellenberge mit langen brechenden Kämmen, See weiss von Schaum	9
9	aussergewöhnlich schwer	Wellenberge, Schiffe verschwinden in Wellentälern, See weiss von Schaum	10/11/12

Beaufort-Skala und Windgeschwindigkeiten

Windstärke	Bezeichnung	kn	km/h
0	Windstille, Flaute	0 – < 1	0 – 1
1	leiser Zug	1 – < 4	1 – 5
2	leichte Brise	4 – < 7	6 – 11
3	schwache Brise	7 – < 11	12 – 19
4	mässige Brise	11 – < 16	20 – 28
5	frische Brise	16 – < 22	29 – 38
6	starker Wind	22 – < 28	39 – 49
7	steifer Wind	28 – < 34	50 – 61
8	stürmischer Wind	34 – < 41	62 – 74
9	Sturm	41 – < 48	75 – 88
10	schwerer Sturm	48 – < 56	89 – 102
11	orkanartiger Sturm	56 – < 64	103 – 117
12	Orkan	≥ 64	≥ 118

Literaturverzeichnis

Bauhaus, Eric (2009): The Panama Cruising Guide, 4th edition, Pet Urban Health

Buchanan, Stuart (1999): Lighthouse Of Tragedy: The Story Of Bustard Head Lighthouse, Queensland's First Coast Light, Coral Coast Publications

Csikszentmihalyi, Mihaly (1995): Flow. Das Geheimnis des Glücks. Stuttgart, Klett-Cotta

Darwin, Charles (1845): Journal of Researches into the Natural History and Geology of the Countries Visited During the Voyage of the H.M.S. Beagle round the World; Under the Command of Capt. Fitz Roy, London

Einstein, Albert (1879–1955): Zitate Internet

Dylan, Bob (1962): „Blowing in the Wind"

Fisher, Diana; Baker, Andrew (2014): abc.net.au 19 Feb 2014

Gobbi, Gabriella (2015): Cerebral Cortex, Volume 25, Issue 5

Goethe, Johann Wolfgang von (1821): Howards Ehrengedächtnis, 3. Strophe

Goethe, Johann Wolfgang von (1821): Die Schriften zur Naturwissenschaft in: Leopoldina-Ausgabe, op. cit., I/8, 1962, S. 73–93. herausgegeben von Dorothea Kuhn, Wolf von Engelhardt und Irmgard Müller. Verlag Hermann Böhlaus Nachfolger Weimar

Goethe, Johann Wolfgang von (1821): Die Schriften zur Naturwissenschaft in: Leopoldina-Ausgabe, op. cit., I/8, 1962, S. 234–237. herausgegeben von Dorothea Kuhn, Wolf von Engelhardt und Irmgard Müller. Verlag Hermann Böhlaus Nachfolger Weimar

Goethe, Johann Wolfgang von (1808): Faust. Eine Tragödie

Hesse, Hermann (1904): Peter Camenzind, S. Fischer Verlag

Hesse, Hermann (1919): Klingsors letzter Sommer, S. Fischer Verlag

Heyerdahl, Thor (1948): Kontiki. Ein Floss treibt über den Pazifik, Ullstein Verlag

Hills, Rob (2015), Pegasus II, Fremantle Sailing Club, www.noonsite 2015

Howard Luke (1884): On the Modifications of Clouds, and on the Principles of their Production, Suspension, and Destruction (1803). In: Gustav Hellmann, Neudrucke von Schriften und Karten über Meteorologie und Erdmagnetismus, No. 3, Berlin, 1884

https://www.**humpbacksandhighrises**.org

Husmann, Wenke (2015): Männer fantasieren anders als Frauen, ZEIT ONLINE, Zeitverlag Gerd Bucerius

Johnson, Lyndon B. (1908–1973): Zitate Internet

Kaufmann, Christian; Sarasin, Fritz (1996): portraits kanak paroles kanak, Christoph-Merian Verlag

Konfuzius (chinesischer Philosoph) 551 v.Chr–479 v. Chr.: Zitate Internet

Lennon, John (1970): Album „God", John Lennon/Plastic Ono Band, Apple/EMI

Lennon, John (1971): Album „Imagine", Apple/EMI

Lennon, John/Mc Cartney Paul (1967): Album „Magical Mystery Tour", Parlophone

Lennon, John/Mc Cartney, Paul (1967): Album „Sgt. Pepper's Lonely Hearts Club Band", Parlophone

Löwe/Lerner (1969): Musical „Paint Your Wagon"

Manser, Bruno (1992): Stimmen aus dem Regenwald. Zeugnisse eines bedrohten Volkes. Zytglogge Verlag

Manser, Bruno (2004): Tagebücher aus dem Regenwald, Merian Verlag

Maugham, William Somerset (1874–1965): Zitate Internet

Miller, Henry (1934): Tropic of Capricorn, Obelisc Press

Olias, Lothar u. Pinelli, Aldo von (1959): Die Gitarre und das Meer

The Weekend Australian, 2011, 27–28 August

Schiller, Friedrich (1854): Das Lied von der Glocke, J.G. Cotta'scher Verlag

Staehelin, Balthasar (1993): Völkerschauen im Zoologischen Garten Basel, 1879–1935, Verlag: Basler Afrika Bibliografien

Testa, Serge (1988): 500 Days: Around The World on a 12 Foot Yacht, Trident Press

Thoreau, Henry David (1874): Walden oder Leben in den Wäldern, Ticknor and Fields

Vidal, Céline M.; Métrich, Nicole; Komorowski, Jean-Christophe; Pratomo, Indyo; Michel, Agnès; Kartadinata, Nughara; Robert, Vincent; Lavigne, Franck (2016): The 1257 Samalas eruption (Lombock, Indonesia): the single greatest stratospheric gas release of the Common Era, Scientific Reports. Band 6: 34868

Williamson, John (2000): Anthems, EMI Music

Wilts, Heide (1997): Gestrandet in der Weissen Hölle, Delius Klasing

Wood, Gillen D'Arcy (2015): Vulkanwinter 1816 – die Welt im Schatten des Tambora, Theiss Verlag

Übersetzungen

Seite 46:
> Bevor ich den Namen von Maria kannte.
> Und sie klagen und jammern hörte.
> Hatte ich ein Mädchen und sie hatte mich.
> Und die Sonne schien immer.
> Aber eines Tages verliess ich mein Mädchen.
> Ich habe sie weit hinter mir gelassen.
> Und jetzt bin ich verloren, so weit weg und verloren.
> Nicht einmal Gott kann mich finden.
> Maria
> Maria
> Sie nennen den Wind Maria.

Seite 55:

„Ich fordere dich auf, zu träumen. Das tat ich, und eines Tages stand ich auf der Oberfläche des Mondes."

Seite 72:

1. $ 162 Empfangs- und Ankunftsdienst (berechnet nach Gewicht des Segelbootes).
2. $ 31 für Inspektions- und Quarantäneleistungen
3. $ 30 für Migrationsdienste
4. $ 100 pro Besatzungsmitglied Eintritt in den Galapagos Nationalpark
5. $ 10 pro Besatzungsmitglied an die Regierung von Galapagos
6. $ 15 für Kopien und Transport von Behörden
7. $ 20 für Müllabfuhr und Transport
8. $ 15 für die internationale Abreise / Auslaufschein
9. $ 150 für Agenturleistungen

S. 87: Schande über den, der Böses dabei denkt.

S. 91: Koch es, schäle es oder lass es bleiben.

Seite 103: „Für heute gehört es euch – das Leben ist so einfach in Tahiti..."

Seite 106: Versagen geht gar nicht!

S. 113: „Ja, und wie oft müssen Kanonenkugeln fliegen, bevor sie für immer verboten werden?"

Seite 124:

Skifahren ist gar nicht so einfach am Matterhorn
„Im frostigen Schatten des Matterhorns dachten wir, alles wäre ok. Wir meinten, eine einzige Skilektion müsste reichen; die fröhlichen Menschen auf der Anfängerpiste liessen es ganz einfach aussehen. Am nächsten Tag also, bereit schon im Morgengrauen, wartete eine einsame Familie aus Queensland – ohne Skilehrer – bis die Seilbahn öffnete. Bald merkten wir jedoch, dass das Leben in den Tropen uns nicht auf Sport in grosser Höhe vorbereitet hatte.
Nachdem wir weit aus der Spur geschleudert wurden und gezwungen waren, durch hüfttiefen Schnee zu stolpern, mieden wir fortan Bügellifte. Gondelbahnen führten uns an Orte, die ganz anders aussahen als auf der Karte. Wir waren die seltsame Gruppe, die beschloss, ihre Würde fahren zu lassen, die Ski abzuschnallen, ihnen beim Runterfahren zuzuschauen und ihnen demütig zu folgen, balancierend auf unseren Hintern. Hoch über Zermatt geriet unser Glaube, dass wir eine sportliche Familie wären, ins Wanken.
Unsere 13-jährige Tochter beschloss, einfach weiterzufahren und die Druckstellen zu ignorieren, welche die nicht verzeihenden Skischuhe verursachten. Sie drückten hartnäckige wollene Falten der Socken und der langen Unterhosen gegen die Schienbeine. Als seine zusammengequetschten Zehen gefühllos wurden, beschloss auch unser 16-jähriger Sohn, einfach nur runterzukommen. Seine Zehen waren unterdessen wie hausgemachte Eiscrème im Tiefkühler.
Beide wurden nicht gerettet durch weise Eltern, sondern durch den menschlichen Wunsch, die Niederlage einzugestehen und Rettung bei heisser Schokolade zu suchen.
Dann wollten wir nur noch den sichersten Weg finden, um durch diese zerklüfteten Berge zu kommen und wankten durch das sich öffnende Tor der Seilbahn. Mit uns stiegen zwei nette Schweizer ein, die wir bald als Nelly und Peter kennenlernen sollten. Niedergeschlagen studierte unsere Familie die Karte des Skigebietes. „Versucht's mal hier!" unterbrachen uns Nelly und Peter in freundlichem Ton und zeigten auf tiefere Vorgebirge. Ihr Rat half uns, unsere Schmerzen und unseren Überdruss zu überwinden und wieder daran zu glauben, dass wir aufrecht und mit Tempo Skifahren konnten.
Mit diesen lieben Einheimischen Ski zu fahren und mit ihnen Weisheit, Schnaps und Fondue in ihrer Wohnung zu teilen, war der Höhepunkt unserer Ferien. Sollten sie mal nach Downunder kommen, teilen wir mit ihnen herzlich gern unser Haus im nichtalpinen Brisbane."

Seite 155:

„Überlebe diese Fahrt."
„Bitte komm lebend an."
„Unterbrich die Fahrt – bleib am Leben."
„Mach mal Pause und erfrische dich."
„Queensland hat keine Zeit zum Rasen."
„Halt an – erhol dich – überlebe!"
„Ruhe dich aus, oder ruhe in Frieden."
„Wenn dein Auto gestohlen wird, ruf die Polizei!"

Zahlen und Fakten

Das Schiff:	Name der Yacht	ALUA
	Crew	Nelly und Peter
	Heimathafen	Basel
	Flagge	Schweiz
	Klasse, Typ	Motiva 41, Sloop
	Länge ü.a.	14.25 m
	Rumpflänge WL	12.55 m
	Breite	3.70 m
	Tiefgang	1.90 m
	Verdrängung	13.5 t
	Wasserlinie	9.85 m
	Blei	3800 kg
	Baujahr	1992
	Baustoff	Stahl
	Bauwerft	Motiva Yachtwerft
	Konstrukteur	Arne Borghegn
	Segelfläche am Wind	108.86 m^2
	Gross-Segel	39.85 m^2
	Genua	55.01 m^2
	Kutterstag-Fock	14 m^2
	Spinnaker	140 m^2
	Tri-Segel	11 m^2
	Sturmfock	10.5 m^2
	Ford Marine Diesel	4 Zylinder, 85 PS
Die Strecke:	22'577 Seemeilen	
Längster Schlag:	3'089 sm, 21. April 2013 bis 14. Mai 2013, 23 Tage und Nächte auf See, zwischen Galapagos und den Marquesas Inseln	
Grösstes Etmal:	175 sm (15.1. 2013, zwischen Curaçao und Kuna Yala)	
Dauer der Reise:	2'183 Tage	
Besuchte Länder:	29	

Die Route   **2010 - 2011: 5'727 sm**

Frankreich	Port Saint-Louis-du-Rhône, Port Napoléon – Palavas les Flots – Cap d'Agde – Leucate – Argelès-sur-Mer –
Spanien	L'Estartit – Denia – Alicante – Cartagena – Almerimar – Marina del Este – Fuengirola –
Grossbritannien	Gibraltar –
Spanien	Lanzarote, Marina Rubicon –
Kapverdische Inseln	Mindelo –
Grenada	Clarke's Court Bay Marina – Tyrell Bay, Carriacou – Hillsborough, Carriacou –
St. Vincent & the Grenadines	Clifton Harbour –
Bequia	Admirality Bay –
St. Vincent & the Grenadines	Charlestown Bay, Canouan – Tobago Cays – Chatham Bay, Union Island –
Grenada	Hillsborough, Carriacou – Tyrell Bay, Carriacou – Le Phare Bleu Marina – Spice Island Marina (Trockendock)

2012 – 2013: 10'142 sm

Grenada	Prickly Bay – Port Louis, St. George's –
St. Vincent & the Gren.	Chatham Bay Union Island –
Bequia	Princess Margaret Bay –
St. Lucia	Marigot Bay –
Frankreich (Martinique)	Les Trois Îlets – Fort de France – Anse Mitan –
St. Lucia	Marigot Bay –
Bequia	Admirality Bay –
St. Vincent & the Gren.	Tobago Cays – Petit St. Vincent – Chatham Bay –
Grenada	Tyrell Bay, Carriacou – Le Phare Bleu Marina – Spice Island Marina Trockendock – Port Louis Marina –
Bonaire	Port Kralendijk –
Curaçao	Spaanse Water – Boca Santa Cruz –
Panama	Porvenir, Kuna Yala (San Blas Inseln) – Olosicuidup, Guarladop, Coco Bandero – The Lemmon Cays West – Porvenir – Isla Linton – Shelterbay Marina, Colon – Gatunsee (Panamakanal) – Baija Playita, Isla Flamenco, Isla Naos –
Ecuador	Puerto Baquerizo Moreno, San Cristobal, Galapagos –
Frankreich (Französisch Polynesien)	Fatu Hiva, Baie Hanavave – Hiva Oa, Baie Tahauku – Hiva Oa, Baie Hanamenu – Tahuata, – Baie Hanamoenoa – Rangiroa, Tiputa – Thaiti, Marina Taina, Papeete – Moorea, Baie d'Opunohu – Raiatea, Marina Apooiti –
Tonga	Vava'u, Neiafu –

Fidschi	Vanua Levu: Savusavu Copra Shed Marina – MBUA Bay – Viti Levu: Yaven-Bay – Vuda Point – Momi Bay –
Frankreich (Neukaledonien)	Nouméa, Port Moselle – Prony Bay, Ile Casy – Port du Carenage – Port Moselle –
Australien	Rivergate Marina, Brisbane – Compass Marina, Scarborough

2014: 18'290 km (Auto)

Aufenthalt in der Compass Marina in Scarborough, Queensland und Landreisen

Landreise I: Juni bis August 2014: Scarborough – Kingaroy – Mitchell – Longreach – Mount Isa – Three Ways – Alice Springs – Yulara – Alice Springs –Tennant Creek – Mataranka – Darwin – Winnellie – Kakadou National Park – Mataranka – Barkly Homestead – Richmond – Townsville – Daintree National Park – Townsville – Makay – Scarborough: total 10'545 km

Landreise II: Dezember 2014 bis Februar 2015: Scarborough – Armidale – Bronxton – Sydney – Canberra – Melbourne – Ulverston (Tasmanien) – Hobart (Tas) – Eaglehawk-Neck (Tas) – Bicheno (Tas) – Launceston (Tas) – Ulverston (Tas) – Melbourne – Ballarat – Warrnambool – Adelaide – Broken Hill – Campelltown – Port Macquarie – Armidale – Scarborough: total 7'745 km

2015: 5'335 sm

Scarborough, Compass Marina – Mooloolaba – Double Point (Wide Bay) – Fraser Island, Gary's Anchorage – Hervey Bay (Scarness Bay) – Bundaberg Port Marina – Pancake Creek – Cape Capricorn – Yepoon, Keppel Bay Marina – Island Head Creek – West Bay Middle-Percy – Prudhoe Island – Mackay Marina – Brampton Island, Carlisle – Cid Harbour (Shute Harbour) – Nara Inlet – Bowling Green – Townsville – Orpheus Island – Dunk Island – Mourilyan Harbour – Cooktown – Lizard Island – Bathurst Bay – Morris Island – Lloyd Bay (Lockhart River) – Shelbourne Bay – Escape River – Seisia – Vrilya Point – Port Musgrave – Weipa – Nhulumbuy (Gove Yacht Club) – Inglis Island – Elcho Island – Howard Island – Boucard Bay – White Point – Malay Bay (Festland) – Croker Island, Somerville – Coburg Peninsula, Alcarco Bay – Adam Bay – Bayview Marina, Darwin –

Indonesien	Westtimor: Kupang – Naikliu, Tanjung Gumuk – Tanjung Lipaltor –
	Insel Alor: Kalibahi –
	Insel Pantar: Blang Merang –
	Insel Lembata: Balaurin –
	Insel Adonara: Sagu –
	Insel Flores: North Harding – Wodong – Kolisia – Cinedeh – Riung – Lingeh – Bari Bay – Waecicu –
	Insel Rinca: Loh Buaya –
	Insel Komodo: Loh Gebah –
	Insel Sumbawa: Were Bay – Kilo – Kananga – Moyo – Potopaddu –
	Insel Lombok: Gili Lawang – Medana Bay Marina –
	Insel Kangean: Teluk Ketapang –
	Insel Bawean –
	Insel Mesanak –
	Insel Sembulang –
	Insel Batam: Nongsa Point Marina –
Malaysia	Puteri Harbour –
	Pulau (Insel) Bisang – Tanjung Tohor – Melaka – Port Dickson – Port Klang (North Harbour) – Pangkor Teluk Sekadeh – Pangkor Marina –
	Pulau Talang –
	Pulau Rimau –
	Pulau Bunting –
	Pulau Langkawi: Royal Langkawi Yacht Club –
Thailand	Ko (Insel) Bulan –
	Ko Lan Ta –
	Ko Phuket: AO Chalong – Boat Lagoon Marina Phuket – AO Po Grand Marina –

2016: 1'821 sm

Türkei	Fethiye – Marmaris –
Griechenland	Rhodos – Symi – Kos – Kalymnos – Amorgos – Ormos Mirsini: Schinousa – Paros – Kythnos – Anavissou (Festland) – Kalamaki (Korinth–Kanal) –
Italien	Roccella Ionica – Reggio di Calabria – Baie di Oliveri – Cefalù – Palermo – Sardinien: Villasimius – Cala Malfatano – Carloforte – Cala Malfatano – Porto Gunco – Bunai – Cala di Volpe –
Frankreich	Porto Vecchio (Korsika) – Port di Taverna Campoloro (Korsika) – Macinaggio (Korsika) – Villefranche Nizza – St. Tropez – Ile Porquerolles – La Ciotat – Port Saint-Louis-du-Rhône

Die Autoren

Nelly Moser, Kauffrau, ehem. Leiterin der Berufsbildung in einem Grossunternehmen
Peter Moser, Biologe, ehem. Professor für Mensch und Umwelt an einer Pädagogischen Hochschule

Beide Rentner, Grosseltern, sportlich, mit Freude an der Natur und am Umgang mit Menschen, mit Hang zu Kunst und Literatur

Beide ausgerüstet mit dem Hochseeschein (Fähigkeitsausweis zum Führen von Sport- und Vergnügungsschiffen auf See) sowie dem Fähigkeitsausweis für Funk (UKW und Kurzwelle). Beide 20 Jahre Segelerfahrung (30'000 Seemeilen)

- Nelly ist zuständig für Sicherheit und alle Software-Anwendungen (Navigation, Funk, Wetterdaten).
- Peter kümmert sich um die Segel-, Anker- und Hafenmanöver und um die Hardware (lockere Schrauben und Rost).
- Nelly liest, schreibt und „wohnt" gerne und freut sich, im Deck-Liegestuhl zu sitzen, was wegen Peters Manöver und der hohen Wellen selten möglich ist.
- Peter besteigt gerne hohe Berge, liebt japanische Gärten, hört gerne Pop, Soul und Rock – und stört damit Nelly beim Lesen.
- Nelly trinkt gerne Champagner – alle anderen Getränke lösen bei ihr einen Hustenreiz aus – sagt sie.
- Peter trinkt immer noch gerne Cola mit Zitrone – wie schon damals im Rockcafé „Atlantis".
- Beiden fehlt ein guter Smutje, weshalb sie sich wochenlang von Brot, Tomaten, Terrine und Rosé ernähren.

„Es giebt in der Welt einen einzigen Weg,
auf welchem niemand gehen kann, ausser dir: wohin er führt?
Frage nicht, gehe ihn."

Friedrich Nietzsche*

*Nietzsche, Friedrich, Unzeitgemässe Betrachtungen, 1873-1876. Schopenhauer als Erzieher, 1874